高职高专"十二五"规划教材

会计制度设计

（第二版）

宋 波　朱大为　主编　　沈培强　副主编

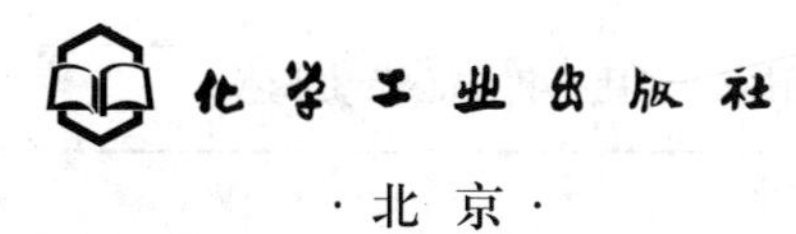

·北京·

本书在编写的过程中遵循了新企业会计准则，并结合了《企业内部控制基本规范》（财会[2008] 7号）、《企业内部控制应用指引》以及《企业内部控制评价指引》的规定。全书共十六章，在结构上，从内部控制系统整体架构出发，以设计为主线，系统地介绍了会计制度总则、会计科目、会计组织系统、会计核算系统、主要业务循环和会计事务内部控制制度等方面的设计原则与方法。力求做到结构严谨、体系完善。内容上，本书重要章节均采用案例导入的方式，助于引发学生的学习兴趣。同时，紧紧把握高职院校实践性的特点，在部分章节中加入了源自企业的相关制度，做到既有理论深度，又具有较强的可操作性。另外，本书中第十四章、第十五章、第十六章内容是实务中经常发生但任何同类教材尚未涉及的，内容新颖又符合实际需要。

本书可作为财经类大专院校会计专业及相关专业（财务管理专业、经济管理专业等）教材，也可作为从事财经类工作的相关人员自学用书与参考书。

图书在版编目（CIP）数据

会计制度设计/宋波，朱大为主编．—2版．—北京：化学工业出版社，2014.2　(2020.10重印)

高职高专“十二五”规划教材

ISBN 978-7-122-19209-7

Ⅰ.①会…　Ⅱ.①宋…②朱…　Ⅲ.①会计制度-设计-高等职业教育-教材　Ⅳ.①F233

中国版本图书馆CIP数据核字（2013）第290615号

责任编辑：蔡洪伟　　　　装帧设计：韩　飞

责任校对：宋　玮

出版发行：化学工业出版社（北京市东城区青年湖南街13号　邮政编码100011）

印　　装：三河市延风印装有限公司

787mm×1092mm　1/16　印张13¼　字数320千字　　2020年10月北京第2版第10次印刷

购书咨询：010-64518888　　　　售后服务：010-64518899

网　　址：http://www.cip.com.cn

凡购买本书，如有缺损质量问题，本社销售中心负责调换。

定　　价：28.00元

第二版前言

会计制度设计就是为指导和规范会计管理工作，根据会计准则、会计法规、内部控制规范等相关规定并结合会计工作实际，运用文字、图表等形式对会计组织系统、会计核算、会计业务处理程序进行系统规划的过程。随着我国会计改革的不断深入，尤其是2006年新会计准则的颁布，我国会计与国际会计惯例协调的步伐逐渐加快，国家对于会计规范的指导性增加，而微观可操作性渐渐变弱，企业自行设计会计制度的必要性和紧迫性大大增加。这就要求财经类院校会计专业必须培养出既具有会计核算和会计管理技能，又具有企业会计制度设计能力的综合性会计人才。在此背景下，本书于2008年出版，本书第一版自出版后得到了使用学校的好评，为了更好地服务于广大读者，我们对本书进行了修订再版。本次修订删除了一些过时的资料，补充了与会计专业相关的新知识。此外，本次修订将配套电子教案，便于教学。

本书在编写的过程中遵循了新企业会计准则，并结合了《企业内部控制基本规范》（财会［2008］7号）、《企业内部控制应用指引》以及《企业内部控制评价指引》的规定。全书共十六章，在结构上，从内部控制系统整体架构出发，以设计为主线，系统地介绍了会计制度总则、会计科目、会计组织系统、会计核算系统、主要业务循环和会计事务内部控制制度等方面的设计原则与方法。力求做到结构严谨、体系完善。内容上，本书重要章节均采用案例导入的方式，助于引发学生的学习兴趣。同时，紧紧把握高职院校实践性的特点，在部分章节中加入了源自企业的相关制度，做到既有理论深度，又具有较强可操作性。另外，本书中第十四章、第十五章、第十六章内容是实务中经常发生但任何同类教材尚未涉及的，内容新颖又符合实际需要。

本教材主要由浙江经济职业技术学院宋波、天健会计师事务所朱大为、天健会计师事务所沈培强共同编写，具体分工如下：宋波进行总体设计和审定，并完成了第一章至第五章；朱大为完成了第六章至第十一章；沈培强完成了第十二章至第十六章。此外，天健会计师事务所合伙人缪志坚、浙江经济职业技术学院王茜教授参加了本书部分内容的编写和资料整理工作。本书部分内容摘自公开出版的文献和网络资料，借此机会向这些作者表示感谢。本教材在编写过程中得到了多家大中型企业、证券公司、会计师事务所的大力支持，在此，一并谨致诚挚的谢意！

本书可作为财经类大专院校会计专业及相关专业（财务管理专业、经济管理专业）教材，也可作为财会人员的自学工具书与参考书。由于作者水平有限，书中疏漏与不当之处在所难免，恳请读者和同行批评指正。

编　者

2013年8月

目　录

第一章　会计制度设计概述

第一节　会计制度设计的意义

一、会计制度设计的概念与内容

会计制度是指国务院财政部门根据《会计法》制定发布的关于会计核算、会计监督、会计机构和会计人员以及会计工作管理的制度。它是国务院财政部门在其职权范围内依法制定、发布的会计方面的法律规范，包括各种会计规章和会计规范性文件。建立健全的会计制度，有利于有组织有秩序地做好会计工作，保证会计信息的准确性，使会计工作能够真正发挥其核算与监督的作用。我国会计制度按其内容可分为四类：一是统一的会计核算制度，如《企业会计准则》；二是统一的会计机构和会计人员制度，如《会计从业资格管理办法》；三是统一的会计工作管理制度，如《会计档案管理办法》；四是统一的会计监督制度，如《会计基础工作规范》、《内部控制规范》等。

会计制度设计就是为指导和规范会计管理工作，根据会计准则、会计法规、内部控制规范等相关规定并结合会计工作实际，运用文字、图表等形式对会计组织系统、会计核算、会计业务处理程序进行系统规划的过程。

会计制度设计一般有以下一些基本内容。

1. 总则

说明制度的总体要求，如说明设计目的、适用范围、会计核算一般原则等。

2. 会计组织系统设计

会计组织系统设计包括会计机构的设置、会计人员的配备。在设置会计机构时，要明确其职责范围、管理权限及具体承担的工作任务。配备会计人员，要确定好会计人员的人数与岗位，规定会计人员的岗位职责。

3. 会计信息系统设计

会计信息系统的设计就是规划提供会计信息的诸多方面。一是会计信息载体的设计，主要是确定原始凭证、记账凭证、会计账簿、会计报表的种类与格式以及它们之间的有机结合模式。二是会计信息处理程序的设计，主要是设计会计信息收集、整理、加工、处理、输出的程序，也就是会计核算组织程序。从原始凭证到记账凭证，再到会计账簿，最后到会计报表，需要经过一系列的处理程序，不同的处理程序其效率与效果不同，需要根据企业的实际情况选择合适的程序。三是设计科学的会计指标体系，主要是设计科学合理的会计科目。会计科目是会计事项分类登账的依据，在会计制度中应规定科目名称、分类、编号，应用范围，并举例说明该科目主要账务处理。

4. 会计控制系统设计

内部会计控制是指单位为了提高会计信息质量，保护资产的安全、完整，确保有关法律法规和规章制度的贯彻执行等而制定和实施的一系列控制方法、措施和程序。会计控制系统属于会计事务范畴，其主要内容包括货币资金控制、销售与收款控制、采购与付款控制、投资与筹资控制、成本费用控制、存货控制、固定资产控制、预算控制等。

5. 附则的设计

制度中有必要规定的一些其他事项或者作一些说明都归入附则，其主要内容为会计制度解释权与修订权的归属、会计制度颁布施行的具体时间等。会计制度解释权是指对所制定的会计制度有权进行解释的权利而且能对抗其他任何解释。会计制度修订权是指对现有的会计制度进行修改补充的权力。一般企业在设计会计制度时将其归入附则，有的企业则将其作为总则的一部分。

二、会计制度设计的意义

在高度集中的计划经济条件下，会计制度设计只是国家或者上级主管部门的职责，基层单位的会计机构与会计人员只有执行的义务，而没有设计会计制度的动机和愿望。随着我国经济体制改革的深入和市场经济体系的建立，企业的经营范围、经营方式也发生了重大变化。在这种情况下，迫切需要企业在会计准则等相关规范的指导下由企业自行设计会计制度。认真制定并严格贯彻执行会计制度，对规范会计行为，保证会计资料的真实、完整，具有重大意义。会计制度设计的意义可概括为以下几个方面。

1. 有利于贯彻国家的财经政策和法规制度

设计会计制度时必须以国家的财经政策和法规制度为依据，不能与之相背离。制定和执行了会计制度，也就贯彻落实了财经政策和法规制度。

2. 有利于抑制会计工作的混乱局面，保证会计工作顺利进行

各单位根据国家统一的会计制度，结合自身经营管理的具体情况，自行设计出适用于本单位的会计制度，可以纠正一些会计工作混乱、管理松懈的现象，有效抑制种种违法行为。可以保证会计工作顺利进行，提高会计工作效率，保证会计工作质量。

3. 有利于加强会计管理，及时、准确地提供会计信息

会计管理工作为企业发展提供了重要保证。会计制度设计对会计机构的设置、会计人员的配备、职责分工、岗位职责以及主要业务循环的工作程序等进行了科学合理的规划，从而为会计管理工作提供了依据和保障，促进了会计工作的正常运行。同时，会计的主要任务是为信息使用者决策提供有用的会计信息，而会计制度设计也规划了会计信息收集、加工、对外报出的程序与方法，形成一个系统，保证了会计信息提供的及时性和准确性。

第二节　会计制度设计的原则

会计制度设计是会计管理的一项基本工作，其质量如何直接影响到会计功能的发挥，因此进行会计制度设计时，必须遵循以下几项原则。

一、合法合规性原则

设计会计制度时，必须以国家颁布的各项财经法规为依据。《中华人民共和国会计法》是我国会计工作的根本大法，是居于最高层次的规范，是我们办理会计事务依据的基本法。它对会计核算、会计监督、会计机构、会计人员等内容作出了规范。

目前，我国《企业会计准则》是企业进行会计核算工作的规范。我国企业会计准则包括基本准则和具体准则两个层次。会计制度设计必须符合基本准则中一般原则的规定，符合会计要素确认、计量的规定，也要与具体会计准则相协调。会计准则以原则为导向，它规定的

是概念和意义，当准则未能涵盖所有的经济业务时，会计人员可以应用会计原理来处理新问题。

二、系统性

设计会计制度时要从整体上考虑，不能顾此失彼。设计出的会计制度与其他制度不能相互矛盾，必须口径一致，相互协调，互为补充，并与之构成一个有机的制度体系。各项内部控制制度之间也应相互照应，协调一致。

三、针对性原则

企业的设立形式、组织机构、规模大小、经营范围和经营方式等千差万别，即使同一部门的不同行业、同一行业的不同企业之间，也各有它的具体特点。会计制度是核算单位对经济活动过程进行会计管理的章程，如不从实际出发，不反映工作的本质和需要，就不能满足管理和控制的要求，也就失去了使用的价值。因此，设计会计制度切忌生搬硬套，必须从实际出发符合客观实际，针对单位的具体实际来进行设计才能行之有效。设计会计制度时，注意被设计单位的所有制性质、经营性质特点、部门与行业特点、机构规模大小等。

四、真实性原则

会计信息不仅要满足内部管理者的需求，而且关系到外部会计信息使用者，保证会计信息真实、完整至关重要。因此，企业在进行会计制度设计时，对会计核算的依据、业务程序的设计等必须符合法律规定有关信息生成和披露的规定，使所提供的会计信息能真实可靠地反映经营者的整体情况。

五、内部控制原则

内部控制是企业为加强岗位职责、保护财产安全、确保会计记录正确可靠、在企业内部对经济活动和其他管理活动所实施的控制。它包括保护资产安全、组织分工、业务处理、凭证手续和程序等方面所规定的既相互联系又相互制约的一系列管理制度。企业会计制度设计，一定要根据企业规模大小、业务繁简，将内部控制运用到会计制度的各个部分，引导企业建立健全以财务报告内部控制为核心的内控机制。

六、稳定性

会计制度不是一成不变的，应随着经济活动的变化而有所变化，但会计制度是进行会计工作的规范，一经制定就不要轻易变动，否则会使会计人员难以掌握，甚至会造成核算混乱。要想使会计制度在较长的时间内保持稳定，设计时就要多做调查研究，深入地分析问题，并且要有一定的预见性。同时，制度的有关条文也要有一定的弹性，既要说明问题，又不能过死过细。

第三节 会计制度设计的程序

会计制度设计的难度较大，必须要有计划、有组织地进行。会计制度的设计程序一般包括确定设计内容、进行调查研究、实施具体设计、试行与修改四个阶段。

一、确定设计内容

会计制度的设计工作，从设计工作所涉及的范围可以分为全面设计和局部设计两种类型。全面设计是指设计整套的会计制度，包括会计机构的设置，会计人员的配备，会计科目的设置及使用说明，会计凭证、账簿、报表的设计，会计核算组织程序的设计，内部控制制度的设计以及主要业务的会计处理。局部设计是指对部分经济业务的设计，包括修订性设计和补充性设计两种。从设计内容方面可分为会计核算、会计控制和会计组织三方面。对于不同类型、不同内容的会计制度在设计上有不同的要求。因此，在设计之前，首先要明确设计的内容，以便更合理地安排设计工作，提高工作效率。

二、进行调查研究

调查研究是设计会计制度的基础，只有在充分调查研究的基础上，才能设计高质量的会计制度。调查研究的内容一般包括以下几方面。

1. 概况调查

了解企业各职能部门与财会部门的机构与人员情况和分工情况、岗位责任情况等。包括企业基本情况（所属行业、经营范围、组织机构、生产工艺流程、销售形式和市场情况等）；会计核算制度现状（会计凭证、账簿、报表设置与格式，原始记录的设置及实施情况，主要产品成本的核算方法，成本核算组织体系及有关凭证表格单据格式等）。

2. 作业调查与分析

会计制度设计的工作人员可以详细了解与会计处理有关的各种业务作业程序与方法，以助于对具体的会计事务处理进行设计，如销售与收款业务调查、采购与付款业务调查、存货控制调查等。

3. 征询意见

征询企业领导、各职能部门相关人员对新设计的会计制度的要求和意见。例如，目前执行的业务环节的流程哪些地方需要优化、对内部控制制度的要求、对内部报表指标的要求等。

4. 调查其他相关情况

① 收集本企业的有关规章制度（如厂规、技术操作规程等），分析其与企业会计制度设计的关系，了解财务、统计、业务核算的实施情况和存在的问题，作为设计会计制度的参考。

② 熟悉企业会计准则等国家颁发的有关统一会计制度和财经法令等的内容，特别要了解和掌握国家最近颁布的有关法律、法令、制度和准则，作为设计会计制度的依据。

③ 收集同行业先进企业的会计制度。设计会计制度时，要注意收集同行业先进企业的各种会计制度，作为设计本企业会计制度的参考。

三、实施具体设计

在调查研究的基础上，根据设计的内容，遵照设计的原则，进行具体的设计。企业可以按下列先后顺序具体实施会计制度的设计工作。

① 设计总则。

② 设计企业的会计机构和人员配备，以及机构人员之间的控制与相互制约制度。

③ 系统设计确定会计科目、原始记录、会计凭证、会计账簿和会计报表以及会计核算组织程序。

④ 设计收入、成本、费用、资金、财产的核算和内部控制制度。

⑤ 进行全面综合整理，修繁补缺，形成一个完整体系。

⑥ 写成正式的书面会计制度草案。

四、试行与修改

会计制度设计不可能一次设计就很完善，因为会计制度涉及面广，难免有考虑不周到之处，因此，必须检查验证。试行阶段中，设计者应深入基层进行现场观察和测定，去发现草案中的缺陷部分和薄弱环节，并听取各职能部门和会计人员对制度草案的意见。在试行结果的基础上加以修改，使其变得更加完善，最后修正定稿，作为正式会计制度，贯彻实施。

第四节　会计制度设计的方法

会计制度设计方法是指对会计制度的内容用一定形式予以反映，具体包括以下几种方法。

一、文字说明法

用文字说明会计制度的有关内容，这是会计制度设计中使用最多的方法。该方法在使用时可用文字单独说明，如会计制度的总体说明、会计科目及其使用说明、内部控制要点等。也可以用文字辅以图示说明，如对会计组织结构及岗位职责、凭证、账簿、报表的使用说明，对各类业务会计处理程序的说明等。无论如何应用文字说明法，都要能恰当表达有关内容，行文要规范，定义要严谨，语句要确切，要避免无关紧要的修饰，要防止过于冗长，避免使用易于误解的句子。以文字说明法表示的会计制度的内容要注意排列得体，同一层次的语句段落要采用相同的字号排列；不同层次的语句段落要采用合适的编号形式，如：一、，（一），1．，（1）等。

二、表格法

用表格形式反映会计制度中使用的凭证、账页和报表格式。应用表格法主要掌握以下三方面要求。

1．表格尺寸统一

表格尺寸统一也就是会计凭证、账页和报表用纸格式的统一，统一会计凭证用纸大小，有利于会计凭证的编制及装订和保管；统一账页用纸大小，便于账页的登记和装订保管；而统一报表用纸大小，则既便于编制装订保管又便于阅读。总之，便于装订保管是统一会计凭证、账页和报表用纸的共同目的。便于会计凭证、账号的编制和登记，是会计人员自身工作的要求，但便于会计报表的阅读，则是从使用人的角度来考虑。为了保证表格用纸规格统一、节约而有效，有关主管部门应确立用纸规格，以便设计人员能在相对集中的用纸规格中选择相适合的纸张尺寸。

2．表格画线标准

在会计工作中所使用的表格，其画线方法通常有以下要求。

（1）表格空边的画线　表格一般由表首、表体和表尾组成。表首反映表的名称、日期等内容；表体以线条划分项目、金额等内容；表尾说明表格经办人员等情况。表格空边则是表体与纸张边缘的空间，设计时，要对表格空边作出统一规定，通常表格装订部分空边和表格表首部分空边要留宽一些。另外，表体部分的画线也要统一规定，例如表体外围线用粗线，表体内部标题线用次级粗线，表体内部空格线用细线。有条件的，也可对表格画线的颜色作出规定，以规范醒目。

（2）表格栏次的画线　表格中分为几个大部分的垂直线应该是最显著的线，例如，用垂直线将账页的金额栏划分为借方、贷方及余额栏。在金额栏中不同货币单位的线也应有所区别，例如元与角之间、百元与千元之间、十万元与百万元之间等可用粗线，其他可用细线，以便记账人员定位。表格中的横线在较多、较密的情况下，可每隔五条线采用一条较粗的线，这样可以防止记录串行，也便于统计记录的笔数。

（3）表格制作控制　会计业务中的表格数量，在企业所有管理用表格中一般占有较大的比例，为了降低表格制作成本，提高表格使用效率，应对表格制作予以控制。其方法就是表格制作、修改及废止的申请审批程序。其具体做法是，首先，凡表格制订、修改和废止，均须填制申请单。随后连同表格样本，送会计主管审核，表格审核要点主要有：表格是否确实需要，表格内容是否与其他表格有重复或冲突之处；表格制订和修改对有关部门是否有影响；使用是否经济有效；表格联数、尺寸及印数是否经济合算；表格废止理由是否正当，其相关业务是否已不存在或其内容已由其他表格代替或合并等。申请单位审核批准后，对制订、修改后的表格予以编号，并将其样本及其使用说明向有关部门或人员公布，对废止的表格要限期及时收回，集中处理。会计主管部门要定期检查表格使用情况，作为表格使用、改进及审查的依据，为此，定期编制表格控制报告。

三、流程图法

流程图法是会计制度中用一定图形反映各项业务的处理程序。该方法反映业务处理程序要比文字说明法容易为人们所了解和掌握，使用流程图有利于提高工作效率，能为会计电算化创造条件，同时也有助于审计人员进行内部控制测试，从而确定审计重点和需予审查的详细程度。流程图有多种类型，常见的有以下两种。

1. 框图式流程图

它是用矩形框图和直线组成的一种流程图，框图内反映所处理的内容，直线反映信息及其载体的传递；框图亦可反映信息及其载体，直线反映处理要求。它常用于简单的业务处理流程，如会计核算形式图、业务处理主要环节图等。

2. 符号式流程图

它是用具有一定意义的符号，形象地反映业务处理过程的图表。它比框图式流程图反映更直观全面，不仅能反映业务处理部门、人员，还能反映信息传递、变换的过程和信息载体生成、传递、记录、存档的情况，所以它被广泛用于业务处理程序设计中。符号式流程图要事先规定符号及其意义，并规定绘制规则，现分别述之。

（1）符号及其含义　目前，用于流程图的符号，国际会计界没有专门统一，但在某些国家已有专门规定，如美国、澳大利亚、日本等均由国家、行业或协会专门规定流程图符号。我国尚未制定出统一的业务流程图符号。

（2）绘制方式　业务流程图的绘制方式一般有两种：一种是纵式流程图；另一种是横式流程图。纵式流程图的绘制方法是：将一项业务处理过程按照次序先后，用一条主线垂直串联起来，业务处理过程中发生的单据、凭证以及凭证的分类、记录、归集和汇总等处理步骤，都用具体图式描绘出来。这种纵式流程图的一个显著特点是：对每个处理步骤都有相应的注释，以简明扼要的文字阐明各步骤的工作内容、控制性质和特点。这种方式较易为人理解，但难以反映各部门之间的联系。横式流程图的绘制方法，则以业务处理过程中各部门的控制和实施范围以及部门之间的联系为基础，横向表示凭证、单据在部门之间和部门内部的传递、分配、记录、归档等步骤。这种方式可系统地、完整地反映业务处理过程中各职能部门之间的联系，但不便于对各步骤的活动作出简单的文字叙述，如果业务内容过于复杂，或图形符号过多时，就较难明了整个业务的控制系统。本书各章所涉及的流程图结合了上述两种方法进行绘制。

思　考　题

1. 我国会计制度包括哪些种类？
2. 什么是会计制度设计？为什么单位要进行会计制度设计？
3. 会计制度设计的基本内容有哪些？
4. 设计会计制度时必须遵循哪些原则？
5. 设计会计制度的方法有哪几种？

第二章　会计制度总则设计

会计制度总则是指写在会计制度最前面的概括性的适用于会计工作各个环节的总的原则。会计制度总则是会计制度的概括性条文，体现了设计该会计制度的基本指导思想和会计核算的基本要求，对整个制度起着驾驭说明作用。在我国，一项会计制度的第一章的名称基本上是总则，有时也称为总说明。

会计制度总则一般包括会计制度制定的目的与依据、适用范围、会计组织机构设置、会计各个岗位职责、会计核算一般原则、记账方法、计量货币、文字选择、财务报告要求、会计档案管理等，这些内容概括地规定了一些指导性的原则和总的要求、总的任务，是企业组织会计工作的重要依据。通过会计制度总则，企业的财会人员和其他人员可以了解会计制度制定的目的、实施的要求，根据会计制度的总精神来指导会计工作，对提高工作效率有着重要的意义。

第一节　会计制度总则内容的设计

一、会计制度制定基础的设计

1. 会计制度制定的目的与依据

目的与依据是制定会计制度的主要前提。由于国家发布的会计规范较多，形式多样，制定目的较单一，而企业会计制度的设计需要将这些规范融合在一起，不同要求的会计制度其制定目的与依据也有所不同。举例如下。

① 某公司制定的适用于该公司的会计电算化管理制度中第一章第一条指出："为了推动公司及所属企业会计电算化工作的开展，规范会计电算化工作，积极替代手工记账，提高企业管理水平。根据《会计法》和财政部制定的《会计电算化管理办法》、《会计电算化工作规范》的有关规定，制定本制度。"

② 某集团公司制定的适用于该公司的财务预算管理制度中第一章第一条指出："为促进企业建立、健全内部约束机制，进一步规范企业财务管理行为，推动企业加强预算管理，根据财政部颁发的《关于企业实行财务预算管理的指导意见》和集团公司实施全面预算管理的要求，结合集团企业实际情况，制定本制度。"

2. 会计制度适用范围

会计制度适用范围与要求，是会计制度存在的另一个前提条件，没有这个条件会计制度也就没有存在的必要。举例如下。

① 财政部发布的《企业内部控制基本规范》（财会［2008］7号）第一章第二条指出："本规范适用于中华人民共和国境内设立的大中型企业。小企业和其他单位可以参照本规范建立与实施内部控制。"从这条规定来看，该规范的适用范围非常广泛。

② 某公司制定的适用于该公司的货币资金管理制度中第一章第二条指出："本制度适用于公司本部及所属公司、控股公司及其所属单位。"

二、会计核算规则的设计

会计核算是以货币为计量单位，运用专门的会计方法，对生产经营活动或者预算执行过程及其结果进行连续、系统、全面地记录、计算和分析，定期编制并提供财务会计报告和其他一系列内部管理所需的会计资料，为作出经营决策和宏观经济管理提供依据的一项会计活动。会计核算在实务中有约定俗成、必须遵守的法规或章程，例如会计期间、记账方法、会计处理基础、会计记录文字的使用、会计科目的编号与运用、会计政策和会计估计变更的规定、会计凭证的填制、会计账簿的登记、财务报告的编制和提供等。这些内容，在国家统一的会计法规和会计准则中都有原则的规定，但是具体到每个单位，由于企业经营规模和业务性质不同，单位可以在不违背国家统一会计制度的前提下，对会计核算规则进行选择。因此，在进行会计制度设计时，必须在会计制度总则中加以明确。

1. 会计期间的确定

会计期间的确定是单位会计核算的基本前提之一，也是单位设计和选择会计方法的重要依据。为了适应单位管理者和利害关系人及时利用有用会计信息，会计人员必须确定从何时开始到何时截止对经济活动进行核算，将单位持续不断的经济活动划分为若干个间隔相等的期间，以提供分阶段的会计信息。单位通常以一年作为划分会计期间的标准，也可以其他的标准来划分会计期间。以一年为会计期间，称为会计年度。在一个会计年度内，为了满足管理上的需要，还可以划分若干较短的会计期间，一般按月份或季度来划分。

举例：某股份公司制定的适用于该公司的会计制度中第一章第四条指出："会计核算应当划分会计期间分期结算账目和编制会计报表。会计期间分为年度、半年度、季度和月度。年度、半年度、季度和月度均按公历起讫日期确定。半年度、季度、月度均称为会计中期。"

2. 记账方法的选用

记账方法是根据一定的原理和规则，采用一定的符号，利用账户记录经济业务的会计核算方法。科学的记账方法，对提供正确、全面的会计信息，实现会计职能，完成会计工作的各项任务有着重要的意义。

记账方法有单式记账和复式记账之分。单式记账法是指对发生的经济业务，只在一个账户中作单方面登记的一种方法。由于该方法账户设置不完整，不能全面、系统地反映经济业务的来龙去脉，无法了解各会计要素有关项目的增减变动情况，也不便于检查账户记录的正确性和真实性。所以，这种方法已不适应现代经济管理的需要。复式记账法是对发生的每一笔经济业务，用相等的金额在两个或两个以上相互联系的账户中进行登记的一种方法。复式记账法虽然记账手续较单式记账法复杂一些，但它能完整地反映每一项经济业务的过程和结果，在全部经济业务登记入账以后，可以通过账户之间的相互关系，对记录的结果进行试算平衡，以检查账户记录的正确性。因此，复式记账是一种科学的记账方法，是填制会计凭证，登记会计账簿，进行试算平衡和编制会计报表的基础。

复式记账法按其记账符号、记账规则和试算平衡的方法不同，可以分为增减记账法、收付记账法和借贷记账法等。其中，借贷记账法是以"借"和"贷"作为记账符号，在会计核算时按复式记账原理来记录和反映每一笔经济业务，"有借必有贷，借贷必相等"。我国目前企业单位中统一采用借贷记账法。

3. 会计核算基础的确定

会计核算基础是在确定会计期间的基础上区分本期与非本期的收入和费用的入账基准。有两种方法可供选择：一是权责发生制；二是收付实现制。

权责发生制也称应计制或应收应付制，是指本期的收入和费用是以其归属期或权责关系为标准确定。采用权责发生制，对于有关收入和费用就要按照其归属期或权责关系在本期和非本期之间进行分配确认，为此需要在会计上运用应收、应付、预收、预付等一些特殊的会计处理方法。采用权责发生制进行会计核算，其优点是收入和费用二者之间存在着合理的因果关系，能较好地体现收入和费用相配合的原则，据此计算的损益能够真实地反映企业一定时期的经营成果和获利能力，也能够真实地反映企业在该会计期间终了时的财务状况；其缺点是不能真实地反映企业一定时期的现金流量。

收付实现制又称为现金制或实收实付制，是指确认本期的收入和费用是以其收支期为标准。采用收付实现制，对于收入和费用的确认只认其是否收到或支付了款项，因此，会计上一般不需要运用应收、应付、预收、预付等一些特殊的会计处理方法。采用收付实现制进行会计核算，手续比较简便，可以真实地反映单位一定时期内的现金流量，但难以真实地反映单位一定时期的经营成果。

目前，我国财政总预算会计和行政单位会计是以收付实现制为会计处理基础；事业单位会计根据单位实际情况，分别采用收付实现制和权责发生制；企业会计均以权责发生制为会计处理基础，只有在编制现金流量表和为了简化会计核算工作、节约核算成本、处理一些不重要的会计事项时才运用收付实现制。因此，单位在设计会计制度时，必须在总则中明确本单位所采用的会计处理基础。

4. 记账本位币和会计记录文字的确定

记账本位币是指一个单位在会计核算时统一使用的记账货币。在会计核算时，采用人民币记账还是采用人民币以外的货币记账，《会计法》作出了原则规定，单位会计核算应以人民币为记账本位币。收支以人民币以外的货币为主的单位，可以选定其中一种货币作为记账本位币，但是编报的财务会计报告应当折算为人民币。因此，单位在设计会计制度总则时应明确规定本单位所选用的记账本位币，并且编报的财务会计报告应当折算为人民币反映，即单位对外报出的财务会计报告应以人民币金额反映，各个外币账户的期末余额，应以期末市场汇率，折合为人民币作为编制财务报告的依据。对于我国在境外设立的企业，一般以当地的币种进行经营活动和会计核算，但为了便于国内有关部门了解企业的财务状况和经营成果，在向国内报送财务会计报告时，应当折合为人民币来反映企业情况。

会计记录文字是指会计凭证、账簿、财务会计报告等会计专业核算资料的书面表达形式，它是会计信息交流的工具。我国是个多民族的国家，除了汉字以外还有多种少数民族文字，同时有些涉外单位还使用外国文字。我国《会计法》对会计记录文字的规定既讲原则又比较灵活：一方面规定单位会计记录的文字应当使用中文；另一方面又规定在民族自治地方，会计记录可以同时使用当地通用的一种民族文字，在中华人民共和国境内的外商投资企业、外国企业和其他外国组织的会计记录可以同时使用一种外国文字。这就给我国少数民族地方的单位和涉外单位在选择会计记录文字时提供了理论支持和法律依据。

5. 运用会计科目的规定

单位会计核算制度一般包括总则、会计科目、会计报表、主要会计事项分录举例等。会计科目的分类、编号、名称以及对会计科目使用的详细说明都应在会计科目设计中进行规定，而在会计制度总则中对运用会计科目的规定只是原则性的要求。一般有以下几点。

① 单位会计核算制度应按照国家统一会计制度规定会计科目的编号，以便于编制会计凭证、登记账簿、查阅账目、实行会计电算化并保证提供会计信息的统一性。单位所属各核

算部门不应随意改变或打乱重编会计科目的编号。会计制度在某些会计科目之间留有空号，主要供增设会计科目之用。

② 各核算部门应按会计制度的规定，设置和使用会计科目。在不影响会计核算要求和会计报表指标汇总，以及对外提供统一财务会计报告的前提下，可以根据实际情况自行增设、减少或合并某些会计科目。明细科目的设置，除单位会计制度已有规定者外，在不违反统一会计核算要求的前提下，各核算部门可以根据需要自行规定。

③ 各核算部门在填制会计凭证、登记账簿时，应填制会计科目的名称，或者同时填列会计科目的名称和编号，不应只填科目编号，不填科目的名称。

举例：某股份公司制定的适用于该公司的会计制度中第一章第五条指出："公司会计科目、明细科目及科目编号的设置、所设科目的核算内容执行《企业会计准则及应用指南》中有关规定（见《企业会计准则及应用指南》附录中'会计科目和主要账务处理'）。在不影响会计核算要求、会计报表指标汇总合并以及对外提供统一的会计报表格式的前提下，可以根据实际情况自行增设细目。"

6. 会计凭证、会计账簿、财务会计报告的编制规定

单位办理经济业务事项，必须填制或者取得原始凭证并及时送交会计机构，会计机构、会计人员必须按照国家统一的会计制度的规定对原始凭证进行审核，对不真实、不合法的原始凭证有权不予接受，并向单位负责人报告；对记载不准确、不完整的原始凭证予以退回，并要求按照国家统一的会计制度的规定更正、补充。原始凭证记载的各项内容不得涂改，原始凭证有错误的，应当由出具单位重开或者更正，更正处应当加盖出具单位印章。原始凭证金额有错误的，应当由出具单位重开，不得在原始凭证上更正。记账凭证应当根据经过审核的原始凭证及有关资料编制。

会计账簿登记必须以经过审核的会计凭证为依据，并符合有关法律、行政法规和国家统一的会计制度的规定。会计账簿应当按照连续编号的页码顺序登记。会计账簿记录发生错误或者隔页、缺号、跳行的应当按照国家统一的会计制度规定的方法更正，并由会计人员和会计机构负责人（会计主管人员）在更正处盖章。使用电子计算机进行会计核算的，其会计账簿的登记、更正，应当符合国家统一的会计制度的规定。

编制和提供财务会计报告的详细说明应在财务会计报告设计中进行规定，在会计制度总则中只对编制和提供财务会计报告提出原则性的要求。

举例：某股份公司制定的适用于该公司的会计制度中第一章第六条指出："会计凭证、会计账簿、会计报表和其他会计资料的内容和要求必须符合《企业会计制度》的规定，不得伪造、变造会计凭证和会计账簿，不得设置账外账，不得报送虚假会计报表。"

7. 会计政策和会计估计变更的规定

会计政策是指单位在会计核算时所遵循的具体原则以及单位所采纳的具体会计处理方法。一般情况下单位应在每期采用相同的会计政策，体现会计核算一贯性原则。但是，也不能认为会计政策不能变更，若法律或会计准则等行政法规、经济环境变化等原因，使得变更会计政策后能够提供单位有关财务状况、经营成果和现金流量等更可靠、更相关的会计信息，则应改变原选用的会计政策，这就是会计政策变更。

会计估计是指单位对其结果不确定的交易或事项以最近可利用的信息为基础所作的判断。在进行会计处理时，会计估计是不可或缺的。但是，估计毕竟是就现有资料对未来所作的判断，随着时间的推移，如果赖以进行估计的基础发生变化，或者由于取得了新的信息、

积累了更多的经验或后来的发展可能不得不对估计进行修订，这就是会计估计变更。

变更政策和会计估计方法，必须具有据以变更的条件或原因，同时还应明确变更的程序和批准手续。所有这些都必须在单位设计会计制度总则时明确规定。

举例：某公司制定的适用于该公司的会计制度中第一章第十一条指出："会计处理方法前后各期一致，不得随意变更。如确有必要变更，将变更的情况、变更的原因及其对公司财务状况和经营成果的影响，在财务报告中说明。"

8. 会计人员交接的规定

会计人员因工作调动或其他原因离职，必须与接管人员办理交接手续，这样可以使会计工作前后衔接，防止账目不清、财务混乱，同时也是分清责任的重要措施。《会计法》规定：一般会计人员办理交接手续，由会计机构负责人（会计主管人员）监交，必要时主管单位可以派人会同监交。在设计会计制度总则时必须明确会计人员的交接手续。

第二节　会计档案管理的设计

会计档案是机关、团体、企事业单位和其他组织在会计活动中自然形成的，并按照法律规定保存备查的会计信息载体（包括会计凭证、会计账簿、财务会计报告和其他会计资料），是记录和反映经济业务的重要史料和证据，是检查遵守财经纪律情况的书面证明，也是总结经营管理经验的重要参考资料。《会计法》规定，各单位对会计凭证、会计账簿、财务会计报告和其他会计资料应当建立档案，妥善保管。在设计会计制度时，应根据《会计法》和《会计档案管理办法》，明确规定本单位会计档案管理的要求及整理、保管、利用、销毁办法。有的企业在设计会计制度时，单独将其作为一个管理办法来对待；有的企业在会计制度总则中作简单说明，而将具体办法作为附录放在制度的最后。

举例：某公司制定的适用于该公司的会计制度第一章第九条指出："会计凭证、会计账簿、会计报表和其他会计资料，应当建立档案，妥善保管。会计档案建档要求、保管期限、销毁办法等依据《会计档案管理办法》的规定进行。会计电算化的有关电子数据、会计软件资料等应当作为会计档案进行管理。"

一、档案管理设计的原则

1. 统一管理、分工负责的原则

统一管理是指会计档案由档案、财政部门统一管理。会计档案既是本单位全部档案的一部分，又是国家全部档案的重要组成部分，因此，会计档案应由各级档案部门实行统筹规划，统一制度，进行监督和指导。同时会计档案政策性、专业性强并且分布面广，作为会计工作法定管理部门的财政部门对会计档案又负有业务指导、检查和监督的责任。分工负责是指各单位每年形成的会计档案，应由本单位财务会计部门负责整理、立卷、装订成册，按期移交档案部门，由档案部门管理。财会部门与档案部门分工合作，共同做好档案管理工作。

2. 齐全完整的原则

会计档案要全部归档。财会部门或经办人员必须按期将应归档的会计档案，全部移交给档案部门，保证档案的齐全完整。不得以方便工作为借口而自行封包保存，档案部门也不能以库房紧张、装备不足为由而拒绝保管。如果会计档案残缺不全，将会大大降低会计档案的保存和利用价值。

3. 简便易行的原则

会计档案的工作制度、管理办法等应当力求简便易行、通俗易懂、操作简单、利用方便，以便提高工作效率，充分发挥会计档案的作用。

4. 依法管理的原则

会计档案涉及面广、政策性强、使用价值大，因此，必须加强会计档案管理的法制建设，依法管理会计档案。单位应根据法律法规规定。建立健全会计档案的立卷、归档、调阅、保存和销毁等管理制度，切实把会计档案管好、用好。

二、会计档案整理的设计

会计档案整理是指将会计档案分门别类、按序存放的工作。整理工作是会计档案管理的重要内容，是保存、利用会计档案的前提。会计档案整理包括会计凭证的整理、会计账簿的整理、财务会计报告的整理和其他会计资料的整理。定期或每个月份终了，应将所有应归档的会计凭证收集齐全，并根据记账凭证分类整理其附件，剔除不属于会计档案范围和没有必要归档的资料，补充遗漏的必不可少的核算资料，按适当厚度分成若干本，填制凭证封面，统一编号，装订成册，并由专人负责保管；年度终了，各种账簿（包括仓库的材料、产成品或商品的明细分类账）在结转下年、建立新账后，一般都要把旧账送交总账会计集中统一整理，活页账还要按页码顺序排好加封面后装订成本；财务会计报告一般在年度终了后，由专人（一般是主管报表的人员或会计机构负责人）统一收集，将全年财务会计报告按时间顺序整理装订成册，经会计机构负责人审核、盖章后立卷归档；其他会计资料，包括年（季）度成本、利润计划、月度财务收支计划、经济活动分析报告都应视同正式会计档案进行收集整理，但这部分资料不全部移交档案部门，有的在一个相当长的时期内，仍由财会部门保存，因此，应逐件进行筛选、鉴别，将需移交档案部门保存的，另行组卷装订并移交，其余的则由财会部门保存，以便随时利用。会计档案的整理要规范化。封面、盒、袋要按统一的尺寸、规格制作，卷脊、封面的内容要按统一的项目印制、填写。做到收集按范围，装订按标准，整理按规范。

三、会计档案分类与编号的设计

会计档案的分类，要遵循会计档案的形成规律和本身固有的特点，从本单位会计档案的实际出发，可选择以下分类方法。

① 年度-形成分类法，即把一个年度形成的会计档案分为凭证、账簿和财务会计报告三大类，然后分别组成若干保管单元（卷）。这一方法适用于一般的企业事业单位。

② 年度-机构分类法，即先把一个年度形成的会计档案按机构分开，然后在机构内再按凭证、账簿、财务会计报告分别组成保管单元。这种方法一般适用于各级财政、税务、建设银行等部门和所属单位多的大型企业。

为了实现会计档案管理规范化，有利于电算化处理，根据会计档案排列“年（所属年度）”、“类（种类）”、“限（保管期限）”三要素的多种组合方式，可以选用以下两种排列编号方法。

① 一般的企业、单位可采用“年、限、类”的排列编号方法，即以每一年度的会计档案为一单元，将每个案卷按不同保管期限，从永久到最短的期限依次排列，然后将同一保管期限的案卷分类排列，最后以第一卷“永久”卷为1号，按顺序编制目录号，这些号码也作

为案卷号。

② 对于由于种种原因会计档案仍由财会部门保管的单位，可将当年的“永久”卷集中按时间先过去、后现在顺序排列，用大流水方法编号，即首卷为“1”号，以后各卷按顺序编下去。其余定期保管案卷，仍以每一年度为一单元，按上述“年、限、类”方式排列编号。

四、会计档案保管的设计

会计档案的保管要严格执行安全和保密制度。做到会计档案完好无缺、不丢失、不破损、不霉烂、不被虫蛀；会计档案的信息不超过规定的传递的范围。

各单位每年形成的会计档案，在财务会计部门整理立卷或装订成册后，如果是当年的会计档案，在会计年度终了后，可暂由本单位财务会计部门保管一年，期满后，原则上应由财务会计部门编造清册移交本单位的档案部门保管。

各类会计档案的保管期限，根据其特点，可分为永久和定期两类。各种会计档案的保管期限，从会计年度终了后的第一天算起。各类会计档案所适用的保管期限为最低保管期限，各单位不得擅自变更。主要会计档案保管年限如下。

① 会计凭证类。原始凭证、记账凭证、汇总凭证的保管年限都是15年。

② 会计账簿类。总账、明细账、日记账（除现金日记账和银行存款日记账）、辅助账簿的保管年限都是15年；现金日记账和银行存款日记账的保管年限都是25年；固定资产卡片是在固定资产报废清理后保管5年。

③ 财务报告类。月季度财务报告（包括文字分析），保管年限是3年；年度财务报告（决算）（包括财务分析）属于永久性保管。

④ 其他类。会计移交清册的保管年限是15年；会计档案保管清册、会计档案销毁清册永久性保管；银行余额调节表、银行对账单的保管年限是5年。

五、会计档案利用和销毁的设计

1. 会计档案的利用

保存会计档案的最终目的，是为了利用会计档案，因此，必须重视和加强会计档案的利用工作。各单位保存的会计档案不得借出。如有特殊需要，经本单位负责人批准，可以在指定地点提供查阅或者复制，并履行登记手续，归还时要清点。查阅或复制会计档案的人员，不得在会计档案上做任何记录、勾、划和涂改，更不能拆封或抽撤单据。

2. 会计档案的销毁

会计档案保管期满需要销毁时，应由单位档案部门会同财会部门提出销毁意见，共同鉴定，严格审查，按《会计档案管理办法》规定的报批程序审批。经批准销毁的会计档案，应按规定监销，各单位在按规定销毁会计档案时，应由档案部门和财务会计部门派人监销；财政部门销毁会计档案时，应当由同级审计部门派人监销。监销人员要认真负责，在销毁会计档案以前要认真清点核对，销毁时要防止泄密、丢失。销毁后，档案部门、财会部门和各有关部门的监销人员要在会计档案目录封面上签字盖章，归档保存，并将监销情况书面报告本单位负责人。

思考题

1. 会计制度总则的含义是什么？

2. 会计制度总则一般内容应该包括哪些？
3. 在会计制度总则中应包括哪些会计核算规则？
4. 《会计法》对记账本位币和会计记录文字的规定？
5. 会计档案管理设计应坚持哪些原则？
6. 简述各类主要会计档案保管年限？
7. 会计档案在销毁时应建立哪些管理制度？

第三章　会计组织系统设计

会计组织系统由科学的机构设置、合理的人员分工、明确的岗位职责组成。健全的会计组织机构和一定数量、素质的会计人员，是做好会计工作的基本条件。会计组织系统设计包括会计机构的设计与会计工作岗位职责的设计。

第一节　会计机构的设计

会计机构是各单位进行会计管理工作的职能机构，建立会计机构是做好会计工作的组织保证，也是保证会计制度实施的基本条件。

一、会计机构设计的原则

由于各个单位的规模大小、管理体制和经营管理情况有所不同，会计机构设计有不同的模式，在设计会计机构时，一般应遵循下列原则。

1. 适应性原则

设计会计组织机构，应与单位的规模和管理要求相适应，如果规模较大、业务量较大、管理要求高，会计机构就要相应地大一些，内部分工也要细一些；如果规模较小、经营过程比较简单、业务量很小，则机构可以小一些，内部分工也可以粗一些。

2. 效率性原则

会计机构是为了完成任务、加强管理、提高经济效益而设计的，因此，会计机构的设计应当贯彻精简、高效、节约的原则，合理设计，使会计机构及其内部各个岗位、人员各司其职，协调一致地履行职责，避免机构重叠、人浮于事，努力提高会计工作效率。

3. 牵制性原则

内部牵制使内部控制的重要内容，在设计会计机构时应贯彻内部牵制的原则。一方面每个部门的工作人员应有明确的职权、责任和具体的工作内容，做到部门之间职责清楚、任务确切，有利于实行岗位责任制；另一方面在内部分工中，要贯彻内部控制制度，做到在工作中相互制约、相互监督，防止工作中的失误和舞弊。

二、会计机构设计的内容

会计机构的设计，应与单位整个组织体系相协调。一般来说，经营类型简单、业务量少的会计机构可以小些；经营类型复杂、业务量多的会计机构可以大些。《会计法》规定："各单位应当根据会计业务的需要，设置会计机构，或者在有关机构中设置会计人员并指定会计主管人员。不具备设置条件的，应当委托经批准设立从事会计代理记账业务的中介机构代理记账。"单独设置会计机构的企业会计机构设计大体有三种情况：小型企业会计机构的设计、大中型企业会计机构的设计、集团公司会计机构的设计。下面以大中型企业会计机构为例，说明单位会计机构设计的内容。

大中型企业经济活动比较复杂，经济关系涉及面广，通常形成一个以总会计师为首，以会计机构负责人（财务经理）为主管的，包括许多小组的财务会计组织体系。图 3-1 反映的

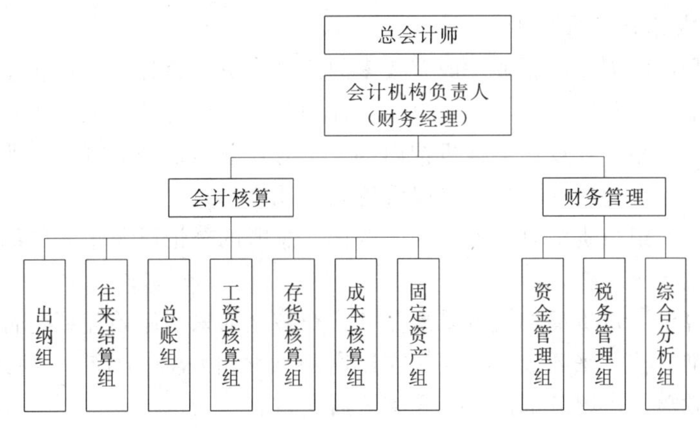

图 3-1　大中型企业会计组织机构图

是实行总会计师制的大中型企业采用会计与财务机构合设形式下的组织机构图。

1. 总会计师的设置

总会计师一般是在单位负责人直接领导下进行工作的单位领导决策层的成员。国有的和国有资产占控股地位或者主导地位的大中型企业必须设置总会计师。总会计师作为单位会计工作的主要负责人，全面负责本单位的财务会计管理和经济核算，参与本单位的重大经营决策活动，是单位负责人的参谋和助手。总会计师的任职条件：

① 坚持社会主义方向，积极为社会主义建设和改革开放服务；

② 坚持原则，廉洁奉公；

③ 取得会计师任职资格后，主管一个单位或者单位内一个重要方面的财务会计工作时间不少于 3 年；

④ 有较高的理论政策水平，熟悉国家财经法律、法规、方针、政策和制度，掌握现代化管理的有关知识；

⑤ 具备本行业的基本业务知识，熟悉行业情况，有较强的组织领导能力；

⑥ 身体健康，能胜任本职工作。

2. 会计机构负责人的设置

会计机构负责人和会计主管人员属于单位中层管理人员，具体组织管理本单位的会计工作。在大中型企业里，一般设置专门的会计机构，称其为“财务部”。这些机构的负责人称为“财务经理”。在单位负责人和总会计师的领导下，会计机构负责人负有组织管理本单位所有会计工作的责任，其工作水平的高低、质量的好坏，直接关系到整个单位会计工作的水平和质量。任命会计机构负责人，应该考虑以下几个方面。

（1）政治素质　会计机构负责人应遵纪守法、坚持原则、廉洁奉公，具备良好的职业道德。

（2）专业技术资格条件　担任单位会计机构负责人的，除取得会计从业资格证书外，还应当具备会计师以上专业技术职务资格或者从事会计工作 3 年以上经历。

（3）政策业务水平　会计机构负责人要熟悉国家财经法律、法规、规章制度，掌握财务会计理论及本行业业务的管理知识。

（4）组织能力　作为会计机构的负责人，不仅要求自己是会计工作的行家里手，更重要的是要领导和组织好本单位的会计工作，因此要求其必须具备一定的领导才能和组织能力，包括协调能力、综合分析能力等。

3. 会计机构内部分工的设计

实行总会计师制的大中型企业一般有较多的财务人员和会计人员，在总会计师的监督和财务经理的领导下实行分工协作，形成以总会计师为首，以财务经理为主管的，包括许多小组的财务会计组织体系。在设计会计机构内部分工时，应考虑企业规模、业务特点、管理要求和会计信息需要。企业会计机构中可以设置以下几个小组。

（1）总账组　本组负责汇总记账凭证的登记、总账的登记以及报表的编制。本组还负责月终结账、利润结转等工作。

（2）往来结算组　负责反映监督采购业务，查核全部采购原始凭证是否经过采购部门和主管会计人员批准。核算采购成本，反映在途商品（材料）、登记应付款明细账。经审核的发票在本组填付款单，由财务部门负责人签署后支付。

负责反映和监督销售业务，审核销售发票及有关凭证并按编号顺序登记，同时负责收货款和发出商品，并经常或定期向有关部门反映应收账款的明细情况和编制商品的销售分析报告。

（3）工资核算组　负责监督工资基金、控制工资奖金支出总额，审查和核算职工工资额，编制工资单。另外，根据成本计算的要求，将工资总额按其类别进行分类，编制出工资分配表。

（4）存货核算组　负责审核各仓库的收发退领商品材料、物资凭证，检查账存与实存是否相符。其核算范围包括原材料、辅料、燃料、低值易耗品、产成品以及商品的收、发、储存记录，并定期进行盘点，保证账实相符。

（5）固定资产核算组　负责登记企业厂房设备及其他固定资产的分类账和折旧账以及在建工程有关账户。凡属企业添置和减少固定资产有关业务，如新建、购置、大修理、更新重置和调出报废等，都由该组核算。

（6）成本核算组　负责计算、登记基本生产、辅助生产、制造费用和管理费用等明细分类账簿，按期编制生产成本报表，反映各种产品的单位成本，并进行分析。

（7）出纳组　办理现金收付和银行结算业务。登记现金和银行存款日记账，保管库存现金和各种有价证券、有关印鉴、空白票据。

（8）资金管理组　参与筹资与投资方案的选择与确定，资金使用效果的分析和考核。负责公司资金管理调度工作。定期对总公司与下属公司现金库存、银行存款等进行安全性、效益性、流动性检查。负责外汇资金的调剂管理。

（9）税务管理组　负责办理纳税登记、申请减免税和出口退税、合适税金的缴纳、编制有关的税务报表和相关分析报告，与税务相关的业务都由该组办理。

（10）综合分析组　综合分析财务状况和经营成果。编制财务情况说明书和专题分析报告。进行财务预测，提供经营决策参考资料。

第二节　会计工作岗位职责的设计

1. 总会计师

① 组织和监督公司执行国家有关财经法律、法规、方针、政策和制度、保护公司财产物资的安全完整。对违反国家财经法律、法规、方针、政策、制度和有可能在经济上造成损失、浪费的行为有权制止或者纠正；制止纠正无效时，提请公司主要领导处理。

② 负责对公司会计机构的设置和会计人员的配备、会计专业职务的设置和聘任提出方案，组织会计人员的业务培训和考核，支持会计人员依法行使职权。

③ 协助公司主要领导对企业的生产经营、对外投资的业务发展以及基本建设投资等问题作出决策；参与重大经济合同和经济协议的研究、审查。

④ 主管审批财务收支工作。除一般的财务收支可以由财务主管审批外，重大的财务收支，须经总会计师报公司领导批准。

⑤ 组织、编制和执行预算、财务收支计划、借贷计划，拟订资金筹措和使用方案，开辟财源、有效使用资金财务会计和成本管理方面的工作；进行成本费用预测、计划、核算、分析考核，建立健全经济核算制度，利用财务会计资料进行经济活动分析。

⑥ 签署预算、财务收支计划、成本和费用计划、信贷计划、财务专题报告、会计决算报表，涉及财务收支的重大业务计划、经济合同、经济协议等，在单位内部须经总会计师会签。

2. 会计机构负责人

① 熟悉企业会计制度、相关法律、法规、公司会计制度。组织会计人员进行各项财会法规制度以及会计人员理论与业务学习，根据国家有关政策规定，组织制定公司的各项会计管理制度并督促贯彻执行。

② 协助总会计师开展全面经济核算，参加生产经营管理活动，组织编制组织编织本年度决算及下年度财务预算。

③ 参与预测、决策和业绩评价，参与拟定或审核经济合同、协议及其他经济文件，参与拟订生产经营计划、技措大修零星购置计划、投资计划，并监督贯彻执行。

④ 掌握公司的财务管理工作，同有关部门搞好各项财产物质的管理工作，不断完善各项管理制度，确保财产物质的安全完整。

⑤ 根据生产经营的需要本着节约资金，审核公司各部门费用支出，降低成本，严格控制费用开支，本着增加效益的原则，合理核定资金定额，合理调度资金。

⑥ 考核和考评各财会岗位的工作，指导各财务岗位会计人员进行规范化的核算及管理，为公司领导提供决策参考信息。

⑦ 协调与社会各有关部门的关系，包括工商、税务、银行、会计师事务所及各有关政府职能部门。

⑧ 负责向单位领导、股东大会、董事会报告财务状况和经营成果，现金流量，审查对外提供的会计信息。

⑨ 参加会计人员的考核、任用和调整工作。

3. 材料核算会计岗位

① 正确区分材料与固定资产。认真审核外购材料单据、手续是否齐全，特别审查增值税专用发票合法性、规范性；正确核算材料收、发、存，每月通知物资管理部会计对账，如有不符，及时查明原因。

② 正确计算材料采购成本，正确计算材料成本差异率，及时准确分摊材料成本差异。

③ 对材料出入库及时进行账务处理，登账、对账、结账及时，做到手续齐全，内容完整，操作规范，书写工整，做到账证相符、账账相符、账表相符、账物相符。

④ 对于材料出入库发现有重大疑问的要及时向领导反映，请求查明原因作出处理；用于非应税项目材料的进项税及时转出。

⑤ 参与库存的物资清查盘点工作，对盘盈、盘亏和报废毁损的材料要查明原因，按规定审批处理，对超储积压要督促清理。进行库存材料结构和合理性分析，并提出合理化建议。

⑥ 月末，对已验收入库但发票未到的材料要估价入账。

⑦ 年末编制存货跌价准备计提表，并按规定进行账务处理。

4．成本核算岗位

① 根据生产计划部提供生产统计表、大宗材料消耗表、产品配比表计算各产品消耗成本。对数据有疑问，须与相关部门取得联系，查明原因提出修改意见。

② 按权责发生制原则、收入与费用配比原则，正确区别当期成本费用与跨期成本费用界限，正确核算待摊费用、长期待摊费用及预提费用；正确划分各种产品的费用界限、完工产品与在产品的费用界限；正确划分生产性费用与非生产性费用界限、生产费用与经营管理费用界限。

③ 对成本费用及时进行账务处理，登记成本明细账，并及时对账、结账，做到账证相符、账账相符、账表相符、表表勾稽关系对应，做到手续齐全，内容完整，操作规范，书写工整。

④ 正确核算产品成本，编制成本费用月报表及汇总表。

⑤ 对产品成本项目进行还原，并对成本费用进行分析，对单位产品成本波动异常，项目金额增减幅度较大的，说明原因提出合理化建议。

⑥ 每月及时提供费用考核数据；对成本费用进行预测，并编制成本费用计划。

5．固定资产核算岗位

① 正确划分固定资产和低值易耗品的界限，审核固定资产购进入库、入库、调拨等手续是否齐全，掌握固定资产使用动态。

② 日常事务及时处理，登账、对账、结账及时，将固定资产明细账分门别类输入计算机，并做好备份，做到账证相符、账账相符、账实相符，账表相符，做到手续齐全，内容完整，操作规范，书写工整。

③ 正确核算固定资产，按月计提固定资产折旧，编制计提折旧表，同时做好分配和结算转销工作。

④ 会同有关部门定期对固定资产进行盘点，年终全面清查，对盘盈、盘亏和毁损的固定资产要查明情况和原因，分清责任，按规定审批权限办理报批手续。对闲置多余的固定资产，保管、使用、维护不当的固定资产，要及时向领导汇报，并提出改进意见。

⑤ 根据固定资产、在建工程减值准备，编制计提固定资产、在建工程减值准备明细表，并按规定进行账务处理。

6．采购及应付款核算岗位

① 审查汇编材料采购用款计划、控制材料采购成本、分析采购计划的执行情况。

② 认真审核各类材料的采购凭证，分别按材料的采购地点、类别、品种、规格、保管地点、供货单位和采购成本等进行登记。对在途材料要督促清理催收。对已验收入库尚未付款的材料，月终应估价入账。

③ 对应付账款要登记明细账，经常对账，及时办理结算手续，认真审核有关发票、账单等结算凭证，防止错付、漏付、多付和重付等现象发生。

7．销售及应收款核算岗位

① 审查销售业务的有关凭证，严格执行国家的价格政策，认真履行销售合同，分析销售计划的完成情况。

② 根据销货发票等凭证，正确计算销售收入、销售成本、费用、税金和销售利润，登记有关明细账。

③ 对应收账款要及时登记往来明细账，经常对账，催收欠款。

④ 经常核对产成品、发出商品账户的定额和实际库存，保持账实、账账相符。

⑤ 对购销业务以外的各项往来款项，要按照单位和个人分户设置明细账，根据审核后的记账凭证逐笔顺序登记，并经常核对余额。

8. 工资核算岗位

① 监督工资基金的使用。

② 审核发放工资和奖金。

③ 负责工资分配的核算。

④ 拨交工会经费。

9. 总账报表岗位

① 编制汇总记账凭证，登记总账。

② 编制资产负债表、利润表和现金流量表，以及其他明细报表，核对其他报表。

③ 管理会计凭证、账簿和账表。

10. 出纳岗位

① 办理现金收付和银行结算业务。

② 登记现金和银行存款日记账。

③ 保管库存现金和各种有价证券。

④ 保管有关印章、空白收据和支票。

11. 财务分析岗位

① 对公司整体财务运行情况进行分析，做出书面报告。

② 对公司资产、负债、所有者权益情况进行具体量化分析，通过期间比较，发现问题与异常，提出合理化建议。

③ 对预算执行情况、费用开支、资金收支计划进行分析，甄别异常情况，提出改进建议。

④ 负责提交相关财务报表，保证准确及时，报表包括（但不限于）：资产负债表、损益表、利润分配表、现金流量表、费用分析表、趋势分析表等。

⑤ 分析公司收入、利润实现情况，提出增收合理化建议。

⑥ 对公司内控制度等执行情况进行分析总结，提出改进建议与措施。

12. 税务管理岗位

① 日常事务及时处理，登账、对账、结账及时、做到账证相符、账账相符、账表相符，做到手续齐全，内容完整，操作规范，书写工整。

② 负责发票的购买、送审，负责办理有关涉税业务，如税务变更、注销等，妥善保管发票及发票购买证。

③ 认真审核增值税专用税票，每月及时将增值税专用税票报送认证，做好增值税进项税抵扣工作。

④ 正确核算税额，依法纳税，诚信纳税。及时填报各种纳税申报表和其他税务资料，

做到数额准确、填报规范，缴纳及时。

⑤ 协调好公司与各级税务部门的关系。建立纳税台账，做好汇算。

⑥ 做好纳税的自查工作，积极配合税务部门进行税收稽查。

13. 资金管理岗位

① 参与筹资方案的选择与确定。

② 参与企业股票、债券的发行以及借款合同的签订。

③ 对外投资的可行性研究。

④ 基建投资和设备改造的可行性研究。

⑤ 资金使用效果的分析和考核。

思考题

1. 进行会计机构设计时，必须遵循哪些原则？
2. 会计机构设计的主要内容有哪些？
3. 哪些单位必须设置总会计师？其任职资格有哪些？
4. 如何进行会计机构内部分工设计？
5. 如何设计会计工作岗位职责？

第四章　会计科目设计

第一节　会计科目设计的意义与原则

会计科目是对会计对象进行具体分类项目的名称。会计对象是会计核算的基本内容，设置会计科目是对会计对象的具体内容进行归类反映和监督的一种会计核算方法，它是编制会计凭证、设置账簿、编制财务报表的依据。会计科目是会计制度设计的重要组成部分，做好会计科目的设计对保证会计制度设计质量，完成会计制度设计具有十分重要的意义。由于企业的经济业务特点不同，会计对象的具体内容也不一样，所以在设计企业会计制度时，首先要根据企业的实际情况确定合适的会计科目分类并具体规定需要设置的会计科目名称。

一、会计科目设计的意义

1. 对会计核算内容进行具体分类

会计核算内容按性质分为资产、负债、所有者权益、收入、费用、利润六要素，而会计科目是对会计六要素所作的进一步分类。由于经济业务复杂程度不同，不同的单位必须根据自身情况采用科学的方法对会计要素进行分类，以满足有关会计信息使用者的要求。

2. 为编制会计凭证提供依据

连续、系统、全面地反映企业经济业务活动是会计核算的特点。在取得原始凭证后，要根据会计科目进行分类整理，编制记账凭证。再按会计科目对记账凭证进行分类整理，作为登记账簿的依据。

3. 为设计会计账簿提供依据

账簿是科目的载体。账簿的登记，都要用到有关科目。所以设置科目也就成为设计账簿的依据。如根据总分类科目和明细分类科目设计日记账簿，根据总分类科目设计总分类账簿，根据明细分类科目设计各种明细账簿等。

4. 便于编制会计报表

由于在科目分类中规定了一系列反映财务状况和经营成果的科目，而总分类账是按照总分类科目进行登记的，所以在期末就可根据总分类中各个总分类科目的本期发生额和余额编制试算表，并据以编制资产负债表和损益表。同时，根据各种明细分类账中明细分类科目的本期发生额和余额，可以分别编制各种成本报表和财务明细报表。由此可见，确定科目分类可以便于编制会计报表。

二、会计科目设计的原则

根据2006年发布的会计准则的规定，企业在不违反会计准则中确认、计量和报告规定的前提下，可以根据本单位的实际情况自行增设、分拆、合并会计科目。企业不存在的交易或事项，可不设置相关会计科目。对于明细科目，企业可以比照本附录中的规定自行设置。会计科目编号供企业填制会计凭证、登记会计账簿、查阅会计科目、采用会计软件系统参考，企业可结合实际情况自行确定会计科目编号。在设计会计科目时，应当遵循以下一些基本要求。

① 为了适应国家宏观管理和行业管理的需要，科目分类口径必须符合企业会计准则和会计相关法规的要求，在此基础上设计适应企业实际情况的科目体系。

② 为了清晰地反映和有效地监督企业的经济活动情况，科目分类必须力求简明实用，既要避免过繁过细，又要防止过简过粗。

③ 为了正确地反映经济业务内容，原则上一个科目只反映一种经济业务内容。如果一个科目反映两种以上的业务内容，则容易造成记账工作的混乱和模糊信息内容，当要取得某项经济业务内容的指标时，必须通过科目内容的分析才能求得。

④ 为了便于记忆和记账起见，科目的名称要简明扼要，核算内容要明确，界限清楚，以避免引起混乱和误解。

⑤ 为了便于记账，科目的名称应明确地表示科目的经济内容。

⑥ 为了适应核算资料连续性和一致性的要求，科目的分类必须保存相对稳定。

第二节 会计科目设计的内容

会计科目设计的基本内容包括会计科目总体设计、会计科目编号设计和会计科目的使用说明设计。

一、会计科目总体设计

一家企业要设计会计科目，主要取决于该企业的业务特点和管理上的要求。不同行业具有不同的业务经营特点，其资金运动过程有所区别，因此会计科目的设计也不同。会计科目的总体设计基本上是由粗到细对企业的经济业务进行逐步分类。一般需要做到下列几个方面的事项。

① 对企业进行全面的调查，了解企业基本情况，包括经济性质、经营模式、组织结构、经营规模等对会计核算的要求，当前生产经营情况和财务状况，在调查研究的基础上进行设计。

② 根据企业经济业务的性质，并结合企业会计准则和我们国家有关的会计规范的规定，将企业经济业务划分为财务状况和生产经营过程两大类别。

③ 企业财务状况是由资产的取得、负债的形成和资本的投入及相应的增减变动等经济业务活动组成。生产经营过程是生产的投入到销售回款、利润的分配等业务活动组成。

④ 将各类经济业务细划分，比如将企业的资产划分为货币资金、固定资产等，再具体到会计科目，如货币资金为核算与管理需要可以划分为库存现金、银行存款和其他货币资金。所选定的会计科目就是在经济业务分类基础上产生的。

二、会计科目的编号设计

会计科目编号就是确定会计科目的编码。具体地说，是根据会计目的经济内容及其在会计科目体系中的地位和特点进行分类，为每一计科目确定一个号码作为科目的代号，一经确定不得随意变更。编码形式，体现了会计科目的分类和每类中各科目的排列次序，能使会计科目体系得以科学的、系统的体现，有利于会计事项的归类，便于记忆查阅，便于在分类账中按会计科目的排列次序开设账户，以及进行归汇总和编表。

1. 会计科目编号的要求

为了达到上述目的，会计科目编号应考虑以下几项要求：①简明实用，即会计科目编号应尽可能简单以提高工作效率；②便于记忆；③有弹性，即在每类账户的编码之间留有适当的余地，以便于业务变更而增设或更换会计科目；④编号要排列有序，层次分明，根据科目编号就能判断会计科目的经济内容。

2. 会计科目编号的方法

会计科目编号方法有很多，如数字编号法、文字编号法和文字、数字混合编号法等，但多年实践证明，有些编号方法均达不到上述会计科目编号的要求，一般都使用数字编号法，因此以下只介绍数字编号方法的使用。

(1) 顺序编号法　顺序编号法是从1号开始有多少科目编多少号。这种编号法最为简明，但没有增添科目的余地，也不能反映账户的性质。它一般适用于业务简单、账户比较固定的单位。

(2) 数字组编号法　该编号方法是给每一类会计科目以一定的数字组，该类有关会计科目就在一定的数字组内进行编号。例如，给予资产类会计科目的数字组编号为100～199，则有关流动资产、固定资产和无形资产科目就均在这一数字组内进行编号；给予负债类会计科目的数字组编号为200～299，则有关负债的会计科目就在这一范围内进行编号，以此类推。同时，在每一数字组内又可根据会计科目明细分类规定相应的数字组编号，如在资产类会计科目的100～199数字组内进一步分类规定，货币资金类编号在101～109内，固定资产类会计科目编号在161～169内。

(3) 十进制编号法　该编号方法将会计科目按类别（大类、小类），总分类会计科目和明细分类会计科目的顺序排列，而把每一顺序向前推进十位。例如，“库存现金”会计科目的编号为1101，“材料采购”会计科目的编号为1401，“固定资产”会计科目的编号为1601等。

上述数字组编号法和十进制编号法都能显示会计科目的类别，对会计科目所反映的经济内容能起到一定的说明作用，但编号的数字可能较多些，因而不便于记忆。

至于明细会计科目的编号，可以在总分类会计科目编号后用点号或连字符表示。编号的数字位数，可根据明细账户的多少决定。多的可给予三位数或四位数编号，少的可给予一位数或两位数编号。例如，上述原材料会计科目的明细会计科目较多，可给予四位数编号，表示方法为“2102.××××”或“2102—××××”。点号或连字符之前为总分类会计科目编号，点号或连字符后为明细分类会计科目编号，其中前面的数字又可表示材料的类别，后面的数字可表示材料的品种规格。

(4) 数字定位编号法

该编号方法是对每个数字给以特定的含义，并按一定的位置进行排列。例如，第1位数字代表大类会计科目，第2位数字代表小类会计科目，第3、4位数字代表总分类会计科目，第5、6位数字代表明细分类会计科目等。如账户的编号为210304，它表示该账户是属于第二大类第一小类中的第3个总分类会计科目的第4个明细分类会计科目。采用这种编号时，总分类会计科目和明细分类会计科目之间无需用点号或连字符隔开。

数字定位编号法也适用于对财产物资明细账的编号，以表示该项物资的存放地点。如第1位数字表示库号，第2位数字表示货架号，第3位数字表示层次号，第4位数字表示货位号。设某一物资的编号为1532，则表示该项物资存放于第1仓库第5号货架第3层的第2个货位。

数字定位编号法是十进制编号法的扩展，其缺点是编号数字较长，不便于记忆，但是它对账户的经济内容或物资的存放地点都可明确显示，也便于实行会计电算化。2006年的会计准则体系中的会计科目编号采用的就是这种方法（表4-1）。

我们国家《企业会计准则》对企业会计科目设置规定如下。

会计科目和主要账务处理依据企业会计准则中确认和计量的规定制定，涵盖了各类企业的交易或者事项。企业在不违反会计准则中确认、计量和报告规定的前提下，可以根据本单位的实际情况自行增设、分拆、合并会计科目。企业不存在的交易或者事项，可不设置相关会计科目。对于明细科目，企业可以比照本附录中的规定自行设置。会计科目编号供企业填制会计凭证、登记会计账簿、查阅会计账目、采用会计软件系统参考，企业可结合实际情况自行确定会计科目编号。

表 4-1 会计科目表

顺序号	编号	会计科目名称	顺序号	编号	会计科目名称
一、资产类					
1	1001	库存现金	30	1405	库存商品
2	1002	银行存款	31	1406	发出商品
3	1003	存放中央银行款项	32	1407	商品进销差价
4	1011	存放同业	33	1408	委托加工物资
5	1012	其他货币资金	34	1411	周转材料
6	1021	结算备付金	35	1421	消耗性生物资产
7	1031	存出保证金	36	1431	贵金属
8	1101	交易性金融资产	37	1441	抵债资产
9	1111	买入返售金融资产	38	1451	损余物资
10	1121	应收票据	39	1461	融资租赁资产
11	1122	应收账款	40	1471	存货跌价准备
12	1123	预付账款	41	1501	持有至到期投资
13	1131	应收股利	42	1502	持有至到期投资减值准备
14	1132	应收利息	43	1503	可供出售金融资产
15	1201	应收代位追偿款	44	1511	长期股权投资
16	1211	应收分保账款	45	1512	长期股权投资减值准备
17	1212	应收分保合同准备金	46	1521	投资性房地产
18	1221	其他应收款	47	1531	长期应收款
19	1231	坏账准备	48	1532	未实现融资收益
20	1301	贴现资产	49	1541	存出资本保证金
21	1302	拆出资金	50	1601	固定资产
22	1303	贷款	51	1602	累计折旧
23	1304	贷款损失准备	52	1603	固定资产减值准备
24	1311	代理兑付证券	53	1604	在建工程
25	1321	代理业务资产	54	1605	工程物资
26	1401	材料采购	55	1606	固定资产清理
27	1402	在途物资	56	1611	未担保余值
28	1403	原材料	57	1621	生产性生物资产
29	1404	材料成本差异	58	1622	生产性生物资产累计折旧

续表

顺序号	编号	会计科目名称	顺序号	编号	会计科目名称
			一、资产类		
59	1623	公益性生物资产	65	1711	商誉
60	1631	油气资产	66	1801	长期待摊费用
61	1632	累计折耗	67	1811	递延所得税资产
62	1701	无形资产	68	1821	独立账户资产
63	1702	累计摊销	69	1901	待处理财产损溢
64	1703	无形资产减值准备			
			二、负债类		
70	2001	短期借款	88	2261	应付分保账款
71	2002	存入保证金	89	2311	代理买卖证券款
72	2003	拆入资金	90	2312	代理承销证券款
73	2004	向中央银行借款	91	2313	代理兑付证券款
74	2011	吸收存款	92	2314	代理业务负债
75	2012	同业存放	93	2401	递延收益
76	2021	贴现负债	94	2501	长期借款
77	2101	交易性金融负债	95	2502	应付债券
78	2111	卖出回购金融资产款	96	2601	未到期责任准备金
79	2201	应付票据	97	2602	保险责任准备金
80	2202	应付账款	98	2611	保户储金
81	2203	预收账款	99	2621	独立账户负债
82	2211	应付职工薪酬	100	2701	长期应付款
83	2221	应交税费	101	2702	未确认融资费用
84	2231	应付利息	102	2711	专项应付款
85	2232	应付股利	103	2801	预计负债
86	2241	其他应付款	104	2901	递延所得税负债
87	2251	应付保单红利			
			三、共同类		
105	3001	清算资金往来	108	3201	套期工具
106	3002	货币兑换	109	3202	被套期项目
107	3101	衍生工具			
			四、所有者权益类		
110	4001	实收资本	114	4103	本年利润
111	4002	资本公积	115	4104	利润分配
112	4101	盈余公积	116	4201	库存股
113	4102	一般风险准备			

续表

顺序号	编号	会计科目名称	顺序号	编号	会计科目名称
五、成本类					
117	5001	生产成本	121	5401	工程施工
118	5101	制造费用	122	5402	工程结算
119	5201	劳务成本	123	5403	机械作业
120	5301	研发支出			
六、损益类					
124	6001	主营业务收入	141	6421	手续费及佣金支出
125	6011	利息收入	142	6501	提取未到期责任准备金
126	6021	手续费及佣金收入	143	6502	提取保险责任准备金
127	6031	保费收入	144	6511	赔付支出
128	6041	租赁收入	145	6521	保单红利支出
129	6051	其他业务收入	146	6531	退保金
130	6061	汇兑损益	147	6541	分出保费
131	6101	公允价值变动损益	148	6542	分保费用
132	6111	投资收益	149	6601	销售费用
133	6201	摊回保险责任准备金	150	6602	管理费用
134	6202	摊回赔付支出	151	6603	财务费用
135	6203	摊回分保费用	152	6604	勘探费用
136	6301	营业外收入	153	6701	资产减值损失
137	6401	主营业务成本	154	6711	营业外支出
138	6402	其他业务成本	155	6801	所得税费用
139	6403	营业税金及附加	156	6901	以前年度损益调整
140	6411	利息支出			

三、会计科目的使用说明设计

前面根据经营业务的经济内容、企业管理与核算的要求设置了会计科目并进行了科学的分类，但对每个会计科目的具体设置目的、核算的内容范围和方法、应当执行的原则以及明细分类科目的设置均未作出详细的设计。为了能够正确地使用会计科目，需要对每个会计科目设计使用说明，对上市内容进行规定。会计科目的使用说明设计有以下几项主要内容。

1. 阐明会计科目的核算内容与范围

说明会计科目核算的内容与范围，比如存货下设明细科目“原材料”、“库存商品”等。有些会计科目还需要区别容易混淆的内容，指出不在该科目核算的内容。

2. 说明所属明细科目的设置

对于会计科目所属明细科目的编写方法有两种：一是概括地说明设置明细科目的要求；二是具体写明所需设置的各个明细科目及其核算内容。

3. 说明会计科目的主要账务处理

其撰写方法是以各个会计科目为主，写明各个科目借贷方核算的相关业务内容。

4. 撰写主要会计事项会计分录举例

在说明会计科目的主要账务处理时，应该简明扼要的说明会计科目借贷两方的对应关系，而撰写主要会计事项会计分录举例比较具体，要结合企业的实际业务情况，要有经济业务内容，要有对应的会计科目，便于会计人员参考学习。

下面以“应收账款”科目为例，简单介绍该会计科目的使用说明设计。

应收账款

一、本科目核算企业因销售商品、提供劳务等经营活动应收取的款项。企业（保险）按照原保险合同约定应向投保人收取的保费，可将本科目改为“1122 应收保费”科目，并按照投保人进行明细核算。企业（金融）应收取的手续费和佣金，可将本科目改为“1124 应收手续费及佣金”科目，并按照债务人进行明细核算。因销售商品、提供劳务等，采用递延方式收取合同或协议价款、实质上具有融资性质的，在“长期应收款”科目核算。

二、本科目可按债务人进行明细核算。

三、企业发生应收账款，按应收金额，借记本科目，按确认的营业收入，贷记“主营业务收入”、“手续费及佣金收入”、“保费收入”等科目。收回应收账款时，借记“银行存款”等科目，贷记本科目。涉及增值税销项税额的，还应进行相应的处理。

代购货单位垫付的包装费、运杂费，借记本科目，贷记“银行存款”等科目。收回代垫费用时，借记“银行存款”科目，贷记本科目。

四、企业与债务人进行债务重组，应当分别债务重组的不同方式进行处理。

（一）收到债务人清偿债务的款项小于该项应收账款账面价值的，应按实际收到的金额，借记“银行存款”等科目，按重组债权已计提的坏账准备，借记“坏账准备”科目，按重组债权的账面余额，贷记本科目，按其差额，借记“营业外支出”科目。

收到债务人清偿债务的款项大于该项应收账款账面价值的，应按实际收到的金额，借记“银行存款”等科目，按重组债权已计提的坏账准备，借记“坏账准备”科目，按重组债权的账面余额，贷记本科目，按其差额，贷记“资产减值损失”科目。

以下债务重组涉及重组债权减值准备的，应当比照此规定进行处理。

（二）接受债务人用于清偿债务的非现金资产，应按该项非现金资产的公允价值，借记“原材料”、“库存商品”、“固定资产”、“无形资产”等科目，按重组债权的账面余额，贷记本科目，按应支付的相关税费和其他费用，贷记“银行存款”、“应交税费”等科目，按其差额，借记“营业外支出”科目。涉及增值税进项税额的，还应进行相应的处理。

（三）将债权转为投资，应按享有股份的公允价值，借记“长期股权投资”科目，按重组债权的账面余额，贷记本科目，按应支付的相关税费和其他费用，贷记“银行存款”、“应交税费”等科目，按其差额，借记“营业外支出”科目。

（四）以修改其他债务条件进行清偿的，应按修改其他债务条件后债权的公允价值，借记本科目，按重组债权的账面余额，贷记本科目，按其差额，借记“营业外支出”科目。

五、本科目期末借方余额，反映企业尚未收回的应收账款；期末如为贷方余额，反映企业预收的账款。

第三节 会计科目的分类

一、总分类会计科目的设计

在设计会计科目前，必须根据会计对象进行会计科目的分类，会计科目按其经济内容的分类是主要的、基本的分类。会计科目按其反映的经济内容，可以划分为反映资产的科目、反映负债的科目、反映所有者权益的科目、反映成本的科目、反映损益的科目和共同类科目。

（1）反映资产的科目 包括库存现金、银行存款、其他货币资金、交易性金融资产、应收票据、应收账款、预付账款、应收股利、应收利息、其他应收款、坏账准备、材料采购、在途物资、原材料、材料成本差异、库存商品、发出商品、商品进销差价、委托加工物资、周转材料、存货跌价准备、持有至到期投资、持有至到期投资减值准备、可供出售金融资产、长期股权投资、长期股权投资减值准备、投资性房地产、长期应收款、固定资产、累计折旧、固定资产减值准备、在建工程、工程物资、固定资产清理、无形资产、累计摊销、无形资产减值准备、长期待摊费用、递延所得税资产和待处理财产损益等。

（2）反映负债的科目 包括短期借款、应付票据、应付账款、预收账款、应付职工薪酬、应交税费、应付利息、应付股利、其他应付款、长期借款、应付债券、长期应付款、专项应付款、预计负债和递延所得税负债等。

（3）反映所有者权益的科目 包括实收资本、资本公积、盈余公积、本年利润和利润分配等。

（4）反映成本的科目 包括生产成本、制造费用、劳务成本、研发支出等。

（5）反映损益的科目 包括主营业务收入、其他业务收入、汇兑损益、公允价值变动损益、投资收益、营业外收入、主营业务成本、其他业务成本、营业税金及附加、销售费用、管理费用、财务费用、资产减值损失、营业外支出、所得税费用和以前年度损益调整等。

（6）共同类会计科目 包括清算资金往来、货币兑换、衍生工具、套期工具和被套期项目。此类科目的特点是需要从其期末余额所在方向本界定其性质。

二、明细分类会计科目设计

明细分类科目，亦称明细科目或细目，是对总分类科目的经济内容所作的进一步分类，是用来辅助总分类科日反映会计核算资料详细、具体指标的科目。如在“应付职工薪酬”总分类科目下设置“工资”、“职工福利”、“社会保险费”、“住房公积金”、“工会经费”、“职工教育经费”、“非货币性福利”、“辞退福利”、“股份支付”等明细科目，分类反映应付职工薪酬的具体情况。企业经营管理对各类会计科目反映的详细内容合用途的要求都不相同，对明细科目设置的要求也就不一样。

1. 实物资产按种类和名称设置明细科目

企业的各种资产的用途是划分类别的标准之一，还应划细反映各种资产的增减变动情况及其结存额，用以检查资产的实有数，揭示其盘盈和盘亏情况。因此必须按资产的品种规格、名称、保管地点设置明细科目，以便为加强管理、明确经济责任和提供会计信息，如企业存货中的“原材料”、“材料采购”、“发出商品”、“库存商品”、“在途物资”等科目。

另外，“主营业务收入”和“主营业务成本”等科目也应按品种、名称设置明细账。

2. 债权、债务类性质的资产、负债按单位名称或个人设置明细科目企业的债权、债务类科目的用途是反映各种债权、债务事项的发生、收回或偿付以及结存情况，属于结算类科目，各种债权、债务需按户清结，所以，应当按照债权、债务单位或个人名称设置明细科目。例如，“应收账款”、“应付账款”、“预付账款”、“预收账款”、“其他应收款”等科目应按单位户名或个人设置明细科目。

3. 成本计算科目按对象设置明细科目

企业的产品成本是按成本计算对象归集和分配费用，因此，对“生产成本”科目应按成本计算对象设置明细科目。

明细分类科目的设置，要根据经济管理的具体需要来进行。有的总分类科目需要设置较多的明细科目，如“应收账款”、“应付账款”、“管理费用”等；有的总分类科目无需设置明细分类科目，如“累计折旧”、“本年利润”等。在实际的会计核算工作中，若一个总分类科目下设置的明细分类科目过多，往往会给记账、稽核、查对等带来诸多不变。这时，就可在总分类科目与明细分类科目之间增设子目。此时，就将总分类科目称为一级科目，将子目称为二级科目，将明细科目称为三级科目。以“生产成本”科目为例，同一会计科目内部的纵向级次关系如表 4-2 所示，它们之间是总括与详细、统驭与从属的关系。

表 4-2 同一会计科目内部的纵向级次关系表

总分类科目（一级科目）	明细分类科目	
	子目(二级科目)	细目(三级科目)
生产成本	甲车间	子产品
		丑产品
	乙车间	寅产品
		卯产品
	丙车间	辰产品
		巳产品

第四节 会计科目设计示例

由于各家企业的业务性质、经营目标、规模大小、业务繁简及组织状况有所不同，会计科目的设计存在着较大的差异。下面以某公司会计科目说明为例，介绍一下会计科目设计的方法。由于篇幅有限，仅节选了其中具有代表性的“应付账款”科目。

2202—××—××× 应付账款

应付账款是指因购买原材料、商品或接受劳务供应等而发生的债务。按规定，公司非因采购业务而发生的各种应付、暂收款项，不在“应付账款”科目内核算（主要包括：应付职工薪酬、应交税费、应付赔偿款、应付租入固定资产和包装物的租金、存入保证金等）。“应付账款”应按不同的供应商和货币设立明细账。

“应付账款”二级明细科目的编号和定义如表 4-3 所示。

“应付账款”主要账务处理如下。

① 购买产品时：

借：原材料/周转材料等　　　　1403—××/1411—××等

　　应交税费——应交增值税（进项）　　　　2221—02

贷：应付账款　　2202—××

② 支付货款时：

借：应付账款　　2202—××

贷：银行存款　　1002—××

③ 公司的“预付账款”如果不多，也可以记入“应付账款”科目的借方核算。

预付货款时：

借：应付账款　　2202—××

贷：银行存款　　1002—××

表 4-3 “应付账款”二级明细科目的编号和定义

<table>
<tr><th colspan="2">二级明细科目</th><th rowspan="2">科目说明</th></tr>
<tr><th>编号</th><th>科目名称</th></tr>
<tr><td>2202—01</td><td>应付账款——对外供应商</td><td>该科目用于记录各经营公司直接从集团外的供应商处购买原材料或劳务等而形成的应付账款</td></tr>
<tr><td>2202—02</td><td>应付账款——代加工（集团内部）</td><td>该科目用于记录各经营公司向××饮料集团经营公司购买产品而形成的应付账款
××饮料对该科目的部分三级明细作出了特别规定，各经营公司必须按照此编码执行
• 2202—02—001 为应付××厂
• 2202—02—002 为应付××厂
• 2202—02—003 为应付××厂
• 2202—02—004 为应付××厂
• 2202—02—005 为应付××厂
• 2202—02—006 为应付××厂</td></tr>
<tr><td>2202—03</td><td>应付账款——公司内部</td><td>该科目用于记录营业所向其总公司购买产品而形成的应付账款</td></tr>
</table>

收到货物或发票时再予以转销：

借：原材料/周转材料等　　1403—××/1411—××等

应交税费——应交增值税（进项）　　2221—02

贷：应付账款　　2202—××

通过“应付账款”科目登记预付货款业务，会使应付账款的某些明细科目出现借方余额，在期末编制资产负债表时“应付账款”所属明细科目有借方余额的，应将这部分借方余额在资产负债表的“预付账款”列示。

思考题

1. 什么是会计科目？企业为什么要对会计科目设计进行设计？
2. 设计会计科目应遵循的原则有哪些？
3. 会计科目设计的基本内容有哪些？
4. 会计科目表设计方法有哪些？会计科目使用说明设计包含哪些内容？
5. 会计科目按经济内容分类，可以分为几大类？
6. 简述明细分类会计科目设计的要求？

第五章　会计核算系统设计

第一节　会计核算的概念及基本要求

会计核算是以货币为计量单位，运用专门的会计方法，对生产经营活动或者预算执行过程及其结果进行连续、系统、全面地记录、计算和分析，定期编制并提供财务会计报告和其他一系列内部管理所需的会计资料，为作出经营决策和宏观经济管理提供依据的一项会计活动。会计核算往往渗透到生产经营和业务活动的全过程，包括对经济业务事项的事前预测、事中控制和事后核算。《会计法》所规范的会计核算，主要限于事后核算方面的内容，即对基本的会计核算方法和程序作出规定，而没有过多涉及事前预测、事中控制等管理会计的内容，目的是增强法律规定的适应性。

我国《会计法》对会计核算的基本要求主要体现在以下三个方面。

一是对会计核算依据的基本要求。《会计法》第九条规定："各单位必须根据实际发生的经济业务事项进行会计核算，填制会计凭证，登记会计账簿，编制财务会计报告。任何单位不得以虚假的经济业务事项或者资料进行会计核算。"以实际发生的经济业务事项为依据进行会计核算，是会计核算的重要前提，是填制会计凭证，登记会计账簿，编制财务会计报告的基础，是保证会计资料质量的关键。没有经济业务事项，会计核算也失去了对象；以不实甚至虚拟的经济业务事项为核算对象，会计核算就成了没有规范，没有约束，没有科学可言的"魔术"手段，据此提供的会计资料不仅没有可信度，相反会误导使用者，侵害利益相关者的利益，扰乱社会经济秩序。

二是对会计资料的基本要求。《会计法》第十三条规定："会计凭证、会计账簿、财务会计报告和其他会计资料，必须符合根据统一的会计制度的规定。任何单位和个人不得伪造、变造会计凭证、会计账簿及其他会计资料，不得提供虚假的财务会计报告。"会计资料是记录会计核算过程和结果的重要载体，是反映单位财务状况和经营成果、评价经营业绩、选择合作对象、进行投资决策的重要依据。规范会计资料的国家统一的会计制度比较多，主要有：《会计基础工作规范》、《会计档案管理办法》以及财政部发布的一系列会计准则、会计核算制度等。针对实际工作中存在的伪造、变造会计资料和提供虚假会计资料的情况，《会计法》从法律的角度，对此作出了限制性、禁止性规定。

三是对会计电算化的基本要求。《会计法》第十三条规定："使用电子计算机进行会计核算的，其软件及其生成的会计凭证、会计账簿、财务会计报告和其他会计资料，也必须符合国家统一的会计制度的规定。"这是为保证计算机生成的会计资料真实、完整和安全，以加强对会计电算化工作的规范。其有两层含义：①使用电子计算机进行会计核算的单位，使用的会计软件必须符合国家统一的会计制度的规定；②用电子计算机生成的会计资料必须符合国家统一的会计制度的要求。即用电子计算机生成的会计凭证、会计账簿、财务会计报告在格式、内容、以及会计资料的真实性、完整性等方面，都必须符合国家统一的会计制度的规定。

第二节　会计凭证设计

一、会计凭证设计的意义

会计凭证设计，就是根据被设计单位实际情况，对凭证的种类、内容、用途、格式、传递程序作出科学的规划，绘制出科学、规范的格式，以便为完整、及时、真实地记录经济活动提供所需要的信息载体。会计凭证在会计核算系统中的地位十分重要，会计核算系统的基本形式可以概括为“凭证-账簿-报表”，会计凭证是会计核算的起点和基础，离开会计凭证就无从进行会计核算。因此，会计凭证设计的优劣直接影响到会计核算的质量的高低。会计凭证设计的重要意义表现在以下几个方面。

1. 便于及时了解反映经济业务的实际情况

每一项经济业务发生以后，就要财务人员根据会计准则和相关会计法规的要求编制原始凭证，把经济业务的详细情况在原始凭证中给予记录。在经过审核的原始凭证的基础上，编制记账凭证，作为记账的依据。因此，会计凭证设计的恰当与否关系到是否能够使经济业务真实及时的反映在会计凭证上，是否能够保证财务核算结果真实准确的反映经济业务活动的结果。

2. 便于加强岗位职责

在业务处理过程中，有关部门和有关人员均应以高度的责任感来处理业务。任何一份会计凭证都是经办业务的证明，在凭证设计上都要求有关经办人员签名盖章，以明确业务处理的过程中各个人员所负担的责任。因此，设计恰当的会计凭证能够促使业务人员严格控制把握一定的度办事，保证业务处理的质量，有利于加强岗位职责。

3. 有利于加强企业内各个部门之间的联系

会计凭证在企业内部各个部门之间进行传递，从而使有关业务的信息随着凭证的传递而通知有关部门。会计凭证在各个管理部门、各个经营环节之间相互联系方面起了纽带的作用。

4. 便于在业务处理过程中各个岗位的人员的相互监督和制约

在设计会计凭证时，要考虑内部控制的要求，要体现不相容职务的分工负责原则，使业务主管人员和经办人员在业务处理过程中相互把关，发挥监督作用；另一方面，设计较好的凭证传递程序也是企业各个部门在凭证的传递过程中相互制约，及时发现业务处理过程中的问题，避免损失和失误，能够有效地发挥内部控制效用。

5. 便于检查工作和审计的开展

会计凭证的保存有利于上级主管部门和审计部门对企业的工作的检查和审计。

二、会计凭证设计的原则

1. 清晰性原则

原始凭证是对经济业务的写实，记账凭证是对经济业务的科学分类，故清晰性原则的含义是：①能全面反映经济活动的真实情况，例如经济活动的发生时间、地点、内容、责任等情况，使人们一看便知而不致产生疑问；②凭证要素齐全，例如对外原始凭证中应设计凭证名称、填制日期、填制单位、接受单位、业务内容、数量、单价、计量单位、金额大写与小写、填制人签章等内容；③中心内容或主要内容应排列在凭证的重要位置；④对记账凭证而言，科目对应关系要清楚，不仅要有总账科目的位置，还要有明细科目的位置；⑤颜色显明、易于区分不同用途的联次，如收款收据一般为三联，第一联给交款人，第二联记账，第三联为存根，各联颜色应有明显区别并标明各联联次。

2. 经济性原则

经济性原则要求设计者做到：①尽量考虑一证两用或多用，以节约纸张和减少数字的转抄。如借款凭证代付款凭证等；②凭证面积以能充分反映业务内容为原则，不宜过大或过小，过大浪费纸张，增加了印刷成本，过小不便于保管；③专用凭证的常用项目应事先印刷在凭证上，以免手写耽误时间且影响整洁和美观。

3. 有利于加强经济核算和内部管理原则

自制的许多原始凭证是为加强经济核算和企业内部管理服务的，设计时应充分注意贯彻这一原则。例如职工考勤表、产品加工单、工时记录、停工记录、产量记录、管理费用分配卡等的设计，都要便于各种核算、控制、分析和检查，满足管理需要和内部控制的需要。

4. 统一性原则

统一性原则要求，凭证的内容和格式应尽量做到统一和标准化。全国性使用的凭证如车船票、机票、增值税专用发票等，有关部门设计时应做到全国统一，不能大小不一、内容不一。一个单位内部使用的凭证更应做到标准化，例如收款凭证中会计科目栏称总账科目，而付款凭证中该栏又称一级科目，或者收款凭证面积大，付款凭证面积小，都是不符合统一性原则的。贯彻统一性原则不仅使凭证内容更清晰，同时也便于装订和归档保存，还有利于机械化操作和在全国范围内传递及使用信息。

三、会计凭证设计

会计凭证包括原始凭证和记账凭证两种，会计凭证设计主要就是原始凭证设计和记账凭证的设计及凭证传递程序、保管制度的设计。

（一）原始凭证设计

原始凭证按其来源不同，分为自制凭证和外来凭证两种。对于外来凭证，不在企业会计制度设计的范围之内，因而原始凭证的设计侧重于自制原始凭证的设计。

1. 原始凭证设计的基本要求

在设计自制原始凭证时，应着重考虑下列几个问题：每一类经济业务发生时需要记录哪些方面的内容；处理各类经济业务分别需要经由哪些手续；据以编制记账凭证或登记分类账，日记账时各有哪些要求；审核原始凭证应把握哪些要件等。据此规定原始凭证设计的种类、内容、格式和联次等。

原始凭证设计的基本内容包括：原始凭证的名称；接受凭证单位的名称；填制凭证的日期；经济业务的内容摘要；经济业务所涉及的数量，单价和金额；填制凭证单位、人员的签章；凭证的编号；凭证的联次、凭证的版式等。

设计原始凭证的基本步骤包括以下五个方面：①确定所需原始凭证的种类；②明确各种原始凭证的用途；③拟定原始凭证的格式；④规定原始凭证的传递程序；⑤严格原始凭证的保管制度。

在原始凭证设计过程中，还应注意遵循下列要求。

① 要适应企业生产经营的特点，兼顾统计部门，业务部门以及其他有关部门对业务管理的具体要求。

② 要适应企业内部机构设置和人员分工情况，贯彻内部控制制度，加强各业务部门和经办人员的责任意识，防止错误及舞弊行为；要保证会计凭证简便易行，促使会计信息及时，高效传递。

③ 要正确处理好借鉴与改进的关系，尤其对于有统一规范格式的原始凭证，如非必要应尽量采用，以简化设计工作，保证会计实务规范统一。

此外为了保持原始凭证关联，可事先规定原始凭证各联数纸张的颜色，以便实务中能有效区别。实务中一般联别颜色见表 5-1。

表 5-1　一般联别颜色表

联　别	两　联	三　联	四　联	五　联
第一联	白色	白色	白色	白色
第二联	白黄色	白黄色	白黄色	白黄色
第三联		淡红色	淡红色	淡红色
第四联			黄色	黄色
第五联				绿色

2. 主要原始凭证的设计

(1) 货币资金收付凭证的设计　我们国家现行财务制度规定，货币资金收付绝大部分通过企业的开户银行进行收付结算，企业收付款凭证主要包括：企业通过银行办理的收付结算凭证、企业通过现金办理的收付结算凭证和企业办理银行收付结算的内部申请等原始凭证。前一种均系银行等部门设计的专门凭证，比如银行设计的进账单等。后两种主要是企业设计的内部收付凭证，包括收据、借据等，所以企业设计的货币资金收付凭证内容为企业通过现金办理的收付结算凭证。企业设计货币资金原始凭证时必须要求原始凭证包括：经济业务说明栏、摘要栏、资金金额大小写、有关责任人签字必须齐全，如果是涉及外单位的资金往来，务必在原始凭证上要求加盖外单位的公章或者财务章。

以下列示了现金收付的主要原始凭证。

① 付款凭证（表 5-2）。

表 5-2　付款凭证

年　　月　　日

请款部门			款项说明			付款计划号			
收款单位									
开户银行			账　号			付款期限			
付款金额	佰	拾	万	仟	佰	拾	元	角	分 ¥
业务性质	☐ 无合同预付款		☐ 有合同预付款		（合同号：　）☐ 其他往来 ☐ 预付款核销				
	☐ 未结算付款		☐ 已结算到期付款		☐ 已结算提前付款		（发票号：　）		
①→	→②→		→③→		→④→		→⑤		
业务经办	业务审核		会计审核		会计复核		有权签署		

② 借款申请单（表 5-3）。

表 5-3　借款申请单

年　　月　　日

所属部门		岗位		借款人签名		付款计划号	
借款用途							
借款金额	万	仟	佰	拾	元	角	分 ¥
支付方式	□现金 □转账(户名：		银行及账号：				)
会计核定	□核定限额内	□超出限额________		账面借款余额：	¥		
	万	仟	佰	拾	元	角	分 ¥
①→		→②→	→③→		→④→		→⑤
业务经办		业务审核	会计审核		会计复核		有权签署

③ 费用支出报销单（表 5-4）。

表 5-4　费用支出报销单

年　　月　　日

所属部门		岗位		报销签名		付款计划号	
费用项目	事项说明	单据张数	填报金额	部门核准金额	预算控制		
					□列支/□超支________/□预算外		
					□列支/□超支________/□预算外		
					□列支/□超支________/□预算外		
					□列支/□超支________/□预算外		
					□列支/□超支________/□预算外		
合　计					预算超支		预算外
会计核定	万	仟	佰	拾	元	角	分 ¥
①→	→②→	→③→		→④→		→⑤	
业务经办	业务审核	会计审核		会计复核		有权签署	

④ 差旅费报销单（表 5-5）。

表 5-5　差旅费报销单

年　　月　　日

所属部门		岗位		报销签名			出差事由		付款计划号		
月	日	起讫地点	天数	房费	城市交通	市内交通	杂费	单据张数	出差补贴 天数	出差补贴 金额	金额小计
会计核定	万		仟	佰	拾		元	角	分 ¥		
预支金额		应缴回金额		应补付金额			预算控制	□预算列支/□预算超支________			
①→		→②→		→③→		→④→		→⑤			
业务经办		业务审核		会计审核		会计复核		有权签署			

⑤ 收据（表 5-6）。

表 5-6 收据

年 月 日

付款单位				款项内容				付款方式		
收款金额	佰	拾	万	仟	佰	拾	元	角	分	¥
业务性质	☐ 无合同销售款		☐ 有合同销售款		（合同号：		）☐ 其他往来 ☐ 预收款核销			
	☐ 未结算收款		☐ 已结算到期收款款		☐ 已结算提前收款款		（发票号： ）			
①→		→②→		→③→		→④→		→⑤		
业务经办		业务审核		会计审核		会计复核		有权签署		

（2）材料采购及入库原始凭证的设计　材料采购是生产经营活动的起点，从业务环节看主要有材料采购、验收入库和库存管理三个环节。涉及这类凭证有材料的名称、规格、数量、价格等内容，便于购货单位检查和验收；在凭证上要注明与供货单位的联系方式；在订货单位上，应设购货单位经办人的签章栏，便于查明责任，明确购销关系，避免不必要的损失。从采购环节业务看，为了防止重复采购和采购所需采购材料资金进行预计，应设计下列原始凭证。

① 月度采购计划表（表 5-7）。

表 5-7 月度采购计划表

______年______月　　　　第____页/共____页

序 号	物资名称	库存量	计划采购量	标准用量	预计用料日期	备 注
1						
2						
3						

编制人/日期：　　　　核准人/日期：

② 月度采购计划明细表（表 5-8）。

表 5 8 月度采购计划明细表

序号	品种	供方	数量	上月		本月		本月计划价	采购额	运费	包装
				计划价	采购价	市场价	计划价				
1											
2											
3											
4											
5											

编制/日期：　　　　审核/日期：　　　　核准/日期：　　　　审批/日期：

③ 询价过程记录表（表 5-9）。

表 5-9　询价过程记录表

★采购员/日期			★物资采购申请单号	
★物资名称		★规格型号		★要求数量	
★要求到货日期		上次采购日期		上次采购价格	
询供方名称				联系人	
联系时间				联系电话	
询价过程：					
询供方名称				联系人	
联系时间				联系电话	
询价过程：					
询供方名称				联系人	
联系时间				联系电话	
询价过程：					
采购员初步结论					
审批意见/日期					

④ 采购清单（表 5-10）。

表 5-10　采购清单　　　　年　月　日

材料名称	规格型号	单位	数量	要求到货日期	单价	实际到货数量	实际到货日期	备注

请购人/日期：　　　　审批人/日期：　　　　采办人/日期：

⑤ 采购合同评审流转单（表 5-11）。

表 5-11　采购合同评审流转单

合　同　名　称		合 同 编 号	
经办人		日　　期	
合同主要事项			
合同其他附件			
评审部门	评审条款		评审意见
部门经理			
生产总监			
品保部			
技术总监			
财务部			
物流总监			
总经理			

⑥ 请购单（表 5-12）。

表 5-12 请购单

<table>
<tr><td colspan="2">需求部门</td><td></td><td>经办人</td><td></td><td>申请时间</td><td></td></tr>
<tr><td colspan="2" rowspan="2">物资名称</td><td rowspan="2"></td><td>型号</td><td></td><td rowspan="2">数量</td><td rowspan="2"></td></tr>
<tr><td>规格</td><td></td></tr>
<tr><td colspan="2">需求日期</td><td></td><td>推荐供应商</td><td colspan="3"></td></tr>
<tr><td rowspan="6">调研意见</td><td colspan="6">推荐采购资料</td></tr>
<tr><td>物资名称</td><td></td><td>型号</td><td></td><td>规格</td><td></td></tr>
<tr><td>供应商</td><td></td><td>联系人</td><td></td><td>电话</td><td></td></tr>
<tr><td>地址</td><td></td><td>数量</td><td></td><td>价格</td><td></td></tr>
<tr><td colspan="6">推荐理由</td></tr>
<tr><td colspan="4"></td><td colspan="2">调研人：
年 月 日</td></tr>
<tr><td>需求理由</td><td colspan="4"></td><td colspan="2">部门主管：
年 月 日</td></tr>
<tr><td>审核意见</td><td colspan="2">□相关部门评估
□无需评估</td><td colspan="2">批示</td><td colspan="2">审核人：
年 月 日</td></tr>
<tr><td>相关部门评估</td><td colspan="2" rowspan="2">评估人/日期：</td><td colspan="2" rowspan="2">评估人/日期：</td><td colspan="2" rowspan="2">评估人/日期：</td></tr>
<tr><td></td></tr>
<tr><td>审核意见</td><td colspan="2">□从其他部门调拨
□改善现有
□暂不采购
□采购（预估价格： 万元）</td><td colspan="2">批示</td><td colspan="2">审核人：
年 月 日</td></tr>
<tr><td>审批意见</td><td colspan="4"></td><td colspan="2">审批人：
年 月 日</td></tr>
</table>

注：1. 需求部门在填写需求理由时，可注明要求和采购价格。

2. 从提出需求至同意采购均用本表。

⑦ 材料预收单（表 5-13）。

表 5-13　材料预收单

供货方　　　　　　　　　　　　No：　　　　　　　　　　　　年　　月　　日

材料名称	规格	单位	预计到货数量	实际到货数量	单　价			金额	预计到货日期	实际到货日期	备注
					物价	运费	包装				

采购制单/日期：　　　　　　　　　　仓管预收/日期：　　　　　　　　　　仓储核准/日期：

⑧ 材料送检单（表 5-14）。

表 5-14　材料送验单

品名________　　　　　　　　　　来源________　　　　　　　　　　数量________

批号　　　　　　　　　　　　　　证明材料　　　　　　　　　　　　到货日期

□检验		□试验		□验证	
检验结论		试验结论		验证结论	
检验员		试验员		验证员	
日期		日期		日期	

制表：　　　　　　　　　　　　　　审查：　　　　　　　　　　　　　　核准：

⑨ 材料入库单（表 5-15）。

表 5-15　材料入库单

入库　　　　　　　　　年　　月　　日　　　　　　　　　到货　　年　　月　　日

科目________　　　　　　　　　　来源________　　　　　　　　　　发票号码________

名称及规格	单位	数量	单价	金额	采购人

制表：　　　　　　　　　　　　　　审查：　　　　　　　　　　　　　　批准：

⑩ ××材料收、发、存登记表（表 5-16）。

表 5-16　××材料收、发、存登记表

库　位		入库数量			批　　号	
收货人		入库日期				
日　期	发货数量	结存数量	收货单位	单据号	发 货 人	备　注
月　日						
月　日						
月　日						
月　日						
月　日						

（3）材料、产品出库和产品入库凭证设计　在生产企业中，产品生产主要涉及材料的领用、产品的入库和出库等原始凭证。设计这些凭证时，必须与本企业的生产经营特点结合起来，凭证设计要满足公司内部各个部门管理的需要，做到内容丰富但又不烦琐，企业必须设

计下列原始凭证。

① 原辅材料领用单（表 5-17）。

表 5-17 原辅材料领用单

领用部门________ 用途________ 年 月 日 №：

品 名	单位	领用数量	实发数量	备 注

制表： 审查： 出仓：

② 物料交接汇总记录（表 5-18）。

表 5-18 物料交接汇总记录

日 期	铬粉车间				出仓人员	批号	备注
	进仓物料	进仓数量/t	出仓物料	出仓数量/t			

③ 产品预收单（表 5-19）。

表 5-19 产品预收单

入库班组： 年 月 日 №：

产品名称	规格	单位	预入库数量	仓库预收数量	外观质量			车间操作人员确认	备注
					包装	批号	堆码		

制单人/日期： 进出人/日期： 成品组核准/日期：

④ 产品入库单（表 5-20）。

表 5-20 产品入库单

车间 班组 年 月 日 №：

产品名称	规格	批号	数量/件	重量/t	操作人员	检验结论	备注

仓管员/日期： 检验员/日期：

⑤ 发货通知单（表 5-21）。

表 5-21 发货通知单

提货单位 年 月 日

产品名称	规 格	数 量	单 价	金 额	包装物明细	备注

经办人： 开票： 提货单位及经办人签章：

⑥ 产品交接记录（表 5-22）。

表 5-22 产品交接记录

发货日期	客户名称	交 接 内 容					仓管员	品保确认	承运方签收
		产品名称及型号	生产批号	发货数量	包装情况	搬运情况			

（4）实物资产和无形资产盘点业务原始凭证设计 实物资产和无形资产的控制。首先要加强实物资产的数量控制，定期进行实物盘点并将盘点结果与会计记录核对，确保账实相符。对主要资产企业应通过保险来保护资产的安全。其次要加强实物价值的控制，定期对实物质量、市场价值进行检查，实事求是提取跌价和减值准备。对固定资产和在建工程的投资要进行可行性研究与分析，并进行风险效益的计算，确保投资的价值。在建造过程中要加强监督、严格管理，完工后及时组织竣工验收，确保资产完整入账。

在盘点实物资产和无形资产时，会点人均应依据盘点人实际盘点数，翔实记录于“盘点表”（表 5-23），并每项应核对一次，无误后在该表上签字确认，如有出入，必须再重点。盘点完毕，各部门应依“盘点表”编制“盘点盈亏报告单”（表 5-24）一式三联，并填列差异原因的说明及对策后，送交财务部门汇总转相关领导审定后，第一联送各部门，第二联财务部门自存作为调账的依据，第三联转送总经办或类似机构。

表 5-23 固定资产盘点表

年 月 日

固定资产编号	名 称	单 位	保管单位	存放地点	盘点数量	备注

主管： 盘点人： 保管人：

表 5-24 固定资产盘盈盘亏报告单

年 月 日

固定资产编号	名称	单位	数量	盘盈	盘亏		毁损		原因
				重置价值	原价	已提折旧	原价	已提折旧	

（5）往来结算业务的原始凭证设计 往来结算业务是指企业赊销、赊购业务和其他应收、应付款业务的结算。这类业务除使用正常的销售业务发票外，还应收有证明赊销、赊购

业务已经发生的结算凭证，如商业承兑汇票等。设计这类凭证时，应在凭证上设有付款人、付款条件、日期和违约责任等项目。

(6) 转账、结账业务的原始凭证设计　转账、结账业务是指会计期末，结平收入、支出等账户，计算并结转成本、利润的账务处理工作。由于转账和结账是由财务人员根据账簿记录进行的，一般不做固定格式的原始凭证，只需财务人员说明各项结转业务的书面摘要作为自制的原始凭证。

(二) 记账凭证设计

记账凭证是财务人员根据审核无误的原始凭证加以归类而填制的，是进行账簿登记的直接依据。记账凭证的作用在于根据经济业务的性质确定应借应贷的会计科目，分门别类地在不同的账户中进行记录，避免登账的差错。由于一切业务的记录都应根据记账凭证进行，因此记账凭证的编制也有利于对业务的审核和制约，并能保证原始凭证的安全。记账凭证的编制也为日后的审计工作提供了方便。

1. 记账凭证的种类

(1) 通用记账凭证　通用记账凭证可用于反映收付款业务及转账凭证业务。采用通用记账凭证，所有的业务均编制统一格式的记账凭证，一般一笔业务编制一张，同类业务可适当地合并起来加以编制。通用记账凭证编制比较简单，业务反映比较明确，对应关系比较清楚，但是在记账时每一张记账凭证需逐笔过账，登记总账的工作量比较大。对于业务比较简单，采用记账凭证核算组织程序的企业，可以采用通用记账凭证；而业务繁多、会计核算实现了电算化的企业，也适合使用通用记账凭证（表 5-25）。

表 5-25　记账凭证

凭证号

单位　　　　　　　　年　　月　　日　　　　　　　　附件张数

摘　要	科目代码及名称	外　币	借方金额	贷方金额
本页小计				
合　计				

财务主管：　　　　　审核：　　　　　记账：　　　　　制单：

(2) 收款凭证、付款凭证和转账凭证　记账凭证按其反映的经济业务是否与货币资金有关，可以分为收款凭证、付款凭证和转账凭证。企业可以根据货币资金分类进一步将收款凭证、付款凭证和转账凭证分为现金付款凭证、现金收款凭证（表 5-26）、银行付款凭证（表 5-27）、银行收款凭证、转账凭证（表 5-28）。

收款凭证是用以反映货币资金收入业务的记账凭证，根据货币资金收入业务的原始凭证填制而成。在实际工作中，出纳人员应根据会计管理人员或指定人员审核批准的收款凭证，作为记录货币资金的收入依据。出纳人员根据收款凭证收款（尤其是收入现金）时，要在凭证上加盖“收讫”戳记，以避免差错。收款凭证一般按现金和银行存款分别编制。

付款凭证是用以反映货币资金支出业务的记账凭证，根据货币资金支出业务的原始凭证填制而成。在实际工作中，出纳人员应根据会计主管人员或指定人员审核批准的付款凭证，作为记录货币资金支出并付出货币资金的依据。出纳人员根据付款凭证付款时，要在凭证上加盖“付讫”戳记，以免重付。

表 5-26　现金收款凭证

01＿＿＿字＿＿＿　　　　制单日期：＿＿＿＿＿　　　　附单据数：＿＿

摘 要	科目名称	借方金额	贷方金额
票号 日期	数量 单价	合 计	
备注	项　目 客　户 现金流量	部　门 业务员	个 人

记账：　　　　审核：　　　　出纳：　　　　制单：

表 5-27　银行付款凭证

04＿＿＿字＿＿＿　　　　制单日期：＿＿＿＿＿　　　　附单据数：＿＿

摘 要	科目名称	借方金额	贷方金额
票号 日期	数量 单价	合 计	
备注	项　目 客　户 现金流量	部　门 业务员	个 人

记账：　　　　审核：　　　　出纳：　　　　制单：

转账凭证是用以反映与货币资金收付无关的转账业务的凭证，根据有关转账业务的原始凭证或记账编制凭证填制而成。收款凭证、付款凭证和转账凭证分别用以记录货币资金收入事项、货币资金支出事项和转账业务（与货币资金收支无关的业务）。会计实务中，某些经济业务既是货币资金收入业务，又是货币资金支出业务，如现金和银行存款之间的划转业务。为了避免记账重复，对于这类业务一般编制付款凭证，不编制收款凭证。即：将现金存入银行时，编制现金付款凭证；从银行存款提取现金时，编制银行存款、付款凭证。

表 5-28 转账凭证

转____字____　　制单日期：____　　附单据数：____

摘　要	科目名称		借方金额	贷方金额
票号 日期	数量 单价	合　计		
备注	项　目 客　户 现金流量	部　门 业务员	个　人	

记账：　　审核：　　出纳：　　制单：

（3）单式记账凭证　单式记账凭证是把一项经济业务所涉及的会计科目，分别按每个会计科目填制凭证的记账凭证，即把同类经济业务所涉及的会计科目分别记入两张或两张以上的记账凭证中，每张记账凭证只填列一个会计科目。

（4）汇总记账凭证　汇总记账凭证是分别根据收付款凭证和转账凭证加以汇总而编制的记账凭证。根据汇总依据的不同分别有汇总收款凭证、汇总付款凭证和汇总转账凭证三种。汇总收款凭证按现金、银行存款分别设置汇总收款凭证，涉及现金、银行存款的业务分别以这些科目为主加以汇总。

（5）记账凭证汇总表（科目汇总表）　记账凭证汇总表可根据统一记账凭证、收付款凭证和转账凭证或者单项凭证编制而成。在采用记账凭证汇总表核算形式下，记账凭证汇总表要列示全部会计科目。在多栏式日记账核算形式下，记账凭证汇总表只需列示转账部分的科目。记账凭证汇总表（表 5-29）的编制期限根据业务量大小来决定。在业务量较为繁多的企业，编制的间隔期可以短些，反之，编制的间隔期可以长些。

表 5-29 记账凭证汇总表

年　月　日—　月　日　　　　第　号

会计科目	总账页数	本期发生额	
		借　方	贷　方
合　计			
付款凭证	第　号至第　号共　张		
收款凭证	第　号至第　号共　张		
转账凭证	第　号至第　号共　张		

财务主管：　　审核：　　记账：　　制单：

2. 记账凭证的填制和审核

（1）记账凭证的基本要素　记账凭证是登记账簿的直接依据，它是在审核无误的原始凭证的基础上，系统归类整理编制而成的。记账凭证有很多种类，同一种类的记账凭证又有不同的格式，但所有的记账凭证都必须具备下列基本内容：①记账凭证的名称；②记账凭证的编号；③填制凭证的日期；④有关经济业务内容摘要；⑤有关账户的名称（包括总账、明细分类账）、方向和金额；⑥有关原始凭证张数和其他有关资料份数；⑦有关人员的签名或盖章。

（2）记账凭证的填制要求　填制记账凭证，就是要由会计人员将各项记账凭证要素按规定方法填写齐全，便于账簿登记。记账凭证虽有不同格式，但就记账凭证确定会计分录、便于保管和查阅会计资料来看，各种记账凭证除严格按原始凭证的填制要求填制外，还应注意以下几点。

① 要将经济业务的内容以简练概括的文字填入“摘要”栏内。这样做对于日后查阅凭证和登记账簿都十分必要，也是做好记账工作的一个重要方面。

② 要根据经济业务的性质，按照会计制度所规定的会计科目和每一会计科目所核算的内容，正确编制会计分录，从而确保核算口径一致，以便于指标的综合汇总和分析对比，同时，也有助于根据正确的账户对应关系，了解有关经济业务的完成情况。

③ 每张记账凭证只能反映一项经济业务，除少数特殊业务必须将几个会计科目填在一张记账凭证上外，不得将不同类型经济业务的原始凭证合并填制记账凭证，对同一笔经济业务不得填制对应关系不清的多借多贷的记账凭证。

④ 附件数量完整。除结账与更正差错的记账凭证可以不附原始凭证，其他记账凭证必须附原始凭证。

第三节　会计凭证传递程序和保管制度的设计

一、会计凭证传递程序的设计

会计凭证的传递程序是指会计凭证从填制或取得起到归档止，在本单位内各有关部门和人员之间的传递过程和停留时间。制定合理的凭证传递程序有利于企业间各部门明确分工，并相互协调和配合；有利于督促经办业务的部门和人员及时正确地完成经济业务，完成凭证编制手续；有利于考核有关人员是否按规定的程序处理业务，从而加强岗位责任制。

会计凭证传递程序设计的要点概括如下。

① 会计凭证传递程序应根据各项经济业务的特点，结合本单位各部门和人员的分工情况加以制定，满足内控的要求。

② 会计凭证传递程序应结合业务处理的程序绘制成流程表，使有关人员能够按照流程表准确地传递凭证，也便于分析、追踪和监督业务处理的过程。

③ 会计凭证在传递过程中既要有利于各有关部门充分利用会计凭证所提供的信息，满足经济管理的需要，又应避免不必要的传递环节，以避免造成传递时间上的浪费。

④ 会计凭证在各个环节上停留的时间应根据各部门和人员办理各项业务手续需要的时间来确定，既要防止停留时间过短，影响必要的业务手续的完成，又要防止停留时间过宽，影响凭证的及时传递。

⑤ 会计凭证传递程序要根据业务情况的变动而及时加以修订。

二、会计凭证保管制度的设计

会计凭证的保管制度设计主要考虑凭证的保管措施和办法，便于本单位随时检查和利用，也便于上级领导机关和审计机关检查和评价工作。

凭证保管制度设计主要包括以下内容。

① 会计凭证在登记入账以后，应将各种记账连同所附原始凭证按照凭证编号顺序定期装订成册，以防失散。装订时间间隔的长短视业务量多少而定。

② 装订成册的凭证应加贴封面和封底，载明单位名称、凭证名称、凭证张数、凭证起讫号数、凭证所属年度、月份或起讫时间等内容。

③ 装订成册的凭证应加贴封条，并由会计主管人员签章，以防抽换凭证。

④ 如原始凭证较多时，可将原始凭证单独装订成册，但必须在记账封面上注明原始凭证另存。

⑤ 如所附原始凭证属于十分重要的业务单据，则应单独予以保管，但必须在有关记账凭证上加注说明，以便日后查考。

⑥ 确定会计凭证的保管期限，凭证保管期满才能销毁。

⑦ 确定会计凭证的保管人员，非保管人员不得私自接触归档的凭证等。

第四节 会计账簿设计

一、会计账簿设计的意义

会计账簿是用来序时地、分类地记录各项经济业务的账簿。为了连续、系统地记录企业的经济活动情况，就有必要设置和登记账簿。通过账簿记录，既可提供总括核算资料，又可提供明细核算资料。这样就能反映企业的资产、负债和所有者权益的增减变动情况，以及各种收入、费用的发生和利润的实现、分配等情况。账簿又是编制财务报表的主要依据。财务报表的数字是否真实，编制财务报表是否及时，都同账簿登记有密切关系。因此，每一家企业都必须根据实际情况设置各种账簿，并认真做好记账工作。

二、会计账簿的分类

① 账簿按其不同用途，可以分为序时账、分类账和备查簿等。

序时账是按经济业务发生时间的先后顺序逐日登记的账簿，所以也叫日记账。在会计核算发展的早期，由于发生的经济业务不多，可以把各项经济业务都登记在一本日记账中，并分别确定其会计分录，然后据以过入分类账，所以当时应用的日记账称为分录簿。

分类账是对全部经济业务按照总分类账户和明细分类账户进行分类登记的账簿。按照总分类账户进行分类登记的分类账，称为总分类账和总账；按照明细分类账户进行登记的分类账，称为明细分类账或明细账。

备查簿是对某些在日记账和分类账中未能登记的事项进行补充登记的账簿。例如应收票据备查簿、委托加工材料登记簿、包装物和一次转销法下已经领用尚未报废的低值易耗品。

② 各种账簿都是由许多具有一定格式而又相互联结在一起的账页组成。所以账簿还可以按其外表形式分为订本账、活页账和卡片账。

订本账是在使用之前就把一定数量的账页固定地装订在一起的账簿。应用订本账，能够防止散失和被不合法地抽换账页，但也有一些缺点：一本账簿在同一时间内只能由一人登记，不能分工，也不能使用机器记账；账页固定，不能够增减，必须预先估计一个账户的记账需要，保留空白账页，如果账页不够，就会影响账户的连续登记，如果账页有多余，又会造成浪费。

活页和卡片账都不是账页预先装订成册的。其优点是便于记账分工，可以使用机器记账，并能根据记账的实际需要随时将空白账页和账卡插入账簿中，但活页账和卡片账也有缺点，这就是账页或账卡容易散失和被抽换。

三、会计账簿设计的要求

账簿设计的好坏，对及时、清楚地提供管理所需信息、简化核算工作、加速编制财务报表等都有密切关系。它的设计内容主要涉及两个方面的内容：一是账簿本身的设计包括要设置哪些种类和数量的账簿、各种账簿之间的关系、账簿的设置地点、采用的形式等；二是账页格式的设计，包括一张账页要提供哪些信息、信息的时间性、采用的登记方法、信息的版式安排等。因此，账簿设计应遵循如下基本要求。

① 账簿的种类和数量，要与企业的经济业务数量和管理要求相适应。一般经济业务量大、管理要求细的，可以设置单独的账簿进行登记。其中经济业务数量是决定因素。因为业务数量多，核算工作量就大，就要考虑会计分工，从而要进行账簿的分割。

② 账簿与账簿之间的关系，应结合账务处理程序作通盘考虑。例如，日记账与分类账、总账与明细账之间的信息关系如何安排，是逐笔登记还是汇总登记，如何保证账簿记录的正确性等。这些问题都会影响到对账簿的设计要求有所不同。

③ 账簿的设置地点要考虑与信息使用者的关系，以便充分发挥会计信息的作用。账簿不一定都设在会计部门，有些账簿提供的信息如与某些使用部门关系特别密切，这类账簿即可考虑设置在有关的使用部门。例如，材料的总分类核算由会计部门进行核算，材料的明细分类账则可在会计部门的控制下设置在仓储部门并由该部门进行登记。

④ 账簿设计应考虑到简化核算问题。有些账簿信息，如可通过凭证或其他途径取得，这类账簿就可考虑简化。

⑤ 账页格式的设计要根据信息的多少来决定。账页提供的最基本信息是记账日期、凭证号、摘要和借、贷、余情况。但由于经济业务的多样性，有些账页需要提供的信息内容较多（如材料明细账要提供材料的数量、单价和金额），因此，需要设计一些专门格式提供不同的信息。

⑥ 账页设计还需要考虑到信息的时限。有些信息的时间性特别强，设计时就要考虑它的及时性问题，如应收票据、应付票据可另设到期日期栏以解决及时结算问题等。相反，有些信息只是作为定期分析参考用的，即可按照一般方法设计。

⑦ 账页格式的设计要考虑操作的手段。操作手段有手工、计算机等。在使用电算化操作的情况下，账页格式的大小，位置安排都要根据具体情况来决定。

⑧ 账页格式的设计还要考虑到记账方便和记账时间的节约。信息顺序和位置安排，要服从于记账方便和节约人力。一般账页不宜过长、专栏不宜过多、划线要简单清晰，有些账卡可以采用不同的颜色来表示不同的分类等。

四、序时账的设计

序时账的作用主要有两个方面：一是对经济业务进行序时登记，完整地反映经济活动的情况；二是编制会计分录，确定应借、应贷的会计科目和金额，据以过入分类账，故又称分录簿。由此可见，序时账是用作序时账记录经济业务、确定会计记录并据以过入分类账的依据。在我国，由于目前大多数企业采用记账凭证核算组织程序，因而，上述日记账的作用已为记账凭证所代替。随着经济业务的复杂化，登记分类账的工作需要简化，记账需要分工，管理上要求提供更多的信息，因此日记账也就不断加以改进和发展，从普通日记账发展为专栏日记账，进而发展为特种日记账和多栏式特种日记账。日记账主要向如下两个方面发展：一是向专栏设置方面发展，这个由于简化过账工作和提供更多管理信息的需要；二是向账簿分割方面发展，这是由于记账分工的需要。普通日记账、专栏日记账和特种日记账的基本格式的设计如下。

1. 普通日记账的设计

普通日记账是用来序时地、全面地登记一个单位的经济业务发生情况，它由原始的日记账簿和分录簿相结合而成，其格式见表 5-30。

表 5-30　普通日记账

摘　要	账户名称		借方金额	贷方金额	余　额
	一级科目	二级科目			

日记账中的摘要栏是扼要说明经济业务内容，账户名称和金额栏则是记录会计的内容。这种日记账的优点是可以全面地反映一个单位的经济业务情况，对原始凭证起保护作用。它的主要缺点是要根据会计分录逐笔过入分类账，过账工作量大，但是在电算化情况该缺点基本克服，所以目前大部分日记账采用这种格式。

2. 专栏日记账的设计

专栏日记账又称为多栏式日记账。它是在普通日记账中，将经常重复发生的经济业务所涉及的有关账户，设置一些专栏，根据专栏汇总总数一次过入有关分类账户，以减少逐笔过账的工作。其格式见表 5-31。

表 5-31　专栏日记账

年		凭证号	摘要	银行存款		材料采购	生产成本	……	其他账户		
月	日			借方	贷方	借方	借方		账户名称	借方	贷方

专栏设置仅是举例，企业可以根据自己的情况，选择业务量发生的账户设置专栏，至于业务量发生不多的账户，则在“其他账户”中登记。过入分类账时，凡设有专栏的账户，可在期末根据汇总一次过入有关账户，无需逐笔过账；对其他账户栏的数字，则仍须逐笔过入有关分类账户。这种日记账的作用主要是通过设置专栏减少过账工作量。其缺点是只能由一个人登记，不便于会计分工。

3. 特种日记账的设计

在经济业务大量发生的情况下，为了解决会计分工的需要，日记账就须进行分割。把大量重复发生的同类经济业务集中在一本日记账中登记，这就产生了特种日记账。特种日记账是专门用来序时地登记某一类经济业务的日记账。

现在企业经常重复发生的经济业务，归纳起来主要是现金收支业务、银行存款收支业务、购销业务和销售业务等几类，而各种费用支出和应收、应付款项结算等，多数与上述业务相联系，可以结合在上述业务中登记。因此，特种日记账的设计，主要设置现金日记账、银行存款日记账、购销日记账和销货日记账等几种。现举例说明如下。

（1）现金日记账和银行存款日记账格式的设计　现金日记账是专门用来登记现金或银行存款收支业务的，其格式见表 5-32。

表 5-32　现金（银行存款）日记账

<table>
<tr><th colspan="2">年</th><th rowspan="2">凭证号</th><th rowspan="2">摘要</th><th rowspan="2">对应科目</th><th rowspan="2">借方</th><th rowspan="2">贷方</th><th rowspan="2">余额</th></tr>
<tr><th>月</th><th>日</th></tr>
<tr><td></td><td></td><td></td><td></td><td></td><td></td><td></td><td></td></tr>
<tr><td></td><td></td><td></td><td></td><td></td><td></td><td></td><td></td></tr>
<tr><td></td><td></td><td></td><td></td><td></td><td></td><td></td><td></td></tr>
<tr><td></td><td></td><td></td><td></td><td></td><td></td><td></td><td></td></tr>
</table>

（2）购货日记账格式的设计　购货日记账是专门用来登记购货业务的。购货业务较多的企业，对采购业务的发生及完成情况，要设置购货日记账。其格式见表 5-33。

表 5-33　购货业务日记账

<table>
<tr><th colspan="2">年</th><th rowspan="2">凭证号</th><th rowspan="2">摘要</th><th rowspan="2">供货单位</th><th colspan="4">材料采购借方</th><th rowspan="2">现金贷方</th><th rowspan="2">银行存款贷方</th><th rowspan="2">应付账贷方</th><th rowspan="2">应付票据贷方</th></tr>
<tr><th>月</th><th>日</th><th>买价</th><th>运费</th><th>其他</th><th>合计</th></tr>
<tr><td></td><td></td><td></td><td></td><td></td><td></td><td></td><td></td><td></td><td></td><td></td><td></td><td></td></tr>
<tr><td></td><td></td><td></td><td></td><td></td><td></td><td></td><td></td><td></td><td></td><td></td><td></td><td></td></tr>
</table>

（3）销货日记账格式的设计　销货日记账是专门用来反映企业销售业务的一种日记账。其格式见表 5-34。

表 5-34　销货日记账

<table>
<tr><th colspan="2" rowspan="2">年</th><th rowspan="3">凭证号</th><th rowspan="3">摘要</th><th rowspan="3">供货单位</th><th rowspan="3">现金借方</th><th rowspan="3">银行存款借方</th><th rowspan="3">应收账款借方</th><th rowspan="3">应收票据借方</th><th colspan="3">产品销售收入贷方</th></tr>
<tr><th colspan="3">××产品</th></tr>
<tr><th>月</th><th>日</th><th>数量</th><th>单价</th><th>金额</th></tr>
<tr><td></td><td></td><td></td><td></td><td></td><td></td><td></td><td></td><td></td><td></td><td></td><td></td></tr>
<tr><td></td><td></td><td></td><td></td><td></td><td></td><td></td><td></td><td></td><td></td><td></td><td></td></tr>
<tr><td></td><td></td><td></td><td></td><td></td><td></td><td></td><td></td><td></td><td></td><td></td><td></td></tr>
</table>

在设置特种日记账的情况下，还须设置一本普通日记账，用来登记特种日记账以外的经济业务，如领用原材料等。

五、分类账的设计

分类账是对经济业务按一定的类别设立账户进行登记的账簿。它的作用在于能够分门别类地提供各种经济信息，进而满足管理的需要。它分为总分类账（简称总账）、明细分类账

（简称明细账）和备查账三种。设计分类账的多少，取决于以下几个因素。

① 企业的规模和业务特点。在企业中，经济业务越多、越复杂，涉及的账户则越多；反之，则越少。因此，账户的多少直接决定所需要设计的分类账的多少。

② 管理的需要。设计分类账的目的之一在于为管理提供信息。因此，在设计分类账时，要考虑管理的要求。一般来说，管理越细，要求设计的账户越多；反之则越少。

（一）总分类账的设计

1. 总分类账设计要点

在总分类账的设计中，主要考虑到以下几个问题。

（1）登记方法的设计　在业务繁多的情况下，怎样减少总分类账的登记工作，是总账设计中的一个关键问题。许多汇总表的设计、日记账中的专栏设计，都和这个问题有关。总账的登记方法和会计核算组织程序有关，主要有逐笔登记、汇总登记、汇总登记与逐笔登记相结合和以表代账等方法。

逐笔登记是根据记账凭证或普通日记账所编制的会计分录，逐笔记入总分类账。显然，这种这种登账工作量很大，比较适用于业务简单的企业。

汇总登记是根据记账凭证编制科目汇总表或汇总记账凭证，然后根据每个账户的汇总数登记总账。这种方法可以大量减少总账的登记工作，适用于业务繁多的单位。

汇总登记与逐笔登记相结合是对经常重复发生的业务，采用汇总登记，对发生较少的业务，采用逐笔登记。例如，上面所讲的专栏账和特种日记账，凡是设有专栏的账户按汇总数登记，不设专栏的账户则采取逐笔登记，这种方法可大量减少总账的登记工作量，适用业务繁多的单位。

汇总表代替总分类账。它主要适用于科目汇总表核算组织程序。采用这一种方法时，应在科目汇总表中设置期初、期末余额栏，以反映每个账户的变动情况和结果。

（2）保持账户对应关系　在总分类账是否保持对应关系，是设计总账需要考虑的另一个问题。在总账中保持账户对应，有助于分析经济业务内容，了解发生额的变动原因，但会增加登记总账的工作量；反之，在总分类账中不保持对应关系，可以减少总账的登记工作，总账格式设计选择余地就较大。

2. 总分类账格式设计

总分类账格式一般存在：三栏式总账、多栏式总账、对应账户式总账、日记总账式和以表代账格式。目前大部分企业采用三栏式总账，其他类型很少有企业适用。

三栏式总账即“借”、“贷”、“余”三栏式，其特点是在账页设置借方、贷方和余额三个金额栏，其格式见表5-35。

表5-35　三栏式总账

账户名称（或会计科目）　　　　第　　页

年		凭证号	摘　要	借　方	贷　方	借或贷	余　额
月	日						

（二）明细分类账的设计

明细分类账的设计必须适应不同业务特点和管理的需要，在设计时考虑以下几个方面：一是设置地点，即明细账应放在何处作用最大；二是账簿形式，即采用订本式、活页式还是卡片式，这主要根据登记的手段和业务的性质而定；三是登记方式，即采用分户登记还是分栏登记，这取决于明细账的多少，多则分户登记，少则可分栏集中登记；四是简化实用，有些明细账可能重复，如会计部门的材料明细账与仓库的保管账等，在满足业务的前提下应考虑简化实用。

（1）三栏式明细账　其格式如三栏总账，一般适用于登记金额类的明细账，如应收账款、应付账款、其他应收款和其他应付款等债权债务性质的账户及其他账户。

（2）数量金额式明细账　数量金额式明细账是在三栏式明细账的基础上增加数量和单价栏而形成的。企业的原材料、产成品、库存商品等实物资产的明细账都适用这种格式。因为实物性资产通常数量众多，进出业务频繁，而且价格或成本经常变动，在经营管理上急需金额核算，又需要进行数量核算加强实物资产的控制，所以这类经济业务的明细账要求既有价值指标，又要有实物指标。其格式见表5-36。

表5-36　原材料明细账

编号：________名称：________规格：________计量单位：________

年		凭证号	摘要	收　入			发　出			结　存		
月	日			数量	单价	金额	数量	单价	金额	数量	单价	金额

（3）多栏式明细账　多栏式明细账又称分析式明细账，主要是在借、贷两栏或单栏增设专栏，以提供分析资料或编制明细账表的资料。多栏式明细账包括借贷式和合计式两种。借贷式主要用于资产、负债和所有者权益账户，其格式是在借贷项下再设专栏，起到分析和控制的作用，如“应交税费——应交增值税”明细账（表5-37）。合计式主要用于成本类和损益类明细账，是对经济事项进一步分类，简化记账手续，如管理费用明细账（表5-38）。

表5-37　“应交税费——应交增值税”明细账

年		凭证号	摘要	借　方			贷　方			余额
月	日			进项税额	已交税额	……	销项税额	出口退税	……	

表5-38　管理费用明细账

年		凭证号	摘要	工资	福利费	办公费	差旅费	通信费	……	合计
月	日									

（4）特殊明细账格式的设计　在有些账户中，由于其业务特性以及管理上的需要，在设计明细分类账时，需要增加一些栏目，反映完整的业务过程或提供完整的会计信息。例如，应收账款明细账（表5-39）需要提供每笔应收账款的回收情况，应收票据账户需要提供票据到期、票款收回或贴现的情况，外币账户需要提供汇率情况。

六、备查账

有些会计事项在日记账和分类账中不予或者无法记录，但是管理上需要加以控制或掌握情况，通常用备查账来记录，以弥补日记账和分类账的不足。

表5-39　应收账款明细账

年		凭证号	摘要	户名	金额	年		凭证号	摘要	金额	转销
月	日					月	日				

备查账的数量和格式，通常根据企业实际需要来设计，比较灵活。在企业中，常用的备查账有以下几种。

① 代管财产物资登记簿。对保管的不属于本单位的资产设置的账簿，比如受托加工材料登记簿等。

② 分类账或者统计资料整理登记的备查账，比如按照销售区域设置营业收入登记簿。

③ 其他登记簿，比如固定资产使用情况、应收票据登记簿等。

备查簿设计的主要特点是强调业务和管理的需要。比如租入固定资产备查簿（表5-40）。

表5-40　租入固定资产备查簿

资产名称	规格	合同号	出租单位	租入日期	租期	租金	使用地点	备注

第五节　财务会计报告设计

财务会计报告是一个单位依法向国家有关部门提供和向社会公开披露的、反映该单位某一特定日期财务状况和某一会计期间经营成果、现金流量的文件。财务会计报告是企业所提供会计信息的最终载体。在进行财务会计报告设计时，应当在符合企业会计准则的前提下，从实际出发，结合各单位自身的生产特点和管理要求，同时力求财务会计报告的内容、格式、项目简明易懂，便于会计人员编制和报告阅读者理解、分析。

一、对外财务会计报告的设计

对外财务报告按编报期间的不同，可以分为中期财务报告和年度财务报告，中期财务报告是以短于一个完整会计年度的报告期间为基础编制的财务报告，包括半年报、季报和月报。一套完整的财务报告至少应当包括“四表一注”，即资产负债表、利润表、现金流量表、所有者权益变动表和附注。中期财务报告至少应当包括资产负债表、利润表、现金流量表和附注，其中，中期资产负债表、利润表和现金流量表应当是完整报表，其格式和内容应当与上年度财务报表相一致，中期财务报告中的附注披露可适当简略。

一般企业财务报告的格式参见以下设计方案。

1. 资产负债表的格式设计

资产负债表（表5-41）是反映企业某一特定日期（月末、季末、年末）全部资产、负债和所有者权益及其构成情况的报表，它是一张静态报表，也是企业主要的会计报表。资产负债表是根据“资产＝负债＋所有者权益”这一会计基本等式设计的。

表5-41 资产负债表

会企01表

编制单位： 年 月 日 单位：元

资 产	期末余额	年初余额	负债和所有者权益(或股东权益)	期末余额	年初余额
流动资产：			流动负债：		
货币资金			短期借款		
交易性金融资产			交易性金融负债		
应收票据			应付票据		
应收账款			应付账款		
预付款项			预收款项		
应收利息			应付职工薪酬		
应收股利			应交税费		
其他应收款			应付利息		
存货			应付股利		
一年内到期的非流动资产			其他应付款		
其他流动资产			一年内到期的非流动负债		
流动资产合计			其他流动负债		
非流动资产：			流动负债合计		
可供出售金融资产			非流动负债：		
持有至到期投资			长期借款		
长期应收款			应付债券		
长期股权投资			长期应付款		
投资性房地产			专项应付款		
固定资产			预计负债		
在建工程			递延所得税负债		
工程物资			其他非流动负债		
固定资产清理			非流动负债合计		
生产性生物资产			负债合计		
油气资产			所有者权益(或股东权益)：		
无形资产			实收资本(或股本)		
开发支出			资本公积		
商誉			减：库存股		
长期待摊费用			盈余公积		
递延所得税资产			未分配利润		
其他非流动资产			所有者权益(或股东权益)合计		
非流动资产合计					
资产总计			负债和所有者权益(或股东权益)总计		

2. 利润表的格式设计

利润表（表 5-42）是反映企业一定会计期间经营成果的报表，它是一张动态报表，通过计算一定期间的收入和相关的费用进行配比，从而计算出企业一定时期的净损益。我国 2006 年准则体系规定利润表采用“多步式”格式。

表 5-42 利润表

会企 02 表

编制单位： 年 月 单位：元

项 目	本期金额	上期金额
一、营业收入		
减：营业成本		
营业税金及附加		
销售费用		
管理费用		
财务费用		
资产减值损失		
加：公允价值变动收益（损失以“－”号填列）		
投资收益（损失以“－”号填列）		
其中：对联营企业和合营企业的投资收益		
二、营业利润（亏损以“－”号填列）		
加：营业外收入		
减：营业外支出		
其中：非流动资产处置损失		
三、利润总额（亏损总额以“－”号填列）		
减：所得税费用		
四、净利润（净亏损以“－”号填列）		
五、每股收益：		
（一）基本每股收益		
（二）稀释每股收益		

3. 现金流量表格式设计

现金流量表（表 5-43）是反映企业在一定会计期间现金和现金等价物流入和流出情况的报表。

4. 所有者权益变动表的格式

所有者权益变动表（表 5-44）主要反映构成所有者权益的各组成部分当期的增减变动情况，它反映当期损益、直接计入所有者权益的利得和损失以及与所有者（或股东，下同）的资本交易导致的所有者权益的变动。

表 5-43 现金流量表

会企 03 表

编制单位： 年 月 单位：元

项 目	本期金额	上期金额
一、经营活动产生的现金流量		
销售商品、提供劳务收到的现金		
收到的税费返还		
收到其他与经营活动有关的现金		
经营活动现金流入小计		
购买商品、接受劳务支付的现金		
支付给职工以及为职工支付的现金		
支付的各项税费		
支付其他与经营活动有关的现金		
经营活动现金流出小计		
经营活动产生的现金流量净额		
二、投资活动产生的现金流量		
收回投资收到的现金		
取得投资收益收到的现金		
处置固定资产、无形资产和其他长期资产收回的现金净额		
处置子公司及其他营业单位收到的现金净额		
收到其他与投资活动有关的现金		
投资活动现金流入小计		
购建固定资产、无形资产和其他长期资产支付的现金		
投资支付的现金		
取得子公司及其他营业单位支付的现金净额		
支付其他与投资活动有关的现金		
投资活动现金流出小计		
投资活动产生的现金流量净额		
三、筹资活动产生的现金流量		
吸收投资收到的现金		
取得借款收到的现金		
收到其他与筹资活动有关的现金		
筹资活动现金流入小计		
偿还债务支付的现金		
分配股利、利润或偿付利息支付的现金		
支付其他与筹资活动有关的现金		
筹资活动现金流出小计		
筹资活动产生的现金流量净额		
四、汇率变动对现金及现金等价物的影响		
五、现金及现金等价物净增加额		
加：期初现金及现金等价物余额		
六、期末现金及现金等价物余额		

表 5-44　所有者权益变动表

会企 04 表

编制单位：　　　　年度　　　　单位：元

项　　目	本年金额						上年金额					
	实收资本（或股本）	资本公积	减：库存股	盈余公积	未分配利润	所有者权益合计	实收资本（或股本）	资本公积	减：库存股	盈余公积	未分配利润	所有者权益合计
一、上年年末余额												
加：会计政策变更												
前期差错更正												
二、本年年初余额												
三、本年增减变动金额（减少以“－”号填列）												
（一）净利润												
（二）直接计入所有者权益的利得和损失												
1. 可供出售金融资产公允价值变动净额												
2. 权益法下被投资单位其他所有者权益变动的影响												
3. 与计入所有者权益项目相关的所得税影响												
4. 其他												
上述（一）和（二）小计												
（三）所有者投入和减少资本												
1. 所有者投入资本												
2. 股份支付计入所有者权益的金额												
3. 其他												
（四）利润分配												
1. 提取盈余公积												
2. 对所有者（或股东）的分配												
3. 其他												
（五）所有者权益内部结转												
1. 资本公积转增资本（或股本）												
2. 盈余公积转增资本（或股本）												
3. 盈余公积弥补亏损												
4. 其他												
四、本年年末余额												

5. 一般企业报表附注设计

附注是财务报表的重要组成部分。企业应当按照规定披露附注信息，主要包括下列内容。

(1) 企业的基本情况

① 企业注册地、组织形式和总部地址。

② 企业的业务性质和主要经营活动。

③ 母公司以及集团最终母公司的名称。

④ 财务报告的批准报出者和财务报告批准报出日。

(2) 财务报表的编制基础

(3) 遵循企业会计准则的声明　企业应当声明编制的财务报表符合企业会计准则的要求，真实、完整地反映了企业的财务状况、经营成果和现金流量等有关信息。

(4) 重要会计政策和会计估计　企业应当披露采用的重要会计政策和会计估计，不重要的会计政策和会计估计可以不披露。在披露重要会计政策和会计估计时，应当披露重要会计政策的确定依据和财务报表项目的计量基础，以及会计估计中所采用的关键假设和不确定因素。

(5) 会计政策和会计估计变更以及差错更正的说明　企业应当按照《企业会计准则第28号——会计政策、会计估计变更和差错更正》及其应用指南的规定，披露会计政策和会计估计变更以及差错更正的有关情况。

(6) 报表重要项目的说明　企业对报表重要项目的说明，应当按照资产负债表、利润表、现金流量表、所有者权益变动表及其项目列示的顺序，采用文字和数字描述相结合的方式进行披露。报表重要项目的明细金额合计，应当与报表项目金额相衔接。

主要项目披露格式设计如下。

(1) 应收款项

① 应收账款按账龄结构披露的格式见表5-45。

表5-45　应收账款按账龄结构披露的格式

账龄结构	期末账面余额	年初账面余额
1年以内(含1年)		
1年至2年(含2年)		
2年至3年(含3年)		
3年以上		
合计		

注：有应收票据、预付账款、长期应收款、其他应收款的，比照应收账款进行披露。

② 应收账款按客户类别披露的格式见表5-46。

表5-46　应收账款按客户类别披露的格式

客户类别	期末账面余额	年初账面余额
客户1		
⋮		
其他客户		
合计		

注：有应收票据、预付账款、长期应收款、其他应收款的，比照应收账款进行披露。

（2）存货

① 存货的披露格式见表5-47。

表5-47 存货的披露格式

存货种类	年初账面余额	本期增加额	本期减少额	期末账面余额
1. 原材料				
2. 在产品				
3. 库存商品				
4. 周转材料				
5. 消耗性生物资产				
⋮				
合计				

② 存货跌价准备的披露格式见表5-48。

表5-48 存货跌价准备的披露格式

存货种类	年初账面余额	本期计提额	本期减少额		期末账面余额
			转回	转销	
1. 原材料					
2. 在产品					
3. 库存商品					
4. 周转材料					
5. 消耗性生物资产					
6. 建造合同形成的资产					
⋮					
合计					

（3）固定资产

① 固定资产的披露格式见表5-49。

② 企业确有准备处置固定资产的，应当说明准备处置的固定资产名称、账面价值、公允价值、预计处置费用和预计处置时间等。

（4）分部报告

① 主要报告形式是业务分部的披露格式见表5-50。

② 在主要报告形式的基础上，对于次要报告形式，企业还应披露对外交易收入、分部资产总额。

二、内部财务报告的设计

1. 企业内部财务会计报告的目标、特点和设计原则

（1）内部财务会计报告的目标　在市场经济条件下，企业要讲究核心竞争能力。企业竞争能力不断发展，表现在它能够提供会计信息，并能及时反馈会计信息的能力。因此，内部财务会计报告的目标，要锁定在为企业经营管理各层次相关利益主体，提供快捷灵敏的相关财务信息，以不断增强企业核心竞争力。

（2）内部财务会计报告的特点　与对外财务会计报告相比，企业内部财务会计报告具有以下特点。

表 5-49　固定资产的披露格式

项　　目	年初账面余额	本期增加额	本期减少额	期末账面余额
一、原价合计				
其中:房屋、建筑物				
机器设备				
运输工具				
⋮				
二、累计折旧合计				
其中:房屋、建筑物				
机器设备				
运输工具				
⋮				
三、固定资产减值准备累计金额合计				
其中:房屋、建筑物				
机器设备				
运输工具				
⋮				
四、固定资产账面价值合计				
其中:房屋、建筑物				
机器设备				
运输工具				

表 5-50　业务分部的披露格式

项　　目	××业务		××业务		……	其他		抵消		合计	
	本期	上期	本期	上期		本期	上期	本期	上期	本期	上期
一、营业收入											
其中:对外交易收入											
分部间交易收入											
二、营业费用											
三、营业利润(亏损)											
四、资产总额											
五、负债总额											
六、补充信息											
1. 折旧和摊销费用											
2. 资本性支出											
3. 折旧和摊销以外的非现金费用											

注：主要报告形式是地区分部的，比照业务分部格式进行披露。

① 灵活性。企业对内财务会计报告可以按照企业内部管理的要求来决定报告的内容以及报表的种类、格式和项目，不需要拘泥于法律规定；其报送时间和对象也可按照需要而定，具有一定的灵活性。

② 及时性。及时性是指内部财务会计报告要讲求时效，以便使会计信息能及时利用。企业对外报告是有规定期限，按月、季、年编制的。如现金流量表一年只编一次，使有的信息时过境迁，失去时效。而对内报告完全按企业管理实际需要，定期或不定期地全方位多视角把生产经营过程中的会计信息，及时、快速地传递到企业经营管理决策层，使会计信息发挥更大的效益。

③ 保密性。企业内部财务会计报告主要揭示企业内部管理动态，所揭露的信息大量涉及企业的商业机密。如产（商）品成本、经营谋略、财力筹划等，一般不宜对外公开，就是在企业内部公开的范围和程度，应视其管理需要而有所不同。

④ 针对性。内部财务会计报告是根据企业管理实际需要决定其内容的，并且不断按照变化的情况，随时变更所需要的信息。由于所需会计信息的目标明确，因此有极大的针对性。企业经营管理决策层可以据此分析问题，制定对策。

⑤ 网络性。有两层意思。一是计算机网络技术的应用与提高，为内部财务会计报告的建立和会计信息开发创造了良好的条件。内部财务会计报告可以运用计算机技术，进行数据的收集、加工整理，以无纸化财务报告予以发布，加快会计信息的传递和运用。二是生成内部财务会计报告不仅是财会部门的事，更需要由各单位、各层次的有关人员组成分布面较宽的工作网络，通力合作，共同完成。

（3）内部财务会计报告设计的原则　按照上述特点，为了更好地发挥内部财务会计报告的作用，对内报告的设计要注意以下原则。

① 重要性原则。内部财务会计报告提示的信息不应面面俱到，而应反映较为重要的会计信息，质量准确的会计信息。判断重要性的标准，主要是看会计信息与报表使用者经济决策的相关程度的大小。重要的会计信息有两种：一种是经常需要的信息；另一种是某一时期特别需要的信息。

② 明晰性的原则。内部财务会计报告的内容以及报表的种类、格式和项目尽可能做到清晰、简明、易懂，便于理解和利用。如所用词语要尽量通俗化，能简单明了地反映企业的财务状况和经营成果。

③ 相关性原则。为了充分发挥会计信息的作用，提高会计信息的使用价值，要求内部财务会计报告提供的信息与信息使用者的要求相关联，考虑信息使用者对会计信息的需要的不同特点。

④ 可比性原则。同一种内部会计报表的内容、格式、项目和指标在前后期尽可能一致，保持相对稳定，以便提供相互可比的会计信息。

⑤ 成本效益原则。要区分不同层次的主要矛盾，抓住重点，有的放矢；成本编制要考虑节约原则，使企业能获取更大的经济效益。

2. 内部财务会计报告体系的设计

根据上述需要重点反映的内容，企业可以根据自身的需要建立内部财务会计报告体系。报告的种类及主要内容如下。

① 现金流量报表（表 5-51）。可参照年度现金流量表格式，按实际需要，将其中有的项目细化或合并。有现金预算的企业，应设置计划数和实际数进行对比。

表 5-51 现金预算与实际对比

公司名称： 第 年 单位：百万元

项目	预算数	实际数	差异	原因
期初现金余额				
加：现金收入				
销售收入及收回应收账款				
可动用现金合计				
减：现金支出				
采购材料				
支付人工				
制造费用				
销售及管理费用				
购置设备等				
支付所得税				
支付股利				
现金支出合计				
收支轧抵现金结余(不足)				
融通资金：				
向银行借款(期初)				
归还借款(期末)				
支付利息				
融通资金合计				
短期投资				
期末现金余额				

② 成本费用报表。产（商）品总成本和单位成本报表，应有成本项目，单位成本报表应有主要材料等耗用数据。费用报表包括制造费用、期间费用等，应按项目反映。成本、费用应有计划数，与实际数进行对比。比如制造费用明细表可以参照下列格式（表 5-52）。

表 5-52 制造费用明细表

编制单位： 年 月 单位：元

费用项目	本年计划数	上年同期实际数	本月实际数	本年累计实际数
工资				
福利费				
办公费				
水电费				
折旧				
修理费				
⋮				
合计				

③ 产（商）品销售报表。按产（商）品类别或主要品种，将其数量、收入等情况进行反映。格式见表5-53。

表5-53　销售情况统计表

编制单位：　　　　　　　　年　　月　　　　　　　　单位：元

销售客户	产品名称	销售数量	销售单价	销售金额	应收账款余额	应收账款账龄	业务员	客户区域

④ 利润预测报告。利润预测报告集中反映企业利润预测结果，为企业管理当局对未来经营决策提供依据，企业销售预测的报表格式见表5-54。

表5-54　销售预测报表

收入项目	主营业务收入			主营业务成本			销售毛利		
	×年实际数	××年预测数	变动比例	×年实际数	××年预测数	变动比例	×年实际数	××年预测数	变动比例

第六节　账务处理程序设计

一、账务处理程序设计概述

1. 账务处理程序设计的意义

账务处理程序也称会计核算组织程序或会计核算形式，是指会计凭证、会计账簿、财务报表相结合的方式。该程序包括会计凭证和账簿的种类、格式，会计凭证与账簿之间的联系方法，由原始凭证到编制记账凭证、登记明细分类账和总分类账、编制财务报表的工作程序和方法等。

会计凭证、会计账簿、财务报表之间的结合方式不同，就形成了不同的账务处理程序，不同的账务处理程序又有不同的方法、特点和适用范围。科学、合理地选择适用于本单位的账务处理程序，对于有效地组织会计核算具有重要意义。

① 有利于会计工作程序的规范化，确定合理的凭证、账簿与报表之间的联系方式，保证会计信息加工过程的严密性，提高会计信息的质量。

② 有利于保证会计记录的完整性、正确性，通过凭证、账簿及报表之间的牵制作用，增强会计信息的可靠性。

③ 有利于减少不必要的会计核算环节，通过井然有序的账务处理程序，提高会计工作效率，保证会计信息的及时性。

2. 账务处理程序的种类

常用的账务处理程序主要有记账凭证账务处理程序、汇总记账凭证账务处理程序和科目汇总表账务处理程序。以下就三种账务处理程序作简要介绍。

二、记账凭证账务处理程序

1. 基本内容

记账凭证账务处理程序是指对发生的经济业务，都要根据原始凭证或汇总原始凭证编制记账凭证，然后根据记账凭证直接登记总分类账的一种账务处理程序。其特点是直接根据记账凭证逐笔登记总分类账。它是最基本的账务处理程序。在这一程序中，记账凭证可以是通用记账凭证，也可以分设收款凭证、付款凭证和转账凭证，需要设置现金日记账、银行存款日记账、明细分类账和总分类账，其中现金日记账、银行存款日记账和总分类账一般采用三栏式，明细分类账根据需要采用三栏式、多栏式和数量金额式。其一般程序如下。

① 根据原始凭证编制汇总原始凭证。

② 根据原始凭证或汇总原始凭证，编制记账凭证。

③ 根据收款凭证、付款凭证逐笔登记现金日记账和银行存款日记账。

④ 根据原始凭证、汇总原始凭证和记账凭证，登记各种明细分类账。

⑤ 根据记账凭证逐笔登记总分类账。

⑥ 期末，现金日记账、银行存款日记账和明细分类账的余额同有关总分类账的余额核对相符。

⑦ 期末，根据总分类账和明细分类账的记录，编制财务报表。

2. 优缺点及适用范围

记账凭证账务处理程序简单明了，易于理解，总分类账可以较详细地反映经济业务的发生情况。其缺点是：登记总分类账的工作量较大。它适用于规模较小、经济业务量较少的单位。

三、汇总记账凭证账务处理程序

1. 基本内容

汇总记账凭证账务处理程序是根据原始凭证或汇总原始凭证编制记账凭证，再根据记账凭证编制汇总记账凭证，然后据以登记总分类账的一种账务处理程序。其特点是：定期根据记账凭证分类编制汇总收款凭证、汇总付款凭证和汇总转账凭证，再根据汇总记账凭证登记总分类账。在这一程序中，除设置收款凭证、付款凭证和转账凭证外，还应设置汇总收款凭证、汇总付款凭证和汇总转账凭证，账簿的设置与记账凭证账务处理程序基本相同。其一般程序如下。

① 根据原始凭证编制汇总原始凭证。

② 根据原始凭证或汇总原始凭证，编制记账凭证。

③ 根据收款凭证、付款凭证逐笔登记现金日记账和银行存款日记账。

④ 根据原始凭证、汇总原始凭证和记账凭证，登记各种明细分类账。

⑤ 根据各种记账凭证编制有关汇总记账凭证。

⑥ 根据各种汇总记账凭证登记总分类账。

⑦ 期末，现金日记账、银行存款日记账和明细分类账的余额同有关总分类账的余额核对相符。

⑧ 期末，根据总分类账和明细分类账的记录，编制财务报表。

2. 优缺点及适用范围

汇总记账凭证账务处理程序减轻了登记总分类账的工作量，由于按照账户对应关系汇总编制记账凭证，便于了解账户之间的对应关系。其缺点是：按每一贷方科目编制汇总转账凭证，不利于会计核算的日常分工，并且当转账凭证较多时，编制汇总转账凭证的工作量较大。这一账务处理程序用于规模较大、经济业务较多的单位。

四、科目汇总表账务处理程序

1. 基本内容

科目汇总表账务处理程序又称记账凭证汇总表账务处理程序，它是根据记账凭证定期编制科目汇总表，再根据科目汇总表登记总分类账的一种账务处理程序。其特点是编制科目汇总表并据以登记总分类账。其记账凭证、账簿的设置与记账凭证账务处理程序基本相同。

科目汇总表账务处理程序的一般程序如下。

① 根据原始凭证编制汇总原始凭证。

② 根据原始凭证或汇总原始凭证，编制记账凭证。

③ 根据收款凭证、付款凭证逐笔登记现金日记账和银行存款日记账。

④ 根据原始凭证、汇总原始凭证和记账凭证，登记各种明细分类账。

⑤ 根据各种记账凭证编制科目汇总表。

⑥ 根据科目汇总表登记总分类账。

⑦ 期末，现金日记账、银行存款日记账和明细分类账的余额同有关总分类账的余额核对相符。

⑧ 期末，根据总分类账和明细分类账的记录，编制财务报表。

2. 优缺点及适用范围

科目汇总表账务处理程序减轻了登记总分类账的工作量，并可做到试算平衡，简明易懂，方便易学。其缺点是：科目汇总表不能反映账户对应关系，不便于查对账目。它适用于经济业务较多的单位。

思　考　题

1. 会计凭证设计的意义有哪些？设计会计凭证必须坚持哪些原则？
2. 原始凭证设计的基本内容包括哪些？
3. 记账凭证都必须具备哪些基本内容？
4. 什么是会计凭证传递程序的设计？进行会计凭证传递程序的设计的意义有哪些？
5. 凭证保管制度设计主要包括哪些内容？
6. 账簿按其不同用途、外表形式可以分为哪几类？
7. 账簿设计应遵循哪些基本要求？
8. 明细账常用的格式有哪几种？
9. 在企业中，常用的备查账有哪几种？
10. 会计准则规定的财务报告体系是什么？
11. 会计报表附注包括哪些内容？
12. 与对外财务会计报告相比，企业内部财务会计报告具有哪些特点？其设计的原则有哪些？
13. 账务处理程序设计有哪几种方法？简述各种方法的优缺点及适用范围？

第六章　内部控制系统基本原理

第一节　内部控制概述

一、内部控制的概念

内部控制是企业为了提高经营效率，达到既定的管理目标，对内实行的各种制约、计划、方法、流程等。内部控制作为一个专用名词和完整概念，直到20世纪30年代才被人们提出、认识和接受。1934年美国《证券交易法》，首先提出了“内部会计控制”(internal accounting control system)的概念。1949年内部控制有了第一个具有权威性的定义；美国会计师协会审计程序委员会下属的内部控制专门委员会经过两年研究，于1949年发表了题为《内部控制、协调系统诸要素及其对管理部门和注册会计师的重要性》的专题报告，对内部控制首次作出了如下权威定义：“内部控制是企业所制定的旨在保护资产、保证会计资料可靠性和准确性、提高经营效率，推动管理部门所制定的各项政策得以贯彻执行的组织计划和相互配套的各种方法及措施”。随着经济的发展，对内部控制的认识也在不断变化和完善着，经过三次修订后，在1992年，美国“反对虚假财务报告委员会”(National Commission on Fraudulent Reporting)，所属的内部控制专门研究委员会发起机构委员会(Committee of Sponsoring Organizations of the Tread-way Commission，简称COSO委员会)，在进行专门研究后提出专题报告：《内部控制——整体架构》(Internal Control——Integrated Framework)，也称COSO报告。经过两年的修改，1994年COSO委员会提出对外报告的修改篇，扩大了内部控制涵盖范围，增加了与保障资产安全有关的控制，得到了美国审计署(General Accounting Office，GAO)的认可。COSO报告指出：“内部控制是一个过程，受企业董事会、管理当局和其他员工影响，旨在保证财务报告的可靠性、经营的效果和效率以及现行法规的遵循。内部控制整体架构主要由控制环境、风险评估、控制活动、信息与沟通、监督五项要素构成。”这是迄今为止有关内部控制的最具权威性的解释。

二、我国制定企业内部控制规范的过程

我国制定企业内部控制规范大体上有两个阶段：第一阶段是从2000年1月到2002年末。这一阶段，我国发布了《内部会计控制规范——基本规范》以及《内部会计控制规范—货币资金》等6项具体规范。第二阶段是从2004年底到现在。这一阶段是在总结第一阶段利弊得失的基础上，重新定义和构建中国的企业内部控制规范体系。目前，经过起草、征求意见等程序，正式的《企业内部控制基本规范》(财会［2008］7号)、《企业内部控制应用指引》以及《企业内部控制评价指引》正式对外公布。同时从实施时间、范围及步骤上作了如下稳妥的安排：自2011年1月1日起在境内外同时上市的公司施行，自2012年1月1日起在上海证券交易所、深圳证券交易所主板上市的公司施行；在此基础上择机在中小板和创业板上市公司施行。目前从具体实施情况看，整体上按照上述时间逐步执行，推进进度的时间跨度有所加长，实施范围逐步在扩大。

三、内部控制的要素

1. 内部环境

内部环境是影响、制约企业内部控制建立与执行的各种内部因素的总称，是实施内部控制的基础。内部环境主要包括治理结构、组织机构设置与权责分配、企业文化、人力资源政策、内部审计机构设置、反舞弊机制等。

2. 风险评估

风险评估是及时识别、科学分析和评价影响企业内部控制目标实现的各种不确定因素并采取应对策略的过程，是实施内部控制的重要环节。风险评估主要包括目标设定、风险识别、风险分析和风险应对。①目标设定是风险识别、风险分析和风险应对的前提。企业应当按照战略目标，设定相关的经营目标、财务报告目标、合规性目标与资产安全完整目标，并根据设定的目标合理确定企业整体风险承受能力和具体业务层次上的可接受的风险水平。②风险识别包括对外部因素（如技术发展、竞争、经济变化）和内部因素（如员工素质、公司活动性质、信息系统处理）的特点进行检查。③风险分析是针对已识别的风险因素，从风险发生的可能性和影响程度两个方面进行分析。④风险应对是企业应当根据风险分析情况，结合风险成因、企业整体风险承受能力和具体业务层次上的可接受风险水平，确定风险应对策略。

3. 控制活动

控制措施是根据风险评估结果、结合风险应对策略所采取的确保企业内部控制目标得以实现的方法和手段，是实施内部控制的具体方式。控制措施结合企业具体业务和事项的特点与要求制定，主要包括职责分工控制、授权控制、审核批准控制、预算控制、财产保护控制、会计系统控制、内部报告控制、经济活动分析控制、绩效考评控制、信息技术控制等。

4. 信息与沟通

企业在其经营过程中，需按某种形式辨识、取得确切的外部和内部信息，并进行沟通，以使员工能够履行其责任。外部信息包括市场份额、法规要求和客户投诉等信息，内部信息包括会计制度、管理层建立的记录和的经济业务及事项等。

5. 监督

监督检查是企业对其内部控制的健全性、合理性和有效性进行监督检查与评估，形成书面报告并作出相应处理的过程，是实施内部控制的重要保证。监督检查主要包括对建立并执行内部控制的整体情况进行持续性监督检查，对内部控制的某一方面或者某些方面进行专项监督检查，以及提交相应的检查报告、提出有针对性的改进措施等。企业内部控制自我评估是内部控制监督检查的一项重要内容。

四、内部控制的局限性

内部控制作为企业自我调节和自行制约的内在机制，在企业处于重要位置，可以说没有健全完善的内部控制制度，就很难组织起正常的生产经营，也就更谈不上科学的经营管理。但任何事物都不是尽善尽美的，内部控制也同样存在其固有的、不可避免的局限性。内部控制的局限性主要表现在以下几个方面。

① 如果企业内部行使控制职能的管理人员滥用职权、蓄意营私舞弊，即使具有设计良好的内部控制，也不会发挥其应有的效能。内部控制作为企业管理的一个组成部分，它理所

当然地要按照其管理人员的意图运行，尤其是企业负责人的决策更是起决定作用。决策出了问题，贯彻决策人意图的内部控制也就失去了应有的控制效能。

② 如果企业内部不相容职务的人员相互串通作弊，与此相关的内部控制就会失去作用。内部控制的一条重要原则就是将不相容职务进行分离。在实际工作中，如果处于不相容职务上的有关人员相互串通、相互勾结，失去了不同职务相互制约的基本前提，内部控制也就很难发挥作用。

③ 如果企业内部行使控制职能的人员素质不适应岗位要求，也会影响内部控制功能的正常发挥。内部控制是由人建立的，也要由人来行使的，如果企业内部行使控制职能的人员在心理上、技能上和行为方式上未能达到实施内部控制的基本要求，对内部控制的程序或措施经常误解、误判，那么再好的内部控制也很难充分发挥作用。

④ 企业实施内部控制的成本效益问题也会影响其效能。控制环节越多、控制措施越复杂，相应的控制成本也就越高，同时也会影响企业生产经营活动的效率。因此，在设计和实施内部控制时，企业必然要考虑控制成本与控制效果之比。当实施某项业务的控制成本大于控制效果而产生损失时，就没有必要设置控制环节或控制措施，这样某些小错弊的发生就可能得不到控制。

⑤ 内部控制一般都是针对经常而重复发生的业务而设置的，而且一旦设置就具有相对稳定性，因此如果出现不经常发生或未预计到的经济业务，原有控制就可能不适用，临时控制（如实行专门的审批、报告和执行程序来处理临时性或突发性业务）则可能不及时，从而影响内部控制的作用。

第二节　内部控制制度设计的意义和原则

为了规范企业的会计工作，加强内部管理，必须进行内部控制制度设计。所谓内部控制制度设计就是为了保证企业各项业务活动的有效进行，确保资产的安全完整，防止欺诈和舞弊行为，实现经营管理目标而制定和实施的一系列具有控制职能的方法、措施和程序。企业应根据国家有关法律法规及规定，设计出适合本企业业务特点和管理要求的内部控制制度，并组织实施。

一、内部控制制度设计的意义

① 保证职工恪尽职守，保证业务活动按适当的授权进行，提高企业的经营效率。内部控制明确划分了各职能部门和人员的职责范围，有利于建立并实行岗位责任制和各项管理制度以及报告制度，做到各司其职、互相制约、克服并清除舞弊、忠于职守、提高效率。

② 保证会计记录和数据资料的正确性、真实性，从而保证会计信息的质量，使会计信息达到真实性、相关性和及时性等质量特征要求，最终为决策提供可靠的依据，提高决策质量。

③ 保护企业财产的安全和完整，防止资产被盗用、浪费和无效率地使用。建立内部控制并采取严格的控制措施，特别是不相容业务的分工使授权人与执行人，执行人与记账人，保管、出纳与会计人员，记总账和记明细账得以分开，形成一种内部相互牵制的关系，同时实行限制接近财产和内部定期盘点核对制度，从而使财产的收、付、存、用得到严密的控制，做到有效地制止浪费，防止各种贪污舞弊行为，确保财产物资的安全与完整。

④ 保证企业各项政策以及党和国家各项政策、法令、法律的贯彻和执行。贯彻党和国家的各项方针政策，遵守财经法令、法律和各项规章制度，是企业领导及其所属各职能部门的主要任务之一。

⑤ 为开展审计工作创造条件。内部控制系统的健全和有效程度是注册会计师确定审计范围、重点和所用方法的重要依据。现代审计越来越重视对内部控制制度的检查和评价。内部控制制度的强弱，直接影响着审计的范围、时间、方法、程序和费用等。

二、内部控制制度设计的原则

① 合法性原则。内部控制应当符合法律、行政法规的规定和有关政府监管部门的监管要求。

② 全面性原则。内部控制在层次上应当涵盖企业董事会、管理层和全体员工，在对象上应当覆盖企业各项业务和管理活动，在流程上应当渗透到决策、执行、监督、反馈等各个环节，避免内部控制出现空白和漏洞。

③ 重要性原则。内部控制应当在兼顾全面的基础上突出重点，针对重要业务与事项、高风险领域与环节采取更为严格的控制措施，确保不存在重大缺陷。

④ 有效性原则。内部控制应当能够为内部控制目标的实现提供合理保证。企业全体员工应当自觉维护内部控制的有效执行。内部控制建立和实施过程中存在的问题应当能够得到及时地纠正和处理。

⑤ 制衡性原则。企业的机构、岗位设置和权责分配应当科学合理并符合内部控制的基本要求，确保不同部门、岗位之间权责分明和有利于相互制约、相互监督。履行内部控制监督检查职责的部门应当具有良好的独立性。任何人不得拥有凌驾于内部控制之上的特殊权力。

⑥ 适应性原则。内部控制应当合理体现企业经营规模、业务范围、业务特点、风险状况以及所处具体环境等方面的要求，并随着企业外部环境的变化、经营业务的调整、管理要求的提高等不断改进和完善。

⑦ 成本效益原则。内部控制应当在保证内部控制有效性的前提下，合理权衡成本与效益的关系，争取以合理的成本实现更为有效的控制。

⑧ 分工与合作原则。企业各部门、岗位之间应该进行明确的分工，并在分工的基础上进行工作上的相互合作。

第三节 内部控制系统设计的内容

一、内部控制的方法

控制方式或方法是指完成单位的控制任务、达到控制目的所采用的手段。内部控制在实现其控制目的的过程中，可以采用以下 11 种控制方法。

1. 职责分工控制

该控制要求根据企业目标和职能任务，按照科学、精简、高效的原则，合理设置职能部门和工作岗位，明确各部门、各岗位的职责权限，形成各司其职、各负其责、便于考核、相互制约的工作机制。该控制主要包括组织机构设置控制和组织分工两个方面。

组织机构设置控制是对企业组织机构进行合理地设置，重点是做好职能部门的设置。职能管理部门的设立，完全是企业根据自己的业务范围、规模大小和管理水平自主设立的。例如，对一个制造企业来说，其一般会设：厂长办公室、仓储部、销售部、财务部、生产部等职能部门。

对于组织分工来说，关键是贯彻不相容职务相分离的原则。所谓不相容职务，是指那些如果由一个人担任，既可能弄虚作假，又能够掩盖其错弊行为的职务。不相容职务分离就是要求把那些不相容职务分别由几个人分别担任，以利于互相监督。在企业中，需要分离的不相容岗位一般有：①授权批准职务与执行业务职务相分离；②执行业务职务与监督审核职务相分离；③执行业务职务与会计记录职务相分离；④财产保管职务与会计记录职务相分离；⑤执行业务职务与财产保管职务相分离。

2. 授权批准控制

授权批准控制是指企业在处理经济业务时，必须经过授权批准才能够进行实施。在一家公司制企业中，通常的授权程序是股东大会授权予董事会，然后由董事会将大部分权力授予企业的总经理，总经理把一些权力授予有关的部门经理，部门经理再把权力授予具体的岗位负责人和经办人员。一般情况下，企业每一层次的管理人员既是上级管理人员的授权对象，又是对下级管理人员的授权主体。授权批准控制要求企业必须明确规定授权批准的范围、权限、程序、责任等内容，企业内部各级管理层必须在授权范围内行使职权和承担责任，经办人员也必须在授权范围内办理业务。

3. 预算控制

控制的最好基础是预算（或计划）。在企业管理中，通常意义上的预算实际上是以金额、数量及其他价值形式综合反映企业未来（通常为 1 年）业务的详细计划。从这种意义上讲，预算控制是企业年度经济业务开始之前根据预期的结果对全年经济业务的授权批准控制。为了使预算控制能够取得比较好的管理效果，通常在预算控制中要抓好以下几个环节：

① 预算体系的建立，包括预算项目、标准和程序的确定；

② 预算的编制和审定；

③ 预算指标的下达及有关负责人或部门的落实；

④ 预算执行的授权；

⑤ 预算执行过程的监控；

⑥ 预算差异的分析与调整；

⑦ 预算业绩的考核。

4. 文件记录控制

文件记录控制是指通过文件记录方式对单位经济活动进行的控制，是企业内部控制的重要方面。通常意义上，健全而又正确的文件记录既是其他控制（如组织规划控制、授权批准控制）有效性的保证，又是企业保持高效率经营和获取高质量管理信息的重要手段。

按文件记录的性质，一般可分为管理文件和会计记录。管理文件是以书面方式明确企业各级部门、各级管理人员的职权与责任，以及企业所有的方针政策，以便于企业有关人员全面了解内部控制制度的书面文件。目前，我国企业常用的管理文件有：①组织结构图；②工作岗位说明书。会计记录用于反映经济业务的发生、处理和结果。健全良好的会计记录有助于正确反映企业的财务状况和经营成果，有助于保护财产的安全和完整。

5. 财产保护控制

财产保护控制是指为了保护资产的安全完整所采用的一种控制方法。这种控制方法的对象是实体物资。内部控制的各种方式都具有保护资产安全的作用，这里所说的财产保护是指对实物资产的直接保护，其主要内容有限制接近、定期盘点、记录保护、财产保险、财产记录监控等措施。

6. 职工素质控制

职工素质控制是指对员工素质所进行的一种控制。目的是获得高素质的员工。所有的内部控制制度都是由人制定的，也要靠人去执行。因此，人员的素质对内部控制的效果起着非常重要的作用。职工素质控制的主要内容有招聘程序、行为手册、培训计划、考核奖惩、信用保险、岗位轮换、因岗用人等。

7. 风险防范控制

风险防范控制是指以风险防范为主要目的所进行的一种控制。严格地讲，企业的所有内部控制措施和方法都和风险控制有关，都是为了降低风险。但是，这里的“风险控制”有所特指，主要是指对企业在投资、融资等活动中所存在的风险所进行的控制。常见的风险主要有筹资风险、投资风险、信用风险和合同风险等。

8. 内部报告控制

内部报告控制是指以编制各种内部报告为手段所进行的一种控制。通常情况下，企业对外编制的资产负债表和损益表并不能完全真实地反映企业的实际情况，这种或多或少修饰过的对外报告在管理中很难满足企业管理当局的需要。于是，企业通过编制一系列的内部报告，使管理当局及时掌握企业的动态，就显得非常必要。

为了提供全面的控制信息，企业需要编制的内部报告主要有如下几种：

① 成本报表和成本分析报告；

② 各种明细表，如管理费用明细表、营业费用明细表等；

③ 财务状况分析报告；

④ 各种考核报告；

⑤ 各种可行性报告和调查报告等。

9. 信息系统控制

电子信息技术在企业的应用，一方面提高了内部控制的效率，拓展了控制范围；另一方面也增加了控制难度和失控的风险。信息系统控制是指以电子技术和网络系统为手段所进行的一种控制。这种控制是相对于手工管理下的控制而言的。企业在实施信息系统内部控制制度时，要加强对与本企业经营管理业务相适应的电子信息系统的开发与维护的控制、对数据输入与输出、文件储存与保管的控制、网络安全的控制。

10. 内部审计控制

内部审计控制是指由企业内部审计部门所进行的控制。内部审计控制是内部控制的一个组成部分。其主要作用是对企业内部的各种经济活动、管理制度是否合规、合理及有效进行独立的评价，以确定既定的政策和程序是否贯彻、建立的标准是否遵循、资源的利用是否合理有效，以及单位的目标是否达到等。从这个意义上说，内部审计控制是对其他内部控制所进行的再控制。

11. 会计系统控制

会计系统控制依靠会计核算技术和手段实施的控制，是文件记录控制的一种，也是文件记录控制的核心。会计系统控制要求企业依据《会计法》、国家统一的会计制度和企业会计准则，制定适合本企业的会计制度，明确会计凭证、会计账簿和财务会计报告的处理程序，建立和完善会计档案的保管和会计工作的交接办法，实行会计人员的岗位责任制，充分发挥会计的监督职能。在会计系统控制中，核心的控制方式是会计记录控制。其主要内容如下。

① 凭证编号。凭证编号是企业常用的控制方法之一。它可以控制企业签发的凭证数量，以及相应交易涉及的其他文件，如支票、发票、订单、存货收发证明的使用情况，便于查询，避免重复、遗漏；更重要的是，编号的连续性也可以在某种程度上预防或减少抽取发票、截取银行收款凭证等进行贪污舞弊的可能性。

② 复式记账。复式记账能够将企业发生的经济业务按其来龙去脉、相互联系地、全面地记入有关账户，使各账户完整地、系统地反映各会计要素具体内容的增减变动情况及其结果。通过复式记账与借贷平衡，有利于保证会计账面记录无误，从而保证会计信息的正确完整。

③ 统一会计科目。在《企业会计准则》所列示会计科目的基础上，企业应根据经营管理需要统一设定明细科目，特别是集团性公司更有必要统一下级公司或子公司的会计明细科目，以便于统一口径、统一核算、有效分析。在应用时，企业可以列一张有全部会计科目（包括资产、负债、所有者权益、成本费用、损益）的清单，并附有每个账户的内容说明。一般包括会计科目编号、名称、级别、类别、核算内容等几个方面。对于国家未作统一规定的明细科目，企业可以自行设定。

④ 会计政策。对于主要的会计政策，我国《企业会计准则》有统一规定，如对于资产要提取的减值准备，对固定资产采取的折旧方法等。但是，从企业内部控制及管理要求出发，必须编制一份专门的会计政策文件，让有关人员知晓，要在整个集团（包括各子公司）范围内统一某些会计政策，以便于汇总管理和考核。这样统一会计处理，也可以减少错误的可能性。

⑤ 结账和对账程序。结账是一项将账簿记录定期结算清楚的账务处理工作，包括对收入、费用的结算，以揭示当年的经营活动成果，还包括对资产、负债、所有者权益的结算，结出其期末余额，以便结转下期。在结账的基础上，企业还需要进行总账与明细账、本单位的账与外单位的账、会计部门的账与单位内部其他部门的明细账之间的核对，通过对账及时发现差错和舞弊。

在实施会计系统控制时，其关键点有：①对主要的会计凭证特别是与货币资金收支相关的凭证一定要编号使用，书写错误的凭证不能任意撕毁而要仍然保留；②做好对账核对控制。对账时不仅总账与明细账要核对，而且会计部门的账要与其他部门的账、本企业的账户要与其他单位相关的账户相互核对；③会计记录要及时，对于所有的会计事项都需要及时地记录。

二、内部控制制度设计的步骤

内部控制制度的设计步骤，主要是确定控制目标，整合控制流程，鉴别控制节，确定控制措施，最终以制度、流程图的形式加以体现。

1. 明确控制目标

控制目标既是管理经济活动的基本要求，又是实施内部控制的最终目的，也是评价内部控制的最高标准。在实际工作中，管理人员和审计人员总是根据控制目标，建立和评价内部控制系统。因此，设计内部控制首先应该根据经济活动的内容特点和管理要求提炼内部控制目标，然后据以选择具有相应功能的内部控制要素，组成该控制系统。

内部控制的基本目标可概括为六项：

① 维护财产物资的完整性；

② 保证会计信息的准确性；

③ 保证财务活动的合法性；

④ 保证经营决策的贯彻执行；

⑤ 保证生产经营活动的经济性、效率性和效果性；

⑥ 保证国家法律法规的遵守执行。

2. 设计控制流程

控制流程是依次贯穿于某项业务活动始终的基本控制步骤及相应环节。控制流程通常同业务流程相吻合，主要由控制点组成。当企业的业务流程存在控制缺陷时，则需要根据控制目标和控制原则加以调整。

3. 鉴别控制环节

实现控制目标主要是控制容易发生偏差的业务环节。这些可能发生错弊因而需要控制的业务环节，通常称为控制环节或控制点。控制点按其发挥作用的程度而论，可以分为关键控制点和一般控制点。那些在业务处理过程中发挥作用最大，影响范围最广，甚至决定全局成效的控制点，对于保证整个业务活动的控制目标具有至关重要的影响，即为关键控制点。相比之下，那些只能发挥局部作用，影响特定范围的控制点则为一般控制点。需要说明的是，关键控制点和一般控制点在一定条件下是可以相互转化的。某个控制点在此项业务活动中是关键控制点，在另外一项活动中则可能是一般控制点；反之亦然。

4. 设置控制措施

控制点的功能是通过设置具体的控制技术和手续而实现的。这些为预防和发现错弊而在某控制点所运用的各种控制技术和手续等，通常被概括为控制措施。例如，现金控制系统中的“审批”控制点，就设有：①主管人员授权办理现金收支业务；②经办人员在现金收支原始凭证上签字或盖章；③部门负责人审核该凭证并签章批准等控制措施。在实际工作中，必须根据控制目标和对象设置相应的控制技术和手续。

企业不同的经营活动，其关键控制点也有所不同。根据企业经营活动的过程，内部控制制度设计的主要业务流程包括货币资金、采购与付款、生产过程、销售与收款、实物资产、全面预算、筹资与投资等经济业务活动的控制制度。

三、企业内部控制制度设计的主要内容

根据企业经营活动的循环，内部控制制度设计主要包括货币资金、采购与付款、生产环节、销售与收款、存货与固定资产、投资与筹资、担保等经济业务活动的控制制度。具体内容如下。

1. 货币资金内部控制

企业对货币资金建立授权审批制度；办理货币资金业务的不相容岗位必须分离；加强款项收付的稽核；确保货币资金的安全。

2. 采购与付款业务内部控制

企业应建立和完善采购与付款的控制程序，强化对请购、审批、采购、验收和付款等环节的控制，执行询价制度，做到采购决策透明，堵塞采购环节的漏洞。

3. 生产过程内部控制

企业应建立生产过程控制系统，做好成本费用管理的各项基础工作，制定成本费用标准，分解成本费用指标，进行成本费用差异，考核成本费用指标的完成情况，落实奖罚措施，从而达到降低成本开支、提高经济效益的目的。

4. 销售与收款业务内部控制

企业应制定恰当的销售政策，明确定价原则、信用标准和付款条件、收款方式以及销售业务的机构和人员职责权限等相关内容，加强应收账款回收的管理，避免坏账损失。

5. 实物资产的内部控制

企业应建立实物资产管理的岗位责任制，对存货的验收入库、领用发出、保管及处理等关键环节进行控制，防止各种实物资产的被盗、毁损和流失。加强对固定资产的管理，提高固定资产使用效率。

6. 筹资与投资业务内部控制

企业应加强对筹资业务的管理，合理确定筹资规模和筹资结构，选择恰当的筹资方式，严格控制财务风险，降低资金成本，确保筹措资金的合理使用。

企业应建立科学的对外投资决策程序，实行重大投资决策的责任制度，加强投资项目立项、评估、决策、实施和投资处置等环节的管理，严格控制投资风险。

7. 担保业务内部控制

企业应建立科学严密的担保制度，明确担保审批权限、程序与责任，担保合同的签订应当经过严格的审核，担保业务的执行过程应有跟踪监测，因担保造成重大失误和损失的，应追究相关责任人责任。

思　考　题

1. 什么是内部控制？
2. 内部控制要素有哪些？
3. 简述内部控制的局限性。
4. 什么是内部控制设计？
5. 进行内部控制设计必须遵循的原则有哪些？
6. 内部控制在实现其控制目的的过程中可以采用哪些控制方法？
7. 内部控制制度的设计思路如何？
8. 简述内部控制的基本目标。

第七章　货币资金业务处理程序与核算方法设计

第一节　货币资金内部控制的目标与基本要求

案例导入

2000年7月，原北京某区教委出纳员周某三次挪用、贪污公款达211万元，被法院以挪用公款罪和贪污罪两罪并罚判处有期徒刑20年，但200万元的教育资金却难以收回。周某在北京某区教育局财务科做了15年的出纳，15年的工作经历使她对教育局的财务状况了如指掌，其中的漏洞也心中有数。周某说："我可以决定提取现金的数量，支票、印鉴都由我保管，可随时加盖支票印鉴。会计每月与我只核对总额，而不进行明细账核对。我挪用公款银行账上有反映，但是我们的银行对账单由我保管，单位也不易发觉。"

货币资金是指企业在生产经营过程中停留在货币阶段的那一部分资产，是以货币形态存在的资产。货币资金包括库存现金、银行存款、其他货币资金等。货币资金是企业生产经营的基本条件，又是企业流动资金中最活跃的部分，最容易招致非法挪用、侵吞的犯罪行为。本案例是典型的不相容职务不分离导致犯罪分子有机可乘的案例。对于该教育局来讲，正是由于支票、印鉴全由周某一人承担，才导致他可以提取现金而不经过领导批准。出纳与银行对账人员没有分离，周某就可以通过篡改银行对账单来掩盖舞弊和犯罪行为。因此，企业必须根据自身的经营管理特点进行货币资金内部控制制度的设计，才能及时反映货币资金的增减变动和结存情况，保护货币资金的安全完整，保证有关财经纪律得到严格执行，促进生产经营活动的正常进行，进而实现企业的经营目标。

货币资金内部控制，可以具体划分为职责分工与授权批准、现金内部控制、银行存款内部控制、票据及有关印章的管理。

一、货币资金内部控制的目标

① 保证货币资金收付业务的合法、合理。

② 保证货币资金收付业务的适当和及时。

③ 保证货币资金安全。

④ 保证货币资金收付业务记录的准确可靠。

二、货币资金内部控制的基本要求

企业在建立和实施货币资金内部控制制度中，至少应当强化对以下关键方面或者关键环节的风险控制，并采取相应的控制措施。

① 职责分工、权限范围和审批程序应当明确，机构设置和人员配备应当科学合理。

② 现金、银行存款的管理应当符合法律要求，银行账户的开立、审批、核对、清理应当严格有效，现金盘点和银行对账单的核对应当按规定严格执行。

③ 与货币资金有关的票据的购买、保管、使用、销毁等应当有完整的记录，银行预留

印鉴和有关印章的管理应当严格有效。

第二节　货币资金内部控制规范

一、职责分工与授权批准

1. 不相容职务的分离

企业应当建立货币资金业务的岗位责任制，明确相关部门和岗位的职责权限，确保办理货币资金业务的不相容岗位相互分离、制约和监督。货币资金业务的不相容岗位至少应当包括下面三点：

① 货币资金支付的审批与执行；

② 货币资金的保管与盘点清查；

③ 货币资金的会计记录与审计监督。

出纳人员不得兼任稽核、会计档案保管和收入、支出、费用、债权债务账目的登记工作。

2. 轮岗制度

办理货币资金业务的人员应当具备扎实的业务水平，良好的职业道德，忠于职守，廉洁奉公，遵纪守法，客观公正。企业应当结合企业实际情况，对办理货币资金业务的人员定期进行岗位轮换。

3. 授权审批制度

企业应当建立货币资金授权制度和审核批准制度，并按照规定的权限和程序办理货币资金支付业务。具体业务处理程序如下。

（1）支付申请　企业有关部门或个人用款时，应当提前向经授权的审批人提交货币资金支付申请，注明款项的用途、金额、预算、限额、支付方式等内容，并附有效经济合同、原始单据或相关证明。

（2）支付审批　审批人根据其职责、权限和相应程序对支付申请进行审批。对不符合规定的货币资金支付申请，审批人应当拒绝批准，性质或金额重大的，还应及时报告有关部门。

（3）支付复核　复核人应当对批准后的货币资金支付申请进行复核，复核货币资金支付申请的批准范围、权限、程序是否正确，手续及相关单证是否齐备，金额计算是否准确，支付方式、支付企业是否妥当等。复核无误后，交由出纳人员等相关负责人员办理支付手续。

（4）办理支付　出纳人员应当根据复核无误的支付申请，按规定办理货币资金支付手续，及时登记现金和银行存款日记账。

4. 限制接近

业务经办人员办理现金收支业务要得到授权许可，任何未经授权的部门或人员不得办理货币资金业务或直接接触货币资金。

二、现金的内部控制

1. 现金的使用范围

国务院于 1988 年 9 月发布了《现金管理暂行条例》，企业应根据该条例的规定，结合本企业的实际情况，确定现金开支范围和现金支付限额。不属于现金开支范围或超过现金开支限额的业务应当通过银行办理转账结算。企业可以在下列范围内使用现金。

① 职工工资、各种工资性津贴。

② 个人劳务报酬，包括稿费和讲课费及其他专门工作报酬。

③ 支付给个人的各种奖金，包括根据国家规定颁发给个人的各种科学技术、文化艺术、体育等各种奖金。

④ 各种劳保、福利费用以及国家规定的对个人的其他现金支出。

⑤ 收购单位向个人收购农副产品和其他物资支付的价款。

⑥ 出差人员必须随身携带的差旅费。

⑦ 结算起点以下的零星支出。

⑧ 中国人民银行规定需要支付现金的其他支出。

2. 现金收支的控制

① 企业现金收入应当及时存入银行，不得坐支现金。

② 企业借出款项必须执行严格的审核批准程序，严禁擅自挪用、借出货币资金。

③ 企业取得的货币资金收入必须及时入账，不得账外设账，不得私设“小金库”。

④ 企业不得使用不符合财务会计制度规定的凭证顶替库存现金（即白条抵库）。

3. 现金的盘点制度

① 出纳应于每日营业终了，结出现金日记账的本日收入合计、支出合计及现金余额，并将现金余额与实际的库存现金进行核对。如有不符，及时查明原因，作出处理。

② 企业应当定期和不定期地由清查小组进行现金盘点，确保现金账面余额与实际库存相符。发现不符，及时查明原因，作出处理。

4. 现金收支业务的控制流程

（1）授权办理业务　企业管理部门或业务部门的负责人根据授权批准制度的有关规定和业务经营的需要，授权有关人员办理有关业务，相应地根据业务需要授权有关人员办理有关现金收付。

（2）填制或取得原始凭证　业务经办人员对发生的有关现金收支业务应取得或填制相关的原始凭证作为收付现金的书面证明。例如，企业向银行提取现金时必须签发现金支票，以支票存根作为提取现金的书面证明等。

（3）审核凭证　业务经办人员应在现金收支原始凭证上签字盖章以明确有关责任，必要时还要说明业务内容及用途等。该凭证须经部门负责人审核签章。会计部门收到现金收支业务原始凭证后，由会计主管人员或指定的分管人员负责进行审核，对于不符合规定要求的原始凭证采取相应的控制措施，如采取不予受理、予以扣留或予以退回等方式。

（4）编制记账凭证　分管会计人员根据审核无误的原始凭证填制收款或付款凭证，签章后作为出纳办理现金收付业务的凭据。

（5）收付现金　出纳对收付原始凭证进行复核，按照记账凭证所开列的金额收付现金，同时加盖“收讫”或“付讫”戳记。

（6）复核凭证　由稽核或指定人员审查收款或付款记账凭证，审查合格后在凭证上签章并进行传递。

（7）登记账簿　出纳根据经过复核的收付记账凭证，按业务发生顺序逐笔登记“现金日记账”。分管会计人员根据审签合格的收付相关业务凭证登记有关明细账。总账会计按照规定的核算形式登记现金总账。

（8）盘点现金　出纳在每天业务终了时结出“现金日记账”收支发生额和余额，盘点库存现金实有数并进行核对。出纳对于超过库存限额的现金应登记现金交款单，连同现金及时送存银行，经银行盖章后将现金交款单回单联作为登记入账的依据。

（9）核对账簿　月末，在稽核人员监督下，各账簿记录人员核对现金日记账和有关明细账及总账。对发生的账务误差在报经批准后予以处理。

（10）库存现金抽盘　单位组织清查小组（由财务主管、审计人员等组成）定期或不定期地对库存现金进行盘点，根据清查结果编制现金盘点报告单，填列账存数与实存数的核对情况。如发现账实不符，应及时查明原因，进行处理。

三、银行存款的内部控制

1. 银行结算账户开立、使用的控制

企业应当严格按照《支付结算办法》等国家有关规定，加强对银行账户的管理，严格按照规定开立账户，办理存款、取款和结算。银行账户的开立应当符合企业经营管理实际需要，不得随意开立多个账户，禁止企业内设管理部门自行开立银行账户。本企业账户不得拆借给其他企业和个人使用。

企业应当定期检查、清理银行账户的开立及使用情况，发现未经审批擅自开立银行账户或者不按规定及时清理、撤销银行账户等问题，应当及时处理并追究有关责任人的责任。

企业应当加强对银行结算凭证的填制、传递及保管等环节的管理与控制。

2. 支付结算的控制

① 企业应当严格遵守银行结算纪律，不得签发没有资金保证的票据或远期支票，套取银行信用。

② 企业不得签发、取得和转让没有真实交易和债权债务的票据。

③ 企业不得无理拒绝付款，任意占用他人资金。

3. 企业与银行的对账制度

① 企业应当指定专人定期核对银行账户，每月至少核对一次，编制银行存款余额调节表，并指派对账人员以外的其他人员进行审核，确定银行存款账面余额与银行对账单余额是否调节相符。如调节不符，应当查明原因，及时处理。

② 企业应当加强对银行对账单的稽核和管理。出纳人员不得同时从事银行对账单的获取、银行存款余额调节表的编制等工作。

4. 银行收支业务的控制流程

（1）授权办理业务　企业管理部门或业务部门的负责人根据授权批准制度的有关规定和业务经营的需要授权有关人员办理有关业务，相应地根据业务需要授权有关人员办理有关现金收付。

（2）规定结算条款　经办人员办理经营业务，应同对方商定收付款结算方式和结算时间等，以合同或协议方式加以明确。

（3）填制或取得原始凭证　业务经办人员按照财务会计制度规定，填制或取得原始凭证，作为办理银行存款收付业务的书面凭证，如购货发票、销货发票等。

（4）签审原始凭证　业务经办人员在原始凭证上填清业务内容并签字盖章，该凭证须经部门负责人或指定人员审核签章。会计部门收到银行存款收支原始凭证后，会计主管或指定的分管人员审核原始凭证及其反映的经济业务，批准办理银行存款收支结算，对于不合规定的凭证，应拒绝受理或责成经办人员补正手续。

（5）填制或取得结算凭证并办理结算业务　出纳员根据已审签的原始凭证，按照会计规定手续和结算方式填制或取得银行存款结算凭证。例如，根据商品销售发货单、运费单和销售发票等原始凭证，填制托收承付结算凭证，办理货款托收手续。

（6）审核结算凭证　会计主管人员或指定人员审核结算凭证回联，并同原始凭证进行核对。

（7）编制记账凭证　会计人员根据审签的结算凭证及原始凭证编制银行存款收付记账凭证。

（8）复核记账凭证　稽核员或指定人员复核记账凭证及所附结算凭证、原始凭证。

（9）登记账簿　出纳员根据审签的记账凭证，逐笔登记银行存款日记账，分管会计人员根据审签的记账凭证，登记相应的明细分类账，总账会计按照规定的核算形式登记总分类账。

（10）与银行对账并编制调节表　由非出纳人员逐笔核对银行存款日记账和银行对账单，查清未达账项，编制银行存款余额调节表。

（11）核对账目　有关账簿记录人员应当定期核对银行存款日记账和有关明细账、总分类账，如发现不符要报经批准后予以处理。

四、票据及有关印章的管理

1. 票据的管理

① 企业应当加强与货币资金相关的票据的管理，明确各种票据的购买、保管、领用、背书转让、注销等环节的职责权限和处理程序，并专设登记簿进行记录，防止空白票据的遗失和被盗用。

② 企业因填写、开具失误或者其他原因导致作废的法定票据，应当按规定予以保存，不得随意处置或销毁。

③ 企业应当设立专门的账簿对票据的转交进行登记；对收取的重要票据，应留有复印件并妥善保管；不得跳号开具票据，不得随意开具印章齐全的空白支票。

2. 印章的管理

① 企业应当加强银行预留印鉴的管理。财务专用章应当由专人保管，个人名章应当由本人或其授权人员保管，不得由一个人保管支付款项所需的全部印章。

② 按规定需要由有关负责人签字或盖章的经济业务与事项，必须严格履行签字或盖章手续。

③ 企业应当建立用印审批登记制度，申请用章均须办理相关手续，并办理相应的登记和备案。

第三节　货币资金核算方法的设计

一、库存现金核算方法的设计

企业的库存现金是通过“库存现金”账户进行核算的。企业为了能够准确的了解库存现金的收支及结余情况，及时发现现金收支工作中存在的问题和可能出现的差错，企业除了对现金进行总分类核算外，还需设置“库存现金日记账”进行序时核算。库存现金日记账应采用订本式账簿，由出纳人员根据现金收付款凭证和银行收付款凭证，按照业务发生的时间先后进行逐笔登记。每日终了，应计算当日的现金收入合计数、现金支出合计数，账面余额，并与实际库存现金核对相符。有外币现金业务的企业，应按照人民币和各种外币分别设置“库存现金日记账”进行明细核算。期末各种外币库存现金的余额应按期末汇率折合为人民币，外币现金日记账的一般格式见表 7-1。

表 7-1 外币现金日记账

外币现金日记账—美元

月	日	凭证号数	摘要	对方科目	借方			贷方			方向	余额		
					原币	汇率	折合人民币	原币	汇率	折合人民币		原币	汇率	折合人民币

二、备用金核算方法的设计

企业备用金可以按照使用部门的收支登记方法，使用部门必须对支付现金的所有原始凭证顺序编号，与库存现金一起妥善保管，并设立现金日记账，按原始凭证号码顺序、逐笔反映备用金的收支情况。

三、银行存款核算方法的设计

企业在银行和其他金融机构的存款业务均通过“银行存款”科目进行核算。为了能够及时准确的记录银行存款的收支和结余情况，便于企业与银行核对账目，及时发现银行存款收支工作中存在的问题和可能出现的差错，企业除了对银行存款进行总分类核算以外，还必须按不同的银行账号分别进行明细核算，分别设置“银行存款日记账”。由出纳人员根据银行收付款凭证及相应的原始单据，按照业务发生的先后顺序逐笔登记。每日终了，应计算银行存款收入合计、银行存款支出合计，并结出账面余额。有外币银行存款的企业，应分别人民币和各种外币设置银行存款日记账进行明细核算。期末各种外币账户的期末余额。应按期末汇率折合为人民币，外币“银行存款日记账”一般格式参见外币现金日记账。

四、其他货币资金核算方法的设计

本科目应设置“外埠存款”、“银行汇票”、“银行本票”和“存出投资款”等明细，并按外埠存款的开户银行，银行汇票或者本票的收款单位等设置明细。有信用卡业务的企业应当设置“信用卡”明细科目，并按开出信用卡的银行和信用卡种类设置明细账。

第四节 银行结算方式选择的设计

目前可供企业单位选择的结算方式包括银行汇票、银行承兑汇票、商业承兑汇票、银行本票、支票、信用卡、汇兑、委托收款、托收承付、信用证。

(1) 银行汇票 银行汇票是指出票银行签发的，在见票时按照实际结算金额无条件支付给收款人或者持票人的票据。银行汇票的特点是：出票人是银行，有着较高的信誉；适用性强，单位、个体经济户和个人向异地支付各种款项都可以使用；灵活方便，持票人既可以将汇票转让给销货单位，也可以通过银行办理分期支付或转汇；兑现性强，持票人可持填明“现金”字样的汇票到兑付银行取现，免于长途携带现金；凭票购货，余款自动退回，钱货两清，可以有效防止不合理的预付货款和交易尾欠的发生。

（2）银行本票　银行本票是银行签发的，承诺自己在见票时无条件支付确定的金额给收款人或者持票人的票据。单位和个人在同一票据交换区域需要支付各种款项，均可以使用银行本票。银行本票可以用于转账，注明“现金”字样的银行本票可以用于支取现金。银行本票分为不定额本票和定额本票两种。银行本票由银行签发，保证兑付，而且见票即付，信誉高，也有利于销售企业迅速收回货款。但是它不能向银行挂失，使用本票的人要特别注意保管，防止丢失。企业在收到银行本票后，应及时交存银行，保证银行本票的安全。

（3）银行承兑汇票　银行承兑汇票具有极强的融资功能，同城、异地结算均可使用。承兑申请人可以在资金不足的情况下，通过申请银行承兑，以承兑银行的信誉作为付款保证，获得急需的物资。持票人急需生产资金时，既可以向开户银行申请贴现，也可以向供货单位背书转让票据。票据到期，承兑申请人不能足额交存票款时，承兑银行兑付票款后，将不足部分转入其逾期贷款户。它是将商业信用与银行信用完美结合的一种结算方式。由于票据的流转环节多，提示付款期限长，查询难度大，容易造假，是目前票据结算风险防范的重点之一。

（4）商业承兑汇票　商业承兑汇票是由付款人或收款人签发，经付款人承兑的商业汇票同城、异地交易均可使用。持票人需要资金时，既可以申请贴现，也可以背书转让。承兑人作为付款人，付款保证程度视企业的信誉高低而定，一般来讲，它的付款保证性没有银行承兑汇票高。

（5）支票　支票是出票人签发的，委托办理存款业务的银行在见票时无条件支付确定的金额给收款人或者持票人的票据。支票包括现金支票和转账支票。现金支票只能用于支取现金，转账支票只能用于转账。2007 年 7 月开始，支票可以在全国范围相互通用，这就使支票的运用更加方便灵活，为企业广泛使用。但在支票结算中可能存在签发空头支票，支票上的实际签章与预留银行印鉴不符等问题，存在一定风险。

（6）信用卡　信用卡属于电子支付工具的范畴，方便、灵活、快捷、同城、异地均可使用。信用卡既有公司卡，又有个人卡；有存款可以消费，无存款在授权额度内也可以进行消费；它是发放个人消费贷款最便捷的一种方式，它的使用极大地减少了现金使用量，降低了货币流通费用。但该结算方式受特约商户与 ATM 机普及程度、银行卡网络的完善程度、银行卡功能开发程度等的限制。

（7）汇兑　汇兑是汇款单位委托银行将款项汇往异地收款单位的一种结算方式。汇兑根据划转款项的不同方法以及传递方式的不同可以分为信汇和电汇两种。电汇是收款较快、费用较高的一种汇款方式，汇款人必须负担电报费用，所以通常以金额较大或有急用的汇款使用电汇方式。信汇无需发电，以邮递方式传送，所以费用较电汇低廉，但因邮递关系，收款时间较晚。

（8）委托收款　委托收款是收款人委托银行向付款人收取款项的结算方式。单位或个人凭已承兑商业汇票、债务、存单等付款人债务证明办理款项的结算，均可以使用委托收款结算方式。在同城范围内，收款人收取共用事业费或根据国务院的规定，可以使用同城特约委托收款。

（9）托收承付　托收承付是指根据购销合同由收款人发货后托收银行向异地付款人收取款项，由付款单位向银行承认付款的结算方式。使用托收承付结算方式的收款单位和付款单位，必须是国有企业、供销合作社以及经营管理较好、并经开户银行审查同意的城乡集体所有制工业企业。办理托收承付的款项，必须是商品交易，以及因商品交易而产生的劳务供应的款项。代销、零售、赊销商品的款项不得办理托收承付结算，因此使用范围相对狭窄。

（10）信用证　信用证是进口方银行向出口方开立的以出口方按规定提供单据和汇票为前提的支付一定金额的书面承诺，是一种有条件的付款凭证。经中国人民银行批准经营结算业务的商业银行总行以及经商业银行总行批准开办信用证结算业务的分支机构，也可以办理国内企业之间商品交易的信用证结算业务。由于货款的支付以取得符合信用证规定的货运单据为条件，避免了预付货款的风险，因此信用证支付方式在很大程度上解决了进、出口双方在付款和交货问题上的矛盾。它已成为国际贸易中的一种主要付款方式。

以上各种结算方式各具特点，各有其适用范围，企业应该根据自身情况进行结算方式选择的设计。例如，打算即期收款，可以选择信用卡、支票、银行本票、银行汇票等结算方式。打算约期收款，可以选择银行承兑汇票、商业承兑汇票、信用证结算方式；选择银行本票结算，就可以避免收取空头支票、签章与预留银行印鉴不符的支票的风险；如选择银行汇票结算，一方面可以避免携带大额现金的风险，另一方面也可以避免采取汇兑等结算方式下货款已付出但是拿不到货物的风险；如选择银行承兑汇票、信用证结算，就可以降低或者避免采取托收承付结算中，货已发出，难以及时、足额收到货款等风险的发生。

第五节　货币资金业务处理流程及内部控制制度设计示例

一、货币资金业务处理流程设计示例

企业因经营特点、管理方式各异，货币资金业务处理流程也各具特色，下面介绍两种较为常见的货币资金业务处理流程。

1. 现金支出业务处理流程（图 7-1）

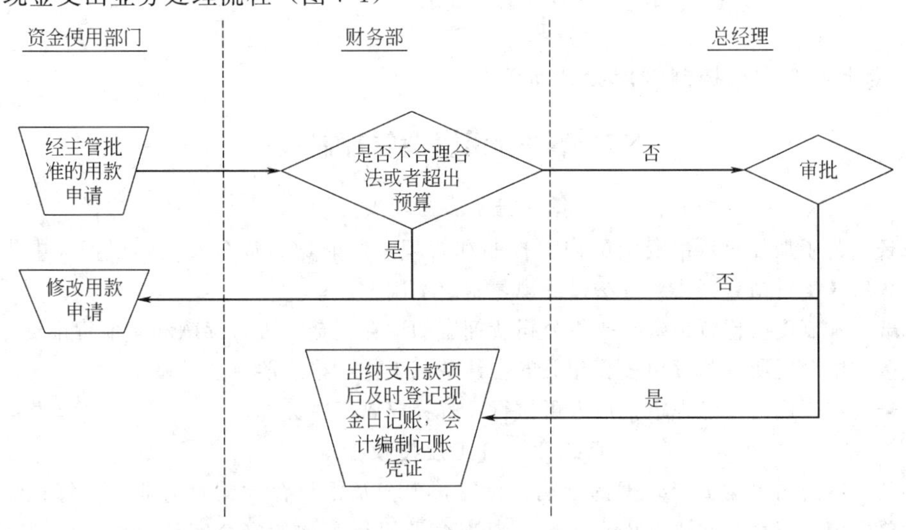

图 7-1　货币资金业务处理流程——现金支出

流程说明　① 资金使用部门提交经部门主管审批后的用款申请或修改后的用款申请。

② 财务部审核用款申请，是否合理合法，是否超过资金预算。

③ 经财务审核后的用款申请提交总经理审批。

④ 出纳按经批准的用款申请付款并及时登记现金日记账，会计编制记账凭证并登记相关明细账及总账。

2. 现金收入业务处理流程（图 7-2）

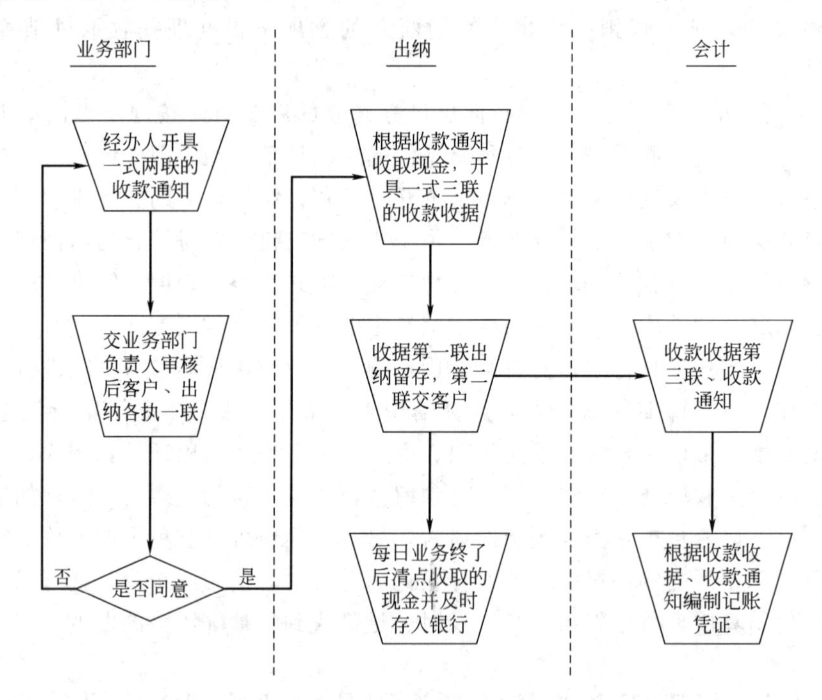

图 7-2　货币资金业务处理流程——现金收入

流程说明 ① 业务部门经办人员开出一式两联的收款通知。

② 收款通知经业务部门负责人审核后，出纳与客户各执一联。

③ 出纳根据收款通知收取现金，开具一式三联的收款收据，一联给客户，一联留存，一联随同收款通知交会计记账。

④ 每日营业终了，出纳根据开具的收据清点现金，并将收取的现金及时交存银行。会计根据收款收据、收款通知单和现金交款单编制记账凭证。

二、货币资金内部控制制度设计示例

××公司货币资金管理制度

第一章　总　　则

第一条　为了加强对货币资金的内部控制和管理，保证货币资金安全，根据《中华人民共和国会计法》、《支付结算办法》等法律法规，制定本制度。

第二条　本制度所称货币资金是指公司所拥有的库存现金、银行存款和其他货币资金。

第三条　本公司所有与货币核算相关的会计基础工作严格遵照《会计基础工作规范》执行。

第四条　本制度由总经理审批后方可执行，解释权属于财务部。

第二章　分工及授权批准

第五条　本公司出纳负责票据的领购、保管，现金及银行存款的收付业务，每日终了依据当天的凭单登记日记账，并清点库存现金，对现金及银行存款的安全完整负责。出纳不得兼任稽核、会计档案保管和收入、支出、费用、债权债务账目的登记工作。不得由一人办理货币资金业务的全过程。

第六条　公司办理货币资金业务，应当配备合格的人员，并根据公司具体情况进行岗位轮换。办理货币资金业务的人员应当具备良好的职业道德，忠于职守，廉洁奉公，遵纪守法，客观公正，不断提高会计业务素质和职业道德水平。

第七条　公司应当按照规定的程序办理货币资金支付业务。

（一）申请。公司有关部门或个人用款时，应当提前向审批人提交货币付款审批单，注明款项的用途、金额、预算、支付方式等内容，并附有效经济合同或相关原始凭证等。

（二）审批。审批人根据其职责、权限和相应程序对支付申请进行审批。对不符合规定的货币资金支付申请，审批人应当拒绝批准。

（三）复核。复核人应当对批准后的货币资金支付申请进行复核，复核货币资金支付申请的批准范围、权限、程序是否正确，手续及相关单证是否齐备，金额计算是否准确，支付方式、支付单位是否妥当等。复核无误后，交由出纳人员办理支付手续。

（四）办理。出纳人员应当根据复核无误的支付申请，按规定办理货币资金支付手续，及时登记现金和银行存款日记账。

第八条　严禁未经授权的机构或人员办理货币资金业务或直接接触货币资金。

第三章　现金管理制度

第九条　本公司现金库存限额为5000元，所有现金收入款项应于当日如数存入银行，当日下班后发生的现金收入应由出纳保管在保险柜中，第二天早晨及时存入银行。在法定节假日获得的现金，公司必须妥善保管并在开户行营业后的当天上午立即存入银行。出纳不得以库存现金收入直接支付各项开支（即不得坐支现金）。

第十条　本公司现金不得以“白条抵库”，不得存放账外现金。

第十一条　本公司使用现金的范围是：

（一）办公用品、运杂费等1000元以下的日常零星支出；

（二）出差人员必须随身携带的差旅费及应报销的出差补助费用；

（三）为正常业务而准备的备用金；

（四）各种劳保、福利费（托儿补助、医疗费等）以及国家规定的对个人的其他支出。

以上范围以外的货币资金支出，均通过公司开户银行进行转账结算。

第十二条　本公司使用现金进行结算时，填写付款申请单，注明款项的用途、金额等内容，并附有效发票、经济合同或相关证明。

会计对发生的一切库存现金收支凭证（收据、报销发票等）的合法、合规、准确、完整进行严格审核，对不符合报销制度的单据财务部有权拒绝办理，或要求更换及补充。如情节严重，报销人员拒不执行的，可直接向总经理报告。

第十三条　审核合格的原始凭证，经财务经理及总经理审批后由会计编制记账凭证。出纳根据审核无误的收支凭证，按经济业务发生的先后顺序逐日逐笔登记现金日记账，并做到日清日结，账款相符。

第十四条　出纳要做到每日现金日记账余额与保管的现金核对相符。会计和财务经理不定期对出纳保管的现金进行盘点，编制现金盘点表，保证现金收支的安全与准确性。其重点是：

（1）现金收付的原始凭证是否经过审核，已填制的记账凭证是否及时入账；

（2）库存现金是否超定额；

（3）有无白条抵库现象；

（4）有无长、短款及原因；

（5）库存现金存放是否安全等。

第四章　银行存款管理制度

第十五条　银行账户、结算管理严格遵守国家《支付结算办法》规定，不准签发远期支票和空头支票；不准出借、出租或将支票转让给其他单位使用。

公司银行存款结算方式采用银行汇票、汇兑、支票、委托收款。

第十六条 本公司使用银行存款进行结算时，相关部门应当提交付款申请单，注明款项的用途、金额、支付方式等内容，并附有效发票、经济合同或相关证明。会计对各部门原始凭证（收据、报销发票等）的合法、合规、准确、完整进行严格审核。审核合格的原始凭证，经财务经理审批后报总经理审批。出纳根据审核无误后的原始凭证办理结算业务并根据结算凭证回联登记银行存款日记账。

第十七条 出纳定期每月月底取回银行对账单，由会计负责银行存款日记账与银行对账单进行核对，并编制银行存款余额调节表。调节后的银行存款日记账与银行对账单余额必须完全一致。调节表上的挂账数应在下月全部催办入账。如调节不符，及时向财务经理汇报并查明原因，及时处理。

第五章 印章及票据管理制度

第十八条 公司应当加强银行预留印鉴的管理。财务专用章由出纳保管，法人章由会计保管。严禁一人保管支付款项所需的全部印章。按规定需要有关负责人签字或盖章的经济业务，必须严格履行签字或盖章手续。

第十九条 本公司的支票由财务部指定专人负责保管，支票和印章不得由同一个人负责保管。

第二十条 本公司购买货币资金结算票据由出纳员根据业务需要提出申请，经财务经理批准，由出纳员购买；并建立备查账簿，登记领用、注销等情况。

第二十一条 对误填或退回作废的支票，应加盖“注销”或“作废”戳记，与存根一起保管，以便于日后核查。

第二十二条 领用支票时，各部门须填写《付款申请单》，按规定程序经审批同意后领用。出纳在支票领用簿上填写日期、用途、号码，领用人签字备查。因特殊情况确需签发不填写金额的转账支票时，除上述内容外还必须由领用人填写“空白支票领用单”，注明单位名称、领用日期、用途、规定限额，经其部门负责人、财务经理、总经理共同审批后方能从出纳处领取。

第二十三条 财务人员签发支票时，必须按顺序使用；签发的支票必须注明收款人名称、日期、用途、金额，而且收款人必须与实际的收款人名称一致，不得提前或逾期签发支票。

第二十四条 财务部不准签发与预留银行印鉴不符的支票，否则，造成的经济损失由支票签发人承担。

第二十五条 转账支票适用于转账业务，现金支票适用于提取现金。现金支票的使用范围等同于现金，对超出现金使用范围的支出，不得签发现金支票。

第二十六条 现金支票遗失，财务部应及时向开户银行申请挂失手续；转账支票遗失，应及时向开户银行和收款人提出协助防范的申请，并登报申明作废。如果在这之前，如已给公司造成经济损失的，视实际情况追究有关人员的责任。

第二十七条 公司的发票、收据、电汇、汇票等空白重要凭证视同支票，应加强日常管理，设置重要空白凭证登记簿，严格履行领用、注销手续。

第六章 附 则

第二十八条 本制度由公司财务部负责解释。

第二十九条 本制度自发布之日起施行。

思 考 题

1. 货币资金内部控制设计的目标和基本要求有哪些？

2. 货币资金业务内部控制中的不相容岗位至少包含哪些内容?
3. 简述现金收支业务的控制流程。
4. 简述银行存款收支业务的控制流程。
5. 票据管理制度设计时应注意哪些问题?
6. 印鉴管理制度设计时应注意哪些问题?
7. 谈谈企业如何结合实际情况进行银行结算方式选择的设计?

第八章　采购与付款业务处理程序设计

第一节　采购与付款内部控制的目标与基本要求

案例导入

据《中国审计报》报道，2000年3月，江苏省常州市审计局派出审计组对某宾馆3号楼竣工决算进行专项审计。当审计人员对该宾馆的豪华水晶灯订购合同的签订及其相关情况进行调查时发现，看似极为正常的业务行为背后却隐藏了许多不易察觉的疑点，这引起了审计人员的高度警觉。根据设计需要，该宾馆需配备高档水晶灯具，在未经公开招标的情况下，宾馆即与两家公司签订了价值100多万的水晶灯购销合同。合同明确规定，灯珠采用奥地利著名珠宝公司提供的水晶珠，且由供应方出具该公司的验证证明书。然而，时至审计时，供应方尚未提供有关水晶灯的任何技术资料，需求方也没有同供应方办理必要的查验手续。审计组提取了该水晶灯的灯珠样品，及时送交权威检测机构进行检测，检测报告证明，所检样品纯属玻璃。经检查机关立案侦查很快查清当事人宾馆副总裁经理史某在上述灯具交易过程中收受贿赂的犯罪事实，并以此为线索，一举破获了其他几个经济案件，史某受到法律的惩罚。

采购与付款是指企业外购商品与劳务并支付价款的行为。本例中采购合同的签订没有进行招标货比三家的过程，订货缺乏必要的审批环节，由史某一个人单独执行，这样就导致采购者为了从中牟利而和供货商联合侵吞公司资金。收货部门在没有严格检查质量、核对灯具的技术报告的情况下即验收入库，使得伪造产品过关。由此可见，做好采购与付款的内部控制与业务处理程序设计，对于加强对采购与付款业务的内部控制，规范采购与付款行为，防范采购与付款过程中的差错和舞弊都具有重要意义。

本章采购与付款主要是指外购商品并支付货款，具体包括物资的请购、编制采购计划、订货或采购、验收入库、货款结算等工作。

一、采购与付款内部控制的目标

① 确保购进的货物与生产、销售的要求相一致。

② 确保资金支付后获得相应的货物或劳务。

③ 确保应付款项的真实和合理以及授权支付。

④ 合理揭示采购业务中所享有的折扣与折让。

⑤ 确保及时准确地提供采购与付款业务的会计信息。

二、采购与付款内部控制的基本要求

企业在建立和实施采购与付款内部控制制度中，至少应当强化对以下关键方面或者关键环节的风险控制，并采取相应的控制措施。

① 权责分配和职责分工应当明确，机构设置和人员配备应当科学合理。

② 请购依据应当充分适当，请购事项和审批程序应当明确。

③ 采购与验收的管理流程及有关控制措施应当清晰，对供应商的选择、采购方式的确定、采购合同的签订、购进商品的验收等应有明确规定。

④ 付款方式、程序、审批权限和与客户的对账办法应当明确。

第二节　采购与付款内部控制规范

一、职责分工与授权批准

1. 不相容职务的分离

企业应当建立采购与付款业务的岗位责任制，明确相关部门和岗位的职责权限，确保办理采购与付款业务的不相容岗位相互分离、制约和监督。采购与付款业务的不相容岗位至少应当包括：

① 请购与审批；

② 询价与确定供应商；

③ 采购购合同的订立与审核；

④ 采购、验收与相关会计记录；

⑤ 付款的申请、审批与执行。

2. 轮岗制度

采购人员应当具备扎实的业务水平，公正、诚实、敬业、谦谨的职业道德。企业应当结合企业实际情况，对办理采购业务的人员定期进行岗位轮换。防范采购人员利用职权和工作便利收受商业贿赂、损害企业利益的风险。

3. 授权审批制度

企业应当建立采购与付款业务的授权制度和审核批准制度，并按照规定的权限和程序办理采购与付款业务。

① 明确审批人对采购与付款业务的授权审批方式、权限、程序、责任和相关的控制措施，规定经办人办理采购与付款业务的职责范围和工作要求。

② 有资源整合条件的企业或企业集团，业务采购权应当尽量集中，实施集中或相对集中采购，或采取集中招标形式，以提高采购效率，堵塞管理漏洞，降低成本和费用。

③ 企业应当按照请购、审批、采购、验收、付款等规定的程序办理采购与付款业务，并在采购与付款各环节设置相关的记录、填制相应的凭证，建立完整的采购登记制度，加强请购手续、采购订单（或采购合同）、验收证明、入库凭证、采购发票等文件和凭证的相互核对工作。

二、请购与审批控制

1. 采购申请制度

企业应当建立采购申请制度，依据购置商品或劳务的类型，确定归口管理部门，授予相应的请购权，并明确相关部门或人员的职责权限及相应的请购程序。一个单位可以有若干不同的请购制度，并根据不同的请购内容采用相应的控制程序和控制制度。

(1) 原材料或零配件购进　一般先由生产部门根据生产计划或即将签发的生产通知单提出请购单。

(2) 临时性物品的购进　临时性物品的购进，通常不需要经过仓储部门审核，使用者在请购单上对采购需要做出描述，解释其目的和用途。

2. 预算管理

采购预算是采购部门为配合单位年度销售预测或生产数量，对所需求的原料、物件、零件等的数量及成本编制的用货币形式进行具体、系统反映的数量计划，以利于单位整体目标的实现及其资源的合理配置。企业应当加强采购业务的预算管理。对于预算内采购项目，具有请购权的部门应当严格按照预算执行进度办理请购手续；对于超预算和预算外采购项目，具有请购权的部门应当对需求部门提出的申请进行审核后再行办理请购手续。

3. 请购审批制度

企业应当建立严格的请购审批制度。审批人按照固定的权限，依据单位预算、实际需要、市场供应等情况审批请购需求。对于超预算和预算外采购项目，应当明确审批权限，由审批人根据其职责、权限以及企业实际需要对请购申请进行审批。

一般情况下，原材料或零配件采购由材料保管部门将材料库存数与生产部门需要的数量进行比较，最终确定请购数量。临时性物品的采购，请购单须由使用者的部门主管审核同意，并须经资金预算的负责人签字后，采购部门才能办理采购手续。超过限额的大宗采购必须由企业管理层集体决策、审批后，再交采购部门执行。

三、采购与验收控制

1. 采购管理制度

(1) 采购方式　企业应当根据商品或劳务等的性质及其供应情况确定采购方式。一般物品或劳务等的采购可以采用订单采购或合同订货等方式，小额零星物品或劳务等的采购可以采用直接购买等方式。企业应当对例外紧急需求、小额零星采购等特殊采购处理程序作出明确规定。

(2) 供应商的选择　企业应当建立供应商评价制度，由企业的采购部门、请购部门、生产部门、财会部门、仓储部门等相关部门共同对供应商进行评价，包括对所购商品的质量、价格、交货及时性、付款条件及供应商的资质、经营状况等进行综合评价，并根据评价结果对供应商进行调整。企业应当对紧急、小额零星采购的范围、供应商的选择作出明确规定。同一企业（或企业集团）下属的分支机构应当尽量避免多头对同一供应商。

(3) 采购价格的确定　企业应当成立由企业管理层，以及来自采购、请购、生产、财会、内审、法律等部门的负责人组成的采购价格委员会，明确采购价格形成机制。大宗商品或劳务采购等必须采用招投标方式确定采购价格，并明确招投标的范围、标准、实施程序和评标规则。其他商品或劳务的采购，应当根据市场行情制定最高采购限价，不得以高于采购限价的价格采购。企业应根据市场行情的变化适时调整最高采购限价。委托中介机构进行招投标的，应当加强对中介机构的监督。

2. 货物验收制度

货物验收制度的核心是保证所购货物符合预定的品名、数量和质量标准，明确保管部门和有关人员的经济责任。

企业应当根据规定的验收制度和经批准的订单、合同等采购文件，由独立于请购、采购和财会部门的验收部门或指定专人对所购物品的品种、规格、数量、质量和其他相关内容进行验收，出具检验报告、计量报告和验收证明。验收合格的货物入库后，仓库保管部门必须及时填写收货单一式数联，并分别传递给采购部门和财会部门。对验收过程中发现的异常情况，负责验收的部门或人员应当立即向有关部门报告，有关部门应当查明原因，及时处理。

四、付款控制

1. 单据审核

企业财会部门在办理付款业务时，应当对采购合同约定的付款条件以及采购发票、结算凭证、检验报告、计量报告和验收证明等相关凭证的真实性、完整性、合法性及合规性进行严格审核。

(1) 真实性审核 确定原始凭证是否虚假、是否存在伪造或者涂改等情况，核实原始凭证所反映的经济业务是否真实。

(2) 完整性审核 审核原始凭证的内容是否完整，手续是否齐备等。除内容审核外，还应对原始凭证的数量、单价、金额的计算有无错误，大写与小写金额是否相符等进行审核。

(3) 合法性审核 审核原始凭证所反映的经济业务事项是否符合国家有关法律、法规、政策和国家统一会计制度的规定等。

(4) 合规性审核 审核原始凭证是否符合有关规定，如是否符合预算，是否符合有关合同规定，是否符合有关审批权限合手续，有无违章乱纪、弄虚作假现象等。

2. 采购付款内部会计控制

① 实行付款凭单制。货款支付须经采购部门填制付款凭单，并经各有关部门及人员授权批准后方可执行。

② 企业应当建立预付账款和定金的授权批准制度，定期对预付账款和定金进行核对。企业应当加强对大额预付账款的监控，定期对其进行追踪核查。对预付账款的期限、占用款项的合理性、不可收回风险等进行综合判断；对有疑问的预付账款及时采取措施，尽量降低预付账款资金风险和形成损失的可能性。

③ 企业应当加强应付账款和应付票据的管理，由专人按照约定的付款日期、折扣条件等管理应付款项。企业应当定期与供应商核对应付账款、应付票据、预付账款等往来款项。如有不符，应当查明原因，及时处理。同时，设置独立于应付账款记录之外的人员负责对应付账款、应付票据、预付账款等往来款项的定期核对。

3. 退货管理制度

企业应当建立退货管理制度，对退货条件、退货手续、货物出库、退货货款回收作出明确规定，会计部门根据相关凭单调整应付账款或办理退货货款的回收手续。

第三节 采购与付款业务处理流程及内部控制制度设计示例

一、采购与付款业务处理流程设计示例

采购与付款业务处理流程包括采购计划订立与审批、询价与确定供应商、订立采购合同、验收入库、货款支付等。下面重点介绍其中采购计划的订立与审批、验货付款、付款及入账三个流程。

1. 采购计划的订立与审批流程（图 8-1）

2. 验货付款流程（图 8-2）

3. 付款及入账流程（图 8-3）

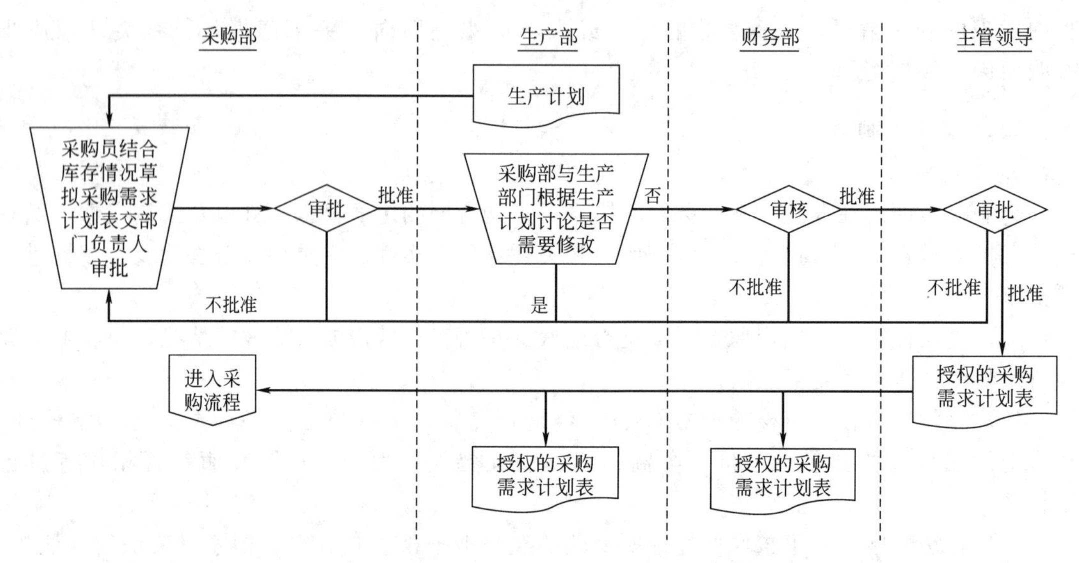

图 8-1　采购与付款业务处理流程——采购计划的订立与审批

流程说明　① 采购部根据各生产部门生产计划和物料库存情况，制作采购需求计划表。采购需求计划表应该包括采购的品种、数量、质量要求以及月度中采购的进度预算。同时在采购需求计划表中合理确定经济采购批量，以减少资金占用和库存压力。采购部负责人审核采购需求计划表，确保采购计划合规合法。

② 生产部与采购部讨论修改采购需求计划表，确保生产顺利进行。

③ 修改后的采购需求计划表交由财务部审核，调整资金需求与购货紧迫性之间的关系，确保公司的现金流量，保证公司资金有计划运作。

④ 财务部审核后的采购需求计划表最后需经主管领导审批。

⑤ 采购部按经最终批准的采购需求计划表采购，采购需求计划表副本交生产部、财务部留底备案。

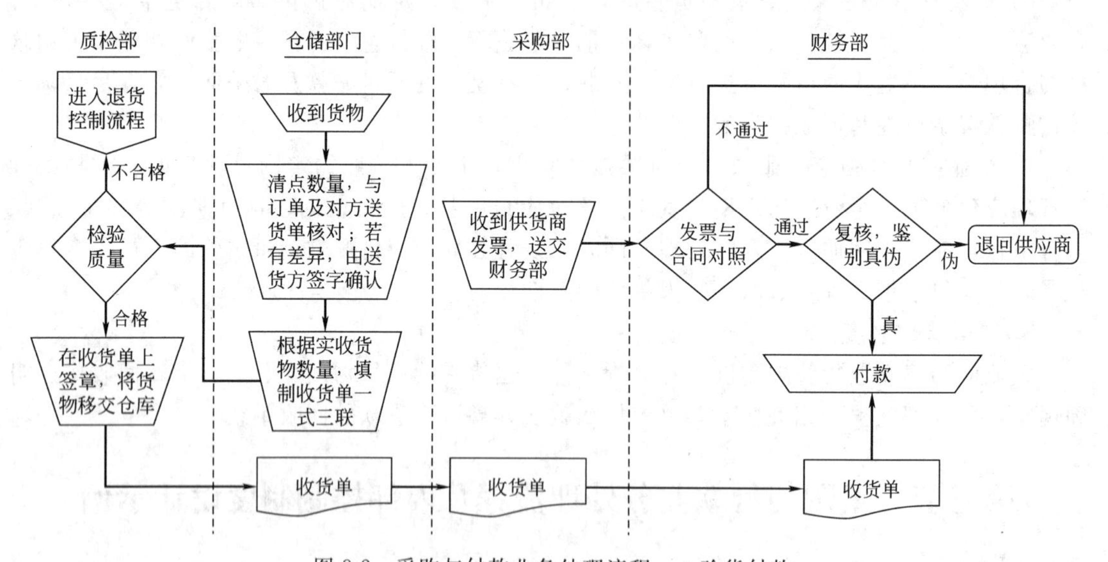

图 8-2　采购与付款业务处理流程——验货付款

流程说明：① 仓库收到供应商供货，清点数量，并与订单及对方送货单核对。若有差异，由送货方签字确认，若差异巨大，应及时与供应商取得联系。根据实收货物数量填制收货单，经手人签字后随物料移交质检部。收货单连续编号，连续使用。

② 质检部对物料进行质检，经手人将结果记录在收货单上并签字确认。对质检不合格物料，质检部门应提出退货或折让意见。质检合格物料随收货单移交仓库。

③ 采购员将经相关人员签字的收货单存档，副本送交财务部存档备案。采购员收到供应商发票后，移交财务部。

④ 财务部收到发票，须将发票金额、单价与采购基本合同、订单、收货单核对无误并鉴定发票真伪后进行相关账务处理，并根据采购基本合同付款。

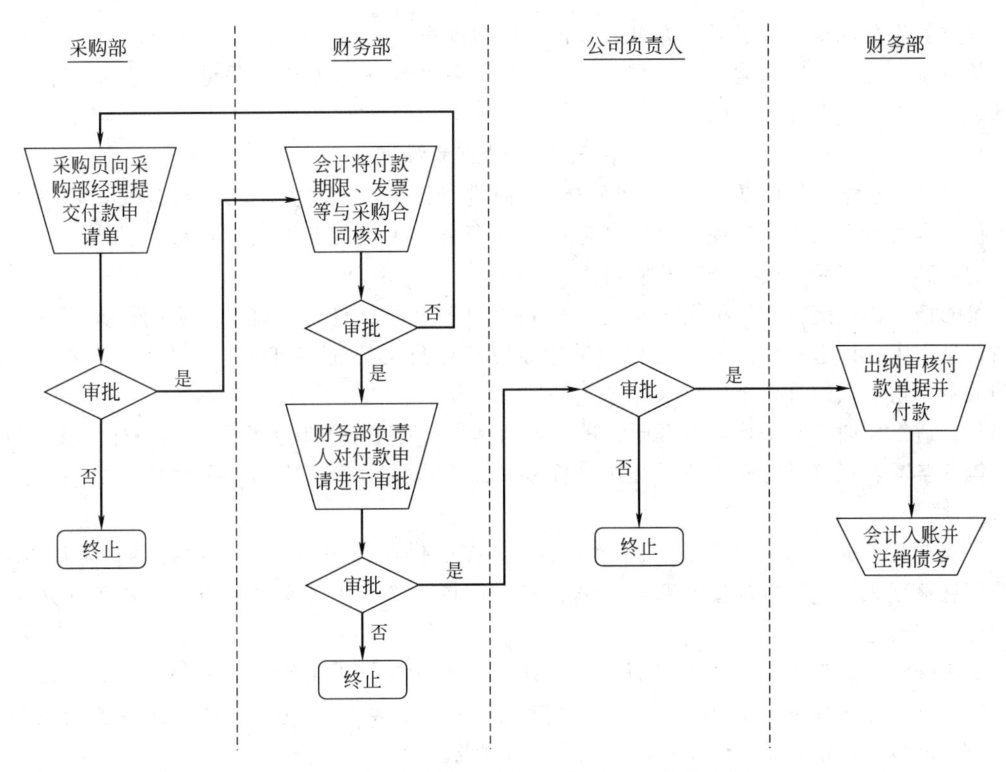

图 8-3 采购与付款业务处理流程——付款入账

流程说明：① 采购员填写付款申请单，列明付款单位、付款金额、付款方式等。将付款申请单交采购部经理审批。采购员将审批后的付款申请单转至财务部。

② 会计根据采购合同审核付款是否在信用期内、供应商发票取得情况等。将审核后的付款申请单交财务部负责人、公司负责人审批。

③ 出纳根据经审批的付款申请单付款，登记银行存款日记账。会计根据银行结算单据、付款申请单编制记账凭证并及时登记相关明细账与总账。

二、采购与付款内部控制制度设计示例

××公司采购与付款内部控制制度

第一章 总 则

第一条 为规范本公司的采购与付款业务，堵塞采购漏洞，加强内部管理，防范经营风险，依据《中华人民共和国会计法》、《内部会计控制基本规范》、《企业会计准则》等相关法律法规，结合本公司具体情况，制定本制度。

第二条 本制度所称采购是指本公司购进的用于生产经营或提供劳务消耗的各种物资（包括原材料、零配件、助材料、修理用备品备件、燃料等）的行为；付款是指支付与购进物资有关的款项的行为。

第二章 采购需求计划

第三条 年末或月末，计划员根据生产计划部门授权的生产计划，结合库存情况，编制采购需求计划表。生产计划变动，计划员应及时修订采购需求计划表。采购需求计划表应包括：采购物资的种类、规格、数量、质量要求、年度或月度中购入物资的进度预算。

第四条 采购部经理初步审核采购需求计划表，并与生产部门讨论修改。讨论修改后的采购需求计划表交财务总监审核，由其调整资金需求与购货紧迫性之间的关系。采购需求计划表

最后呈主管副总裁审批通过后，方可进入正式采购流程。

第五条 经授权的采购需求计划表一式四份，一份采购部自存，另外三份分别交供应链管理部、生产部门和财务部留底备案。

第三章 供应商管理

第六条 年末，供应链管理员对每家供应商进行评估考核，并将考核结果交由档案管理员录入供应商档案。供应链管理部档案管理员根据资料整理供应商档案，对每个供应商做简单介绍，记录其主要产品、交货情况及使用情况。

第七条 供应链管理员根据采购需求计划表，汇总原材料总类需求，协同档案管理员从供应商信息库中择优选择供应商。选择的供应商应符合公司的最大利益——保证生产质量、降低采购成本、物资抵达符合生产要求等。

与合适供应商签有采购基本合同，进入采购操作；若无采购基本合同，则进行价格谈判。

第八条 若现有供应商无法满足生产需要，或在淘汰对生产有影响的供应商之前，需开发新供应商。

供应链管理员通过网络寻找、招标等形式，接受供应商报名，广泛收集供应商基本资料。相关信息整理之后，供应链管理部内部进行初步审核，确定是否有合作空间，初步筛选至少三家被选供应商。

供应链管理员与每家备选供应商进行洽谈，要求其提供不少于五件样品。收到样品后，供应链管理员填写《样品请试单》，随同样品交质检部安排对样品进行验证，并要求质检部填写《验证报告单》，将相关验证信息反馈至供应链管理部。

若质检合格，供应链管理部申请小批量试用。若小批量使用合格，供应链管理员填写《供方名录申请增加表》，申请增加供应商资料到供应商档案。申请经供应链管理部经理批准后，供应链管理部组织质检、技术、生产、财务等部门对供应商现场进行考评，将各备选供应商资料以及相关检验记录、考评报告送交主管副总裁，由其确定合作对象，而后进行价格谈判。

第四章 合同的签订

第九条 价格分析员接收备选供应商的报价及成本核算明细表，进行价格核算，并与市场同类物资价格对比。对报价合理的供应商，由供应链管理部经理、供应链管理员、价格分析员、财务人员、组成价格谈判小组，负责与供应商进行价格谈判。谈判过程及结果，由价格分析员整理形成会谈记录，参与谈判人员会签。与各备选供应商谈定的价格报主管副总裁审批，由其敲定最终合作供应商，而后进行采购合同条款谈判。

第十条 公司与供应商签订的采购基本合同采用标准合同文本，合同内容包括采购的品种、价格、付款方式、付款比例、合同有效期等，需与供应商谈判确定的条款为付款方式及付款比例。所有采购合同必须交由法律专员进行审核。

第十一条 公司主要原材料及零配件采购基本合同由主管副总裁签订，其他采购基本合同由主管副总裁授权供应链管理部经理签订。

第十二条 采购基本合同连续编号，连续使用。签订的采购基本合同由供应链管理员妥善保管，并将合同副本交财务部留底备案。每月末，供应链管理员整理本月订立的采购基本合同，并编制合同明细表。

第五章 采购操作

第十三条 订单员根据审批通过的采购需求计划表，按进度预算向供应链管理部确定的供应商开具采购订单。订单上需填明采购品种、规格、数量、单价、总金额、交货期限。

第十四条 订单需经非填列人复核。第一道复核为采购部经理，第二道复核为主管副总裁。经复核无误后的订单方可发出。

第十五条 订单经审核无误，并由相关责任人签发后，订单员将订单发送给供应商签字确认。订单员将收到经供应商签字确认后的订单存档，并通知供应商发货。

第十六条 订单连续标号，连续使用。收回供应商确认订单后，采购部时刻关注供应商发货情况，确保生产。发现问题，及时处理。

第六章 验收与入库

第十七条 收到供应商发货后，仓库清点物资数量（或重量），与订单及对方送货单核对。如有差异，要求送货方签字确认，并及时与供应商沟通。

清点后，仓管员按实收数填写收料通知单，并将收料通知单随同物资交质检部检验质量。检验合格，质检部在收料通知单上签章，并将物资移交仓库。检验不合格，质检部签发不合格单据，并提出书面折让或退货意见，发回采购部。

收料通知单一式三份，经仓管员、质检部检验人签字后，一份由仓管员保管、一份交采购部保管、一份随同发票一起交财务部入账。

第十八条 质检部对供应商所供货物质检不合格的，应签发不合格单据，列明物资不合格原因，并提出退货或折让意见。物控部主管会同生产、技术、供应链管理部、采购部等部门人员联合讨论质检部提出的退货或者让意见，并形成最终的处理决定。

决定退货的，由采购部办理退货手续。采购部应填写退货通知单一式三份，一份由采购部留存，附于采购、验收单后归档，一份送财务部门，一份送供应商。

决定折让接收的，则由采购部与供应商商讨折让事宜。与供应商达成书面协议，并经主管副总裁审批，由相关部门按协议操作。

若某一供应商所供物资出现若干次退货，供应链管理部应提出终止于该供应商合作。

第七章 计划外采购

第十九条 生产部门主管填具计划外采购申请表，详细说明计划外采购需求的理由，呈主管副总裁审批。审批后的计划外采购申请表送交供应链管理部，副本交财务部留底备案。

第二十条 供应链管理部收到经批准的计划外采购申请表后，先在供应商信息库中寻找合格供应商。与合格供应商有采购基本合同的，立即通知采购部下订单采购；无采购基本合同，则进行紧急合同谈判。

价格谈判随同合同条款谈判一并由供应链管理部经理及相关人员负责，并由主管副总裁授权适当简化价格核算环节。合同由主管副总裁授权供应链管理部经理签订，合同副本送交财务部留底备案。

第二十一条 采购部收到确定的供应商资料后，进行紧急采购。由主管副总裁授权采购部经理对订单进行复核，复核无误后发出。采购部应在订单中注明所购物资须在×天之内运抵公司。

第八章 发票和应付款入账

第二十二条 采购部收到供应商发票后，将发票随同收料通知单移交财务部。财务部验明发票真伪后，将其与订单、采购基本合同、收料单核对单价、总金额。核对不一致的，由采购部说明情况并报财务总监批准，方可入账。

第二十三条 货物和发票账单已经收到，货款不支付的赊购业务，应按全部应付的价（包括对方代垫的包装费、运杂费）作为应付账款处理。

货物和账单已经收到，已支付部分货款的，以未付的价款作为应付账款处理。因货款未能全部支付而未取得发票账单等结算凭证的，应督促有关业务人员尽快索取结算凭证，并在取得结算凭证后作上述处理。

货物已到，发票未到、货款尚未支付的，平时一般不作账务处理，待收到结算凭证时，再根据付款情况进行处理，若月终尚未收到结算凭证，则应对已收到的货物按合同价款估价入账，由仓库保管员填制“估价入库单”，据以按估价列入“应付账款”，次月初再做相反分录冲回，以便在收到结算凭证后按正常程序核算。

第二十四条 采购员填写付款申请单，交由采购部负责人、财务部负责人和权限内相关公司领导审批，出纳人员根据经批准的付款申请单安排付款。

第二十五条 应付账款会计根据相关单据制作凭证，由应付账款主管复核无误后入账。“应付账款”科目要按不同的供应单位设置明细账，以便详细明了地反映各应付款项的发生的偿付情况。

第二十六条 加强对应付账款的管理工作，合理高度采购资金，及时办理货款结算。同时要经常进行应付账款的清查核对工作，应付账款会计每个季度至少与各供应商对账一次，核对出的未达账项必须逐项查明原因，做到账目清晰，记录准确，无重记、漏记、错记和串户现象。

思 考 题

1. 采购与付款内部控制设计的目标有哪些？
2. 简述采购与付款内部控制设计的基本要求。
3. 采购与付款业务的不相容岗位至少应当包括哪些内容？
4. 简述财务部在付款时应对相关单据进行哪些方面的复核？
5. 采购计划的订立、审批程序设计要点有哪些？
6. 材料验货付款流程设计的要点有哪些？

第九章　生产制造业务处理程序与核算方法设计

第一节　生产制造内部控制的目标与基本要求

案例导入

某企业从事电子产品的生产和销售，2007年1月公司董事长带领财务经理、销售总监参加某跨国企业在广州举办的产品招标会，公司财务经理根据董事长事先提供的资料要求公司成本会计主管进行了公司产品成本分析和测算，根据该预测和公司了解到的其他竞标者的信息，公司董事长对该投标有较大把握。果然，由于该企业成本优势较为明显，所以一举中标。2007年4月合同履行完毕，该企业董事长要求财务经理从项目现金净流入来分析该合同的现金利润情况，财务经理让资金会计主管和成本会计主管进行了计算，计算结果出乎财务经理的预料，计算结果竟然显示该合同公司亏本，后来经财务经理等人的调查，发现由于公司平时成本核算较为混乱，导致账面无法核算产品的真正实际成本，成本会计主管提供的成本测算结果远低于公司实际产品的成本。

生产制造业务是一种从货币资金到原材料、生产设备，再到加工中的在产品，最后形成库存商品的资金循环过程，其业务质量与耗费水平直接影响企业产品质量与成本。本案例中，由于成本核算的混乱，导致合同投标的盲目性，给公司造成了经济损失。由此可见，加强生产制造业务的内部控制制度设计和成本核算方法与业务程序的设计是企业正确核算产品成本、实施成本领先战略，增强竞争能力的关键环节。

一、生产制造内部控制的目标

① 保证各项成本费用的真实性。

② 保证各项成本费用开支的合理性。

③ 保证成本费用正确核算，及时提供真实、可靠的成本费用信息资料。

④ 加强成本费用管理，建立成本责任制，提高经济效益。

二、生产制造内部控制的基本要求

企业在建立和实施生产制造内部控制制度中，至少应当强化对以下关键方面或者关键环节的风险控制，并采取相应的控制措施。

① 权责分配和职责分工应当明确，机构设置和人员配备应当科学合理。

② 成本定额、生产计划编制的依据应当充分适当，成本事项和审批程序应当明确。

③ 成本预测、决策、预算、控制、核算、分析、考核的控制流程应当清晰，对成本核算、内部价格的制定和结算办法、责任会计及有关成本考核等应当有明确的规定。

第二节　生产制造内部控制规范

一、职责分工与授权批准

1. 不相容职务的分离

企业应当建立生产制造业务的岗位责任制，明确相关部门和岗位的职责权限，确保办理生产制造业务的不相容岗位相互分离、制约和监督。生产制造业务的不相容岗位至少应当包括：

① 生产计划、成本定额、成本预算的编制与审批；

② 成本支出与审批；

③ 成本支出与相关会计记录。

2. 授权审批制度

企业应当对成本开支建立严格的授权批准制度，明确审批人对成本开支的授权批准方式、权限、程序、责任和相关控制措施，规定经办人办理成本开支业务的职责范围和工作要求。审批人应当在授权范围内进行审批，不得超越审批权限。经办人应当在职责范围内，按照审批人的批准意见办理成本开支业务。

二、生产成本预测、决策与预算控制

1. 成本预测

企业应当根据本单位历史成本数据、同行业同类型企业的有关成本资料、料工费价格变动趋势、人力、物力的资源状况，以及产品销售情况等，运用本量利分析、投入产出分析、变动成本计算和定量、定性分析等专门方法，对未来企业成本支出水平及其发展趋势进行科学预测。成本预测的步骤包括：

① 根据企业的经营总目标提出初选的目标成本；

② 初步预测在当前生产经营条件下成本可能达到的水平；

③ 提出各种降低成本方案，对比、分析各种成本方案的经济效果。

2. 成本决策

企业对成本预测方案进行决策，应当对产品设计、生产工艺、生产组织、零部件自制或外购等环节，运用价值分析、生产工序、生产批量等方法，寻找降低成本的有效措施，选择成本最优方案并制定消耗定额。

3. 成本预算

企业应当根据成本预测决策形成的生产制造计划，建立成本预算制度。通过编制成本预算，将企业的成本支出目标具体化，加强对成本支出的控制管理。成本预算编制应由生产部门、销售部门、采购部门、仓储部门共同参与。成本预算编制程序、审批权限等按照预算管理的有关规定执行，相关内容在本书第十四章会作详细介绍。

三、生产成本执行过程控制

企业应当建立和健全材料物资的计量、验收、领发、盘存以及在产品的移动管理制度，明确与成本费用核算有关的原始记录及凭证的传递流程和管理制度等。

（1）生产成本业务授权控制　各车间和职能部门需要开支的各项费用在由专人填制有关凭证后，要经车间或部门负责人审查批准；对于超出限额或预算的费用开支由上级主管人员审批。

（2）生产成本业务真实性控制　仓库保管人员检查经过批准的领料单上领料数量是否超过限额、手续是否齐全后，在领料单上签章并据以发放材料；人事部门检查车间和其他职能部门转来的考勤、产量记录等原始记录后，签发由会计部门提供的工资结算单；会计部门检查各种以货币资金形式支付的各种综合性费用支出是否超过限额或预算、手续是否齐全后，办理货币资金结算。超过计划或预算的费用开支应检查是否经过适当的审批手续。

（3）稽核控制　稽核人员审核材料发出汇总表、工资结算汇总表、固定资产折旧计算表以及其他费用支出原始凭证；审核基本内容的完整性、处理手续的完备性、经济内容的合法性、计算内容的正确性；审核转账凭证基本内容的完整性、处理手续的完备性、所反映的费用归集内容和金额与原始凭证的一致性，并签字盖章以示稽核。

（4）账簿核对控制　生产成本明细账与生产成本总账定期核对发生额与余额。

四、生产成本核算控制

为保证生产成本业务会计核算资料准确可靠，在产品安全完整，生产成本业务合规、合法，生产成本计算准确，生产成本计算和成本报表及时编制，单位应根据生产成本业务特点以及经营管理对生产成本业务的要求，在生产成本核算业务过程中应采取以下控制措施。

① 企业应当根据本单位生产经营特点和管理要求，选择合理的成本核算方法。成本核算方法一般有品种法、分批法、分步法等。

② 编制费用汇总表和分配表。会计部门核算人员应根据审核后的领退料凭证、工资结算单以及其他有关费用的原始凭证，按照费用用途归类，划分应计入生产成本的费用，以及不应计入生产成本而归由其他项目负担的费用，并按成本项目编制各项费用汇总表和分配表。

③ 编制在产品盘存表。会计部门应会同生产部门月末清查盘点在产品，核实在产品数量，确定在产品完工程度，及时处理盘盈、盘亏及报废的在产品，编制在产品盘存表。

④ 编制生产成本计算单。会计部门成本核算人员应在规定的时间内，根据各项生产费用汇总表、分配表以及在产品盘存表，把已经发生应归入生产成本的生产费用，在各个期间、各种产品以及完工产品和在产品之间进行分配，计算出完工产品总成本和单位成本，并编制生产成本计算单。

⑤ 检查复核成本计算单。生产成本计算出来之后，会计部门主管人员应检查成本核算方法是否适当，分配方式和分配比率是否合理，核算程序是否合规，计算结果是否正确，对比已经计算出来的生产成本与计划成本或上期实际成本，检查是否存在差异。复核无误后，在生产成本计算单上签章以示复核。

⑥ 编制成本报表。会计部门主管会计根据复核的生产成本计算单，编制生产成本汇总表，填制有关记账凭证，及时结转生产成本，并根据生产成本计算单及有关科目余额编制成本报表。

⑦ 核对账簿。生产成本明细账主管会计与生产成本总账会计应定期核对生产成本明细账与产品成本总账发生额与余额。

五、生产成本分析与考核

（1）成本分析　企业应当建立成本分析制度，运用比较分析法、比率分析性、因素分析法、趋势分析法等方法开展生产成本分析，检查生产成本预算完成情况，分析产生差异的原因，寻求降低成本的途径和方法。建立生产成本内部报告制度，实时监控成本的支出情况，发现问题应及时上报有关部门。

（2）成本考核　企业应当设置成本费用责任中心，建立成本考核制度，制定内部结算价格和结算方法，对相应的成本责任主体进行考核和奖惩。通过成本考核促进各责任中心降低生产成本、提高成本管理水平。

第三节 产品成本核算制度的设计

产品成本的核算制度，通常是指一定期间的生产费用，按各种产品进行归集，并在产成品和在产品之间进行分配，以求得各种产成品总成本和单位成本的制度。产品成本核算制度的设计主要包括以下几个方面的内容。

一、成本计算对象的设计

计算产品成本，必须首先确定成本计算对象。成本计算对象是为计算产品成本而确定的归集分配生产费用的各个对象。确定成本计算对象是设置产品成本明细账、分配生产费用和计算产品成本的前提。成本计算对象的设计既要适应生产组织与生产工艺的特点，又要满足企业加强成本管理的要求。一般来说，不同生产类型特点的成本计算对象如表9-1所示。

表9-1 生产经营组织类型与成本计算对象

生产组织	生产工艺特点	成本计算对象
大量生产	连续加工	产品加工步骤(需计算自制半成品) 或产品品种(不需计算自制半成品)
	平行加工	产品品种
成批生产	连续加工	产品批别或产品加工步骤
	平行加工	产品批别
单件生产	平行加工	产品品种

二、成本项目的设计

为了具体地反映计入产品生产成本的生产费用的各种用途，还应进一步将其划分若干个项目，即成本项目。产品成本项目一般由下列构成。

（1）直接材料　包括在生产经营中直接用于产品生产或有助于产品形成的原材料、辅助材料、备品配件、外购半成品、燃料、动力、包装物以及其他直接材料。

（2）直接人工　包括直接从事产品生产人员的工资、奖金、津贴和补贴。

（3）制造费用　包括生产车间和辅助车间为组织和管理生产所发生的各项费用，如车间管理人员工资、车间房屋建筑物和机器设备的折旧费、租赁费、修理费、机物料消耗、水电费、办公费等。

在成本项目设计的时候应遵循以下原则。

① 将尽可能多的成本项目归入直接成本内，从而减少间接费用分配造成的误差。

② 重要性与恰当性结合。它一方面要求凡是在制造成本中占有较大比重的直接成本费用应以相应的成本项目单独列示，如企业发生的废品损失很多，应增设“废品损失”项目。如企业耗用的燃料和动力较多时，可增设“直接燃料和动力”成本项目等；另一方面要求成本项目的设置要恰当，分类不能过粗或者过细。

三、成本计算方法的设计

成本计算方法要根据成本计算对象、成本计算期和生产费用在完工产品与在产品之间分配的特点加以选择。常用的成本计算方法有下列三种。

（1）品种法　品种法是按照产品品种归集生产费用、计算产品成本的一种方法。其特点是以产品品种作为成本计算对象，设置成本计算单。如果只生产一种产品，本月所发生的一切生产费用都是直接费用，可以直接计入成本计算单中有关成本项目。如果生产的产品不止一种，则本月发生的各种产品直接费用直接记入各该成本计算单中有关成本项目；间接费用则要在各种产品之间进行分配后，再记入各该成本计算单中有关成本项目。月末，如果没有在产品或在产品很少时，就不需计算在产品成本。成本计算单归集的全部生产费用，就是各该产品的总成本。如果有在产品，而且数量较多，则需将成本计算单中归集的生产费用在完工产品和在产品之间分配，计算出完工产品总成本。各种产品总成本除以各该产品数量便得出各该产品单位成本。

品种法主要适用于大量大批的单步骤生产，如发电业、采掘业等企业。在大量大批多步骤生产中，如果企业规模较小、其成本管理工作上不要求计算分步骤成本资料时也可以采用，如小型水泥业、制砖业等企业。

（2）分批法　分批法是按产品的批别或订单归集生产费用、计算产品成本的一种方法。在单件、小批量生产企业中，有些产品是按订单组织生产的，所以，按批别计算成本又称订单法。分批法（订单法）的特点是成本计算对象是每批产品或每张订单，成本计算期与生产周期一致，通常是当每一批产品或每一张订单完工时，才计算成本，因此一般不计算批别或订单上未完工的在产品成本。

分批法主要适用于单件小批生产的企业，如船舶制造、重型机械制造等。此外，也适用于一般企业的新产品试制或试验、专项工程以及工业性修理作业等。

（3）分步法　分步法是按照产品品种和每种产品所经过的生产步骤归集生产费用、计算产品成本的一种方法。其特点是以每个生产步骤作为成本计算对象。如果企业只生产一种产品，则成本计算单按生产步骤设立，分别归集各加工步骤的生产费用；如果企业生产多种产品，产品成本计算单应按每一加工步骤的每一种产品开设。成本计算步骤的划分，可以同生产步骤的划分一致，也可以不一致，这要根据管理上的要求来决定。分步法按结转各步骤半成品成本时的不同方法，又可划分为逐步结转分步法和平行结转分步法。

逐步结转分步法的特点是各步骤的半成品成本，随着半成品实物的转移，顺序地从上一步骤的成本计算单中，转入下一步骤相同产品成本计算单中，从而逐步地计算出各步骤的半成品成本和最后一个步骤的产成品成本。并且，半成品成本随其实物转移而逐步结转。这种方法广泛适用于大量大批连续或复杂生产的企业，如钢铁业、棉纺业等。

平行结转分步法的特点是各步骤的生产费用不随着半成品实物的转移而结转，各步骤只核算本步骤发生的原材料和加工费用，月末时，各步骤计算出本步骤发生的生产费用中应计入产成品成本的“份额”，由会计部门将各步骤结转的相同产品成本的“份额”平行地汇总起来，求得产成品成本。这种方法主要适用于多步骤装配式生产的企业，如机械制造业等。

企业可以根据自己的生产特点和生产工艺，以及企业成本管理的需要科学合理地选用，有时需要多种成本核算方法交叉通用。另外，成本核算方法应当前后保持一致。

四、生产费用分配标准的设计

1. 生产费用分配标准的原则

生产制造业务过程发生的生产费用，有的可以直接计入产品成本计算对象，有的则需要按照一定的分配标准间接计入产品成本计算对象。如何确定科学、合理的生产费用分配标准来分配间接费用，就是生产费用分配标准设计应解决的问题，也是正确计算产品成本的必要条件。为了使设计出的生产费用分配标准科学、合理，在设计生产费用分配标准时应遵循以下原则。

① 待分配生产费用与分配标准之间要具有客观直接的相互依存关系。

② 作为分配标准的因素必须是数据资料易于取得、易于计量的。

③ 分配标准的选择要有利于成本控制和成本考核，有利于企业加强成本责任管理。

④ 生产费用分配标准一经确定，应保持一定时期的相对稳定。

2. 生产费用分配方法与分配标准

生产费用分配的基本方法是比率法，即待分配的生产费用除以各分配对象的分配标准之和，计算出分配率，然后再用各分配对象的分配标准乘以分配率，就可计算确定各分配对象应分配的间接计入费用。其基本的计算公式是：

分配率＝分配对象÷各种产品分配标准总数

某种产品应分配数额＝该种产品分配标准数×分配率

常用的几种生产分配标准如下。

① 材料费用的分配。间接计入产品成本的各项材料费用，可以按产品的产量、定额消耗量、定额费用、重量和体积比例等确定分配标准。

② 燃料费用的分配。它可以根据产品的重量、体积、所耗原材料的数量、所耗原材料费用、燃料定额消耗量或费用比例等确定分配标准。

③ 动力费用的分配。一般按照产品的生产工时、机器工时或定额工时比例等确定分配标准。

④ 工资及职工福利费的分配。一般按照产品的生产工时或定额工时比例等确定分配标准。

⑤ 其他制造费用的分配。一般按照产品的生产工时、机器工时、定额工时、生产工人工资比例或年度计划分配率等确定分配标准。

⑥ 辅助生产费用的分配。一般按直接分配法、交互分配法、顺序分配法、代数分配法或计划价格分配法等确定分配标准。

五、完工产品和在产品成本划分标准设计

生产费用经过归集分配后，成本计算单就集中反映了某种产品的全部成本。如果某种产品在计算期内已完工，它反映的就是完工产品成本；如果该产品在计算期内尚未全部完工（有在产品），则反映的该产品成本还需在完工产品和在产品之间进行划分。其划分方法如下。

1. 不计算在产品成本

不计算在产品成本适用于以下两种情况：①期末当在产品数量较少时；②期末在产品数量虽然较多，但前后各期比较稳定，视同其可以相互抵消。

2. 计算在产品成本

当以上条件不具备时，就需要计算在产品成本，用某种产品的全部成本剔除在产品成本后的余额即为完工产品成本。计算在产品成本的常用方法如下。

（1）约当产量比例法　其计算公式为：

$$\text{在产品约当产量}=\text{在产品数量}\times\text{完工百分比}$$

$$\text{分配率}=\frac{\text{期初在产品成本}+\text{本期发生费用}}{\text{完工产品数量}+\text{在产品约当产量}}$$

在产品负担的成本＝在产品约当产量×分配率

（2）定额比例法　其计算公式为：

$$分配率=\frac{期初在产品实际消耗量+本期实际消耗量}{完工产品定额消耗量+期末在产品定额消耗量}$$

在产品实际消耗量＝期末在产品定额消耗量×分配率

在产品实际成本＝在产品实际消耗量×材料单价（或工资率或费用率）

（3）定额成本法　其计算公式为：

各项定额材料成本＝在产品数量×单位消耗定额×计划单价

定额工资成本＝在产品数量×工时定额×每小时平均工资

各项定额费用成本＝在产品数量×工时定额×每小时计划费用

在产品定额成本＝各项定额材料成本＋定额工资成本＋各项定额费用成本

第四节　标准成本核算方法的设计

一、标准成本概念的选择

标准成本是指经过仔细调查分析和运用技术测定等科学方法制定的在有效经营条件下应该实现的成本，是根据产品的耗费标准和耗费的标准价格预先计算的一种目标成本。企业采用的标准成本有多种，按照制定标准成本所依据的生产技术和经营水平分类，分为理想标准成本、正常标准成本和现实标准成本。标准成本计算法一般采用现实标准成本概念。

二、标准成本核算方法的设计

标准成本计算法是指以预先制定的标准成本为基础，用标准成本与实际成本进行比较核算和分析成本差异的一种产品成本计算方法，也是加强成本控制、评价经济业绩的一种成本控制方法。它是一种将成本计算和成本控制相结合的会计管理制度，其主要任务是为企业的成本管理提供信息。标准成本法的核心是按标准成本记录和反映产品成本的形成过程和结果，并利用成本差异分析实现对成本的控制。其基本设计程序如下。

第一步，按照成本项目制定出各种产品的标准成本。

第二步，依据产品的标准成本进行产品成本核算，其中“在产品”（即“生产成本”）“库存商品”和“自制半成品”账户的借贷方，都按标准成本登录。

第三步，分成本项目计算产品实际成本与标准成本的各种成本差异，并设立对应的成本差异账户进行归集，以便用来控制和考核产品成本。在各个成本差异账户中，借方登记超支差异，贷方登记节约差异。

第四步，每月末根据各成本差异账户的借贷方余额编制成本差异汇总表，将各种成本差异余额转入“主营业务成本”或“本年利润”账户，计入当月损益。

第五步，分析各种成本差异，找出产生差异的原因，确定成本责任，进行成本考核。

三、标准成本核算方法设计的内容

标准成本核算法设计的主要内容包括标准成本的制定、成本差异的计算、成本差异的账务处理和成本差异的分析。其中，标准成本的制定是采用标准成本法的前提和关键，据此可以达到成本事前控制的目的；成本差异计算和分析是标准成本法的重点，借此可以促成成本控制目标的实现，并据以进行经济责任的考评。

1. 标准成本的制定

标准成本的制定一般由直接材料、直接人工和制造费用三部分构成。

（1）直接材料标准成本的制定　直接材料标准成本按两项标准确定：直接材料用量标准和直接材料标准价格。直接材料用量标准亦即材料消耗定额，是指单位产品必须耗用的各种直接材料的数额。直接材料用量标准通常应根据企业的产品设计、生产工艺状况，并结合企业的经营管理水平，考虑降低材料消耗的可能等条件制定，所以该标准的制定最好由产品设计部门及相关管理人员负责。材料价格因受诸多因素的影响，其标准的确定相对较难。通常，直接材料标准价格应能反映目前市价及未来市场的变动情况，考虑最有利的采购条件，如经济采购批量、最经济的运输等，而且应在征询采购部门的意见后制定。在此基础上，直接材料标准成本可确定如下：

直接材料标准成本＝直接材料用量标准×直接材料标准价格

（2）直接人工标准成本的制定　直接人工标准成本由两项标准确定：直接人工用量标准和直接人工标准价格。直接人工用量标准即工时用量标准、工时标准或工时定额。工时既可以是指直接人工生产工时，也可以是机器工时。工时标准的制定比较困难，通常应由相关工程、技术部门在工时研究的基础上，以努力工作为前提，适当考虑正常的工作间隙而制定。

直接人工标准价格即工资率，通常可由劳动工资部门根据用工情况制定。在不同工资制度下，标准工资率有不同表现形式：采用计件工资时，标准工资率就是标准计件工资单价。采用计时工资制时，标准工资率就是单位工时标准工资率，其计算公式为：

单位工时标准工资率＝标准工资总额÷标准总工时

在此基础上，直接人工标准成本可确定如下：

直接人工标准成本＝工时标准×标准工资率

（3）制造费用标准成本的制定　制造费用标准成本由制造费用用量标准和制造费用标准价格两个因素决定。制造费用用量标准即工时用时标准，其含义与直接人工用量标准相同。制造费用标准价格即标准费用分配率。其计算公式为：

标准费用分配率＝标准制造费用总额÷标准总工时

在此基础上，制造费用标准成本可确定如下：

制造费用标准成本＝工时标准×标准费用分配率

由于成本按其性态可以分为变动成本和固定成本。前者随着产量变动而变动，后者相对固定不随产量变动而变动。因此，制造费用也分为变动制造费用和固定制造费用两类，其标准成本的制定也应在此基础上进行。

（4）标准成本卡　为了便于计算和列示产品的标准成本，通常应为每一种产品设立一张标准成本卡，按成本项目、用量标准和标准价格，计算汇总每种产品的单位标准成本。

2. 标准成本差异分析

成本差异是指实际成本与标准成本之间的差额。计算和分析成本差异的目的在于明确差异的程度，找出差异发生的原因，并决定采取纠正差异的措施，及时改进，提高效率，确定差异责任的归属。

在标准成本计算法下，发生的成本差异是指实际成本脱离标准成本的差额。成本差异按照成本项目分类，可以分为直接材料成本差异、直接人工成本差异和制造费用成本差异等。这些差异还可以按照差异发生的原因，例如，用量差异（量差）和价格差异（价差）等进行划分。

（1）直接材料成本差异的分析　直接材料成本差异是指直接材料实际成本与其标准成本的差异，它由直接材料用量差异和直接材料价格差异两部分组成。直接材料用量差异是指由于直接材料实际用量与其标准用量的差异而导致的直接材料成本差异，直接材料价格差异是指由于直接材料实际价格与其标准价格的差异而导致的直接材料成本差异。其分析公式为：

直接材料成本差异＝直接材料实际成本－直接材料标准成本

直接材料用量差异＝(材料实际用量－材料标准用量)×材料标准价格

直接材料价格差异＝(材料实际价格－材料标准价格)×材料实际用量

直接材料用量差异的形成原因是多方面的，有生产部门的原因，也有非生产部门的原因。但总体来说，用量差异产生的原因主要有：产品设计变更，用料标准未随之配合调整；制造方法或程序变更，用料标准未随之配合调整；所用机器或工具变更；材料品质低劣，或规格不合；材料本身产量的变动；溢领材料，未予退库；操作工人的责任心强弱、技术技艺状况、废品废料率的高低、设备工艺状况等，是材料用量差异的主要原因；材料质量状况、材料规格的适应程度等，也会导致材料用量差异。正因如此，材料用量差异的责任需要通过具体分析方能明确，但其主要责任部门往往是生产部门。

材料价格差异是直接材料成本差异中不应由生产部门负责的成本差异。计算和分析材料价格差异，可以区分部门责任。材料价格差异的形成原因较为复杂，有主观原因，也有客观原因。如材料数量不按标准采购量办理；达最低采购量时没有及时购补，导致以紧急方式采购；采购时舍近求远，运费较贵，运输途中损耗增加；使用不必要的快速运输，增加运费；折扣期限内，未及时付款，丧失优惠；市场价格的变动；供货厂商的变动；运输方式及其路线的变动；采购批量的变动等，都可能导致材料的价格差异。由于它与采购部门的工作情况关系更密切，所以其主要责任部门是采购部门。

（2）直接人工成本差异的分析

直接人工成本差异包括直接人工效率差异和工资率差异。直接人工的效率差异即直接人工的用量差异，因为在既定产量下人工使用的多少反映着效率的高低；工资率差异即直接人工的价格差异，人工的价格表现为小时工资率。其计算公式为：

直接人工成本差异＝直接人工实际成本－直接人工标准成本

直接人工效率差异＝(实际人工工时－标准人工工时)×标准工资率

直接人工工资率差异＝(实际工资率－标准工资率)×实际人工工时

直接人工效率差异的形成原因也是多方面的，如：任用工人不当，工人工作调动频繁，工人对公司政策或领班措施不满，材料品质低劣，工人经验不足，工人技术状况、工作环境和设备条件的好坏等，都会影响效率的高低，但其主要责任部门还在生产部门。直接人工工资率差异的形成原因也较复杂，工资计算方法变更，工人类别或工资率与所作工作不配合，季节性生产或紧急性生产，工资制度的变动、工人的升降级、加班或临时工的增减等，都将导致工资率差异。一般而言，这种差异的责任不在生产部门，劳动人事部门更应对其承担责任。

（3）变动制造费用成本差异的分析　变动制造费用成本差异由效率差异和耗费差异两部分组成。变动制造费用效率差异即变动制造费用的用量差异，它是因实际耗用工时脱离标准而导致的成本差异；变动制造费用耗费差异即变动制造费用的价格差异，它是因变动制造费用或工时的实际耗费脱离标准而导致的成本差异，也称变动制造费用分配率差异。其计算公式为：

变动制造费用成本差异＝变动制造费用实际成本－变动制造费用标准成本

变动制造费用效率差异＝(实际工时－标准工时)×变动制造费用标准分配率

变动制造费用耗费差异＝(变动制造费用实际分配率－变动制造费用标准分配率)×实际工时

上述公式中的工时既可以是人工工时，也可以是机器工时，这取决于变动制造费用的分配方法；公式中的标准工时是指实际产量下的标准总工时。

变动制造费用效率差异的形成原因与直接人工效率差异的形成原因基本相同。变动制造费用耗费差异是变动制造费用开支额或工时耗费发生变动的情况下出现的成本差异，其责任往往在于发生费用的部门。

(4) 固定制造费用成本差异的分析　固定制造费用成本差异是实际固定制造费用与实际产量标准固定制造费用的差异。其计算公式为：

固定制造费用成本差异＝实际固定制造费用－实际产量标准固定制造费用

＝实际固定制造费用－实际产量×工时标准×标准费用分配率

＝实际固定制造费用－实际产量标准工时×标准费用分配率

从上述公式可以看出，固定制造费用成本差异是在实际产量的基础上算出的。由于固定制造费用相对固定，一般不受产量影响，因此，产量变动会对单位产品成本中的固定制造费用发生影响。产量增加时，单位产品应负担的固定制造费用会减少；产量减少时，单位产品应负担的固定制造费用会增加。这就是说，实际产量与设计生产能力规定的产量或计划产量的差异会对产品应负担的固定制造费用产生影响。也正因为如此，固定制造费用成本差异的分析方法与其他费用成本差异的分析方法才有所不同。成本差异的分析方法通常有两差异分析法和三差异分析法两种分析方法。

两差异分析法将固定制造费用成本差异分为耗费差异和能量差异两种成本差异。固定制造费用耗费差异是指实际固定制造费用与计划（也称预算）固定制造费用之间的差异。计划固定制造费用是按计划产量和工时标准、标准费用分配率预先确定的固定制造费用；固定制造费用能量差异是指由于设计或计划的生产能力利用程度的差异而导致的成本差异，也就是实际产量标准工时脱离设计或计划产量标准工时而产生的成本差异。其计算公式为：

固定制造费用耗费差异＝实际固定制造费用－计划固定制造费用

＝实际固定制造费用－计划产量×工时标准×标准费用分配率

＝实际固定制造费用－计划产量标准工时×标准费用分配率

固定制造费用能量差异＝(计划产量标准工时－实际产量标准工时)×标准费用分配率

制造费用能量差异产生的原因有订货减少、生产能量过剩、停工待料或修理机器、工人不足等方面。制造费用耗费差异产生的原因与人工效率差异产生的原因相同。

从上述计算公式可见，两差异分析法没有反映和分析生产效率对固定制造费用成本差异的影响。计算能量差异时，使用的都是标准工时，它说明的是按标准工时反映的生产能力利用情况。如果实际产量标准工时和计划产量标准工时一致，则能量差异为零。但是，实际产量的实际工时可能与其标准工时存在差异，而生产能力的实际利用情况更取决于实际工时而非标准工时。实际工时与标准工时之间的差异，属于效率高低的问题。因此，固定制造费用成本差异分析更多地采用三差异分析法。

三差异分析法将固定制造费用的成本差异区分为耗费差异、能力差异和效率差异三种成本差异。其中，耗费差异与两差异分析法相同，其计算公式仍为：

固定制造费用耗费差异＝实际固定制造费用－计划产量×工时标准×标准费用分配率

能力差异是指实际产量实际工时脱离计划产量标准工时而引起的生产能力利用程度差异而导致的成本差异。其计算公式为：

固定制造费用能力差异＝(计划产量标准工时－实际产量实际工时)×标准费用分配率

效率差异是指因生产效率差异导致的实际工时脱离标准工时而产生的成本差异。其计算公式如下：

固定制造费用效率差异＝(实际产量实际工时－实际产量标准工时)×标准费用分配率

三差异分析法的能力差异与效率差异之和，等于两差异分析法的能量差异。采用三差异分析法，能够更好地说明生产能力利用程度和生产效率高低所导致的成本差异情况，并且便于分清责任。能力差异的责任一般在于管理部门，而效率差异的责任则往往在于生产部门。

第五节　生产成本核算制度示例

企业基本情况

××集团有限公司是一家集专业开发制造及外贸出口于一身的初具规模的集团公司，其核心支柱产业为户外休闲家具，最具市场竞争力的产品有户外家具、太阳伞和帐篷三大门类，型号规格近两千种。集团公司到 2005 年完成工业产值 10 亿元人民币，实现出口创汇 1.2 亿美元，利润 5500 万元。无论从产品开发、生产到销售与出口诸方面，均已跻身国内同行业的前列，已成为中国户外休闲家具知名生产研发基地。

生产工艺流程

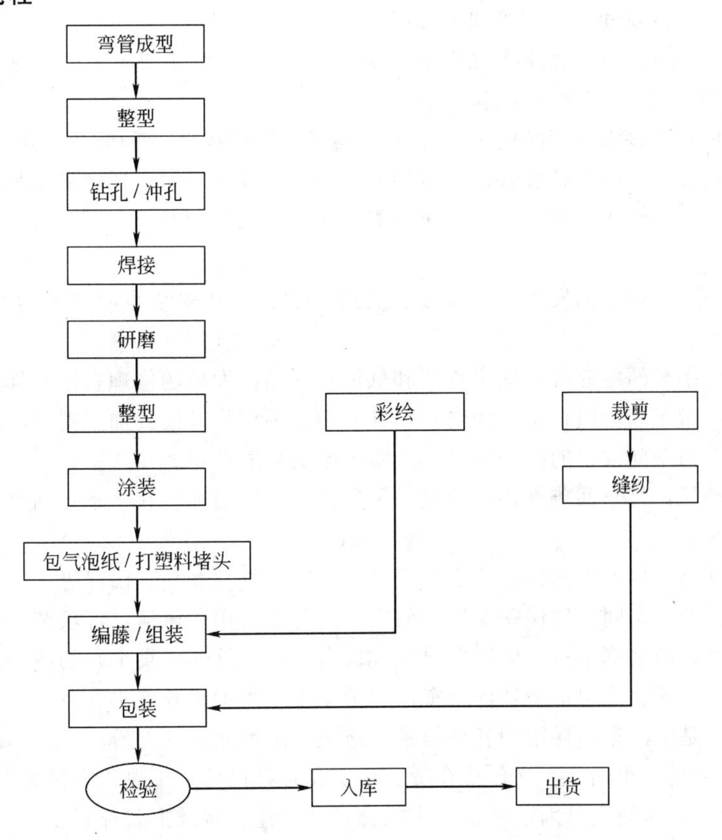

××集团有限公司成本核算办法

第一章 总 则

第一条 为规范公司成本核算工作，强化成本核算管理，提高成本核算的准确性和及时性，真实、准确地反映公司的资产及经营成果状况，根据财政部颁布的《企业会计准则》及集团公司财务管理制度，特制定本规定。本制度涉及的会计分录均以不考虑相关税费为前提。

第二条 本规定适用于集团公司各所属子公司的生产性企业。

第三条 本规定的执行必须报经集团公司董事会批准，不得随意变更，如需变更，应报经公司董事会批准，并将变更的原因及其对成本费用和经营结果状况的影响情况，在当期的会计报告中加以说明。

第四条 集团公司实行集中统一管理，各子公司均按本规定操作，不再单独制定其他成本核算制度。

第二章 成本核算项目范围、分类及科目设置

第五条 为生产商品和提供劳务而发生的直接材料、直接工资、外购半成品及外加工费和制造费用计入制造成本。

1. 直接材料：指企业在生产产品和提供劳务过程中所消耗的，直接用于产品生产，构成产品实体的原料及主要材料、包装物、外购半成品以及有助于产品形成的辅助材料。

2. 直接人工：指在生产产品和提供劳务过程中，直接参加产品生产的工人工资。

3. 燃料动力：指生产过程中消耗的电费及领用的油料。

4. 外购半成品及外加工费：外购半成品是指由外协单位负责购买原材料并加工，本单位购买后直接可以投入生产的产品；外加工费是指由本公司提供原材料，由外协单位协作加工，加工好后只结算人工工资及间接费用等加工费用。

5. 制造费用：指企业为组织和管理生产所发生的由产品制造成本负担，不能直接计入各产品成本的各项费用。主要包括明细项目如下。

（1）工资：指除直接参加产品生产之外的，从事车间组织生产和管理，不能按制造令直接计入产品的人员工资、奖金及各种补贴，包括：生产部经理、车间主任、班组长、车间统计、物料收发员（交接员）与小工、清洁工、车间检修人员、调模员（模具开发人员）、搬运工等人员按月结算的工资。

（2）事故损失：是指车间发生工伤事故、交通事故、生产安全事故等导致公司直接或间接的经济损失。

（3）修理费：指车间维修各类固定资产和低值易耗品所发生的修理费用及修理用备件。

（4）模具费：指车间为组织生产而购买、开发的各种模具及模具加工费用。

（5）办公费：指车间发生的办公用品、纸张、印刷品等费用。

（6）机物料消耗：指车间非直接用于产品、劳务的一般消耗材料，不包括修理费用、劳动保护用品等。

（7）低值易耗品：生产车间耗用的通用工具、生产用具、器具、仪器等。

（8）劳动保护费：车间为确保安全生产而发生的各项费用。包括：各项劳动保护措施费、劳动保护装置维护费、防暑降温费、服装费、保健饮食品（含外购矿泉水）的费用、劳动保护用品和劳动保护宣传费用等。不包括增加固定资产的劳动安全防护措施支出。

（9）保洁费：是生产车间耗用的各种扫帚、拖把、洗手液、洗衣粉。

（10）保险费：指为车间资产（包括存货、厂房及各种设备）投保所支付的保险费。

（11）差旅费：指车间人员因公外出发生的交通费、住宿费及出差补贴。

（12）业务招待费：是指车间为组织生产与管理招待客人而发生的餐费、娱乐费、烟酒、茶叶、住宿费等费用。

（13）折旧费：指车间使用的各类固定资产（包括：房屋建筑物、机器设备、运输设备、电子设备、办公设备及其他设备）按规定标准提取的折旧费。

（14）租赁费：指为生产经营场所租入的厂房以及车间从外部租入各种固定资产和工器具而支付的租金。

（15）运杂费：车间内部运输所发生的费用和运输部门为车间提供的劳务费用。

（16）通信费：车间人员办公需要发生的电话费及按规定享受手机费报销金额。

（17）汽车费用：是指企业为车间职工上下班而发生的交通车辆费用，主要指车辆的汽油费、养路费、保险费、修理费用等。

（18）水电费：是指车间管理部门由于消耗水、电和照明用材料等而支付的非直接生产费用。

（19）试验检验费：指不能直接计入为鉴定某种产品质量而发生的产品的试验费、原材料、成品及半成品的检验费用、理化试验、质量监控等费用。

（20）季节性修理期间的停工损失。

（21）其他：指不属于以上项目的其他应计入制造费用的支出。

6. 研发支出：企业进行研究与开发无形资产过程中发生的各项支出通过“研发支出”科目核算。本科目按照研究开发项目，分别“费用化支出”与“资本化支出”进行明细核算。三级科目与制造费用明细科目基本相似。期末，应将本科目归集的费用化支出金额转入“管理费用——研发支出”科目，如期末借方有余额，反映企业正在进行的研究开发项目中满足资本化条件的支出。

第六条　下列各项支出不得计入制造成本。

1. 资本性支出，即购置和建造固定资产和其他资产的支出。
2. 对外投资的支出。
3. 无形资产受让开发支出。
4. 违法经营罚款和被没收财产损失。
5. 税收滞纳金、罚金、罚款。
6. 灾害事故损失赔偿。
7. 各种捐赠支出。
8. 各种赞助支出。
9. 分配给投资者的利润。
10. 国家规定不得列入成本的其他支出。

第七条　生产费用的归集科目包括“生产成本”、“自制半成品”和“制造费用”三个一级科目。

1. 各子公司的“生产成本”一级科目下按车间设立二级明细科目，根据所生产产品的类别情况设立三级子目，最后根据成本费用的归集对象设立四级子目（包括：直接材料、直接人工、外购半成品和外加工费及制造费用）。

2. “自制半成品”的二级科目按车间设立，三级子目按产品的类别设立，四级子目根据部件名称、规格设立。

注：外购半成品不通过本科目核算，而是直接通过“原材料”科目，领用时直接归集到“生产成本——外购半成品及外加工费”科目。

3. “制造费用”的二级科目设立按照“生产成本”子目设立的原则。对于一些不能清楚根据分厂、车间进行具体归集的费用，可以将二级科目再设一个“公共费用”子目，“公共费用”子目下的各级明细科目也按费用归集对象设立。

第三章 成本核算项目的归集与分配

第八条 生产费用归集与分配的原则。

1. 生产费用按产品的制造令（或生产任务书）进行归集与分配。

2. 凡能直接计入的费用均应直接计入。

3. 不能直接计入各车间、各产品类别及各制造令的费用，按完工产品的直接材料加上直接人工的总额作为基数进行分配。

4. 分配标准一经确定，不得随意变动。

第九条 材料费用的归集与分配。

1. 所有物料出库时，必须先办理物料领用手续，各车间与仓库之间所有物资的流转手续通过材料出库单（包括材料补领出库单、材料物资退库单）进行。

2. 所有构成产品实体归入“生产成本——直接材料”科目的材料领用，必须严格按照制造令核定的消耗量实行限额领料制度。对于超过限额的材料领用，应另行填制补领手续，并在单中说明理由，经生产副总审批后才能领料。

3. 对相应制造令领用的材料生产后出现余料（指没有经过任何生产工序加工的材料），若后继其他制造令或产品生产用不到该种材料的，必须把实物退回仓库并编制材料出库冲红单；如果其他制造令或产品的生产要用到该种材料的，可以采用“假退料”的办法，即材料实物不动，只是对原制造令领用的材料填制一份材料出库冲红单，然后根据该种材料用到哪个制造令上再补办材料出库单。

4. 月底各相应仓库保管员根据材料出库单、材料物资退库单据汇总填制材料发出汇总表，成本会计分阶段按材料领用的所属部门、产品类别及制造令情况进行归集。

5. 材料领用归集的对应科目，应根据领用部门的性质及物料用途区分。直接构成产品实体的各种原材辅料、包装物、外购半成品、外协件等直接计入“生产成本——直接材料”科目；车间非直接用于产品的消耗材料、工器具、仪具、劳动保护用品、修理用备件等及生产管理部门领用的物料计入“制造费用”相应明细科目；业务部门领用的物料计入“销售费用”科目；研发部门研究阶段领用的所有物料计入“研发支出——费用化支出”科目；行政管理部门领用的物料计入“管理费用”科目；出售外单位的物料，月底结转成本列入“其他业务支出”科目。会计分录如下：

借：生产成本——××××车间——××××类产品——直接材料

　　制造费用——××××车间——××××

　　销售费用——××××

　　研发支出——费用化支出——××××

　　管理费用——××××

　　其他业务支出

　　贷：原材料——××××

6. 包装车间领用的彩贴、条形码、产品说明书、无纺布、泡沫等，列入“生产成本——直接材料”科目进行归集核算。

7. 对于外单位从本公司领走物料，本公司又从该外单位领回不同品种或不同规格、不同价格的物料，不能对二者的结算金额进行直接冲减。而应视同销售开具增值税发票给对方，同时也要求对方单位开具增值税发票给本公司。委托外单位加工由公司提供物料，外加工单位只结算人工费的发出材料除外。

第十条 工资的归集与分配。

1. 工资是指直接支付给本单位全部职工的全部劳动报酬，按国家有关规定列入工资的：计时工资、计件工资、奖金、津贴和补贴、加班加点工资及其他特殊情况支付的工资。各项工资性支出都应按照根据手续完备的原始凭证进行核算和归集。

2. 按照公司规定的工资制度、考勤制度、工序计件单价、工资标准和工资等级，依据有关的考勤表、交接单、工资汇总表等，正确计算应付工资和实发工资。要求各车间准确计算本车间实际应发工资和实际发放工资，未发放部分由财务部计入“应付职工薪酬——工资”科目作为车间未发完部分工资。

3. 每月应付职工的全部工资和车间实际发生的福利费金额，按部门、车间进行归集与分配。会计分录如下：

借：生产成本——××××车间——××××类产品——直接人工
　　制造费用——××××车间——工资
　　销售费用——工资
　　管理费用——工资
　　研发支出——费用化支出——工资
　　贷：应付职工薪酬——工资

4. 应该由生产人员负担领用的各种机物料款直接从结算工资总额中扣回，月末财务在账务处理时冲减“生产成本——××××车间——×××类产品——直接人工”，不得冲减“制造费用——工资”。

第十一条　外购半成品及外加工费归集与分配。

1. 外购半成品（外购件）：由外协作单位负责购买原材料并加工，公司按照原材料的形式（包括料、工、费）购买后直接可以投入生产，不直接对外销售。

2. 外加工费（外协件）：由公司购买原材料并发给协作加工方，外协单位协作加工后发回公司，只结算人工费及其他间接费用。

3. 外购半成品业务发生：

（1）购入半成品时，其会计分录如下：

借：原材料——××××
　　贷：应付账款——××××（或现金、银行存款等）

（2）车间生产领用时：

借：生产成本——××××车间——××××产品——外购半成品及外加工费
　　研发支出——费用化支出——外购半成品及外加工费
　　贷：原材料——××××

4. 委托外单位加工部件结算外加工费时，会计分录：

借：生产成本——××××车间——××××产品——外购半成品及外加工费
　　研发支出——费用化支出——外购半成品及外加工费
　　贷：应付账款——××××单位

第十二条　自制半成品归集与分配。

1. 下一车间领用自制半成品时，须通过中转仓根据生产的制造令及产品类别办理半成品出库手续。

2. 自制半成品业务发生：

（1）自制半成品加工完后入库时：

借：自制半成品——××××车间——××××类产品——××××部件
　　贷：生产成本——××××车间——××××类产品——直接材料

生产成本——××××车间——××××类产品——直接人工

生产成本——××××车间——××××类产品——外购半成品及外加工费

生产成本——××××车间——制造费用

注：第二阶段的自制半成品子目不需再按部件设立子目。

(2) 车间继续生产领用时：

借：生产成本——××××厂——××××类产品——直接材料

贷：自制半成品——××××厂——××××类产品——××××部件

第十三条 低值易耗品的摊销。

1. 低值易耗品是指单位价值和使用年限在规定限额以下的物品，包括：生产车间耗用的通用工具、生产用具、器具、仪器等。

2. 低值易耗品的摊销采用一次摊销法，即在领用时，将其全部价值一次计入当期成本、费用。报废时，报废的残料价值冲减有关的成本、费用。

3. 根据领用使用部门性质不同进行归集。会计分录如下：

借：制造费用——××××车间——低值易耗品

销售费用——低值易耗品

管理费用——低值易耗品

研发支出——费用化支出——低值易耗品

贷：周转材料——低值易耗品——×××

第十四条 固定资产的折旧费。

固定资产的折旧费根据确定的折旧年限和残值率，采用平均年限法按月提取，分类计入各有关科目，净残值率确定为5%。固定资产的折旧年限严格按有关政策执行，不能随意调整。

第十五条 制造费用。

1. 制造费用按照生产车间和规定的费用项目进行汇集。

2. 应由某车间单独负担的制造费用，应直接归入该车间。不能明确按所属核算部门进行归集的费用，应根据各生产单位当月生产销售产值比例进行分配计入相应的科目。

3. 每月制造费用在自制半成品与完工产品之间进行分摊，月末无余额。

第四章 成本核算的计价

第十六条 材料（外购半成品）价格的构成。

1. 外购材料的采购成本，包括购买价款、相关税费。另外，公司采购材料的运输费基本上都由供应商负责，一些零星发生的运输费、装卸费、保险费以及其他可归属于存货采购成本的费用，发生的金额较小，对存货的结算基本上没什么影响，在发生时将其归入“制造费用”核算。

2. 委托加工材料的成本，包括加工中耗用材料的实际成本、委托加工费用以及材料的往返外地运杂费用等支出。

3. 自制半成品（自制材料）的成本，指在生产制造过程中所耗用的材料金额、直接人工工资和制造费用三部分组成。

第十七条 材料的计价方法。

为了真实地反映和监督材料资金的增减变动情况，正确地核算产品成本，材料的价格采用实际成本计价法。

1. 材料采购入库，本月供应商发票到的，按发票上记载的单价进行结算；本月发票没到的，以采购合同约定的价格进行估算。

2. 材料发出时，平时材料出库单只填数量不填价格，采用加权平均法进行核算。

发出材料价格=(以前结存存货实际成本+本批收入存货实际成本)/(以前结存存货数量+本批收入存货数量)。

3. 盘盈材料的价格，以月末库存平均价作为计价依据，若月末没有同类产品库存的，应以最新材料采购价扣税后计价。

第十八条 人工工资的定价。

1. 计件工资标准，各工种或各道工序的计件单价确定必须合理，制定的计件单价应予以公布，公布的计件单价，企业不得随意更改。平时根据考勤表、交接单及计件单价全额结算工资。其他班组长、行政人员、搬运工等实行计时人员的工资另行核定，不能包含在计件单价中反映。

2. 计时工资标准，各实行按年薪、按月、按日或按小时进行结算工资，须事前结合各人员职务、工作性质及国家有关工资标准确定工资计算依据，并根据考勤表及工资计算依据结算工资。

第十九条 月末在产品的定价。

1. 由生管中心（或生产部）根据各部件、产品的材料构成及工序进行成本核算，在产品成本只包括材料成本与直接人工成本。在产品结存金额中不包括制造费用。

2. 在产品材料成本，成本核算员要对每道工序、每个部件的组成材料都要清晰，不得以大致对某部件称重毛估核算，必须根据制造令核定的材料单耗量及当前最新采购价格进行计算。

某部件在产品材料成本=∑(组成该部件材料单耗量×当月材料发出价格)。

3. 在产品人工成本，根据每个部件所完成的工序情况，以制定的计件单价累计核算。本道工序（或本车间）之前的人工工资全额计算，本道工序（或本车间）的人工工资按半结算。

$$\text{某部件在产品人工成本}=\sum[\text{上一工序(或上一车间)止计件工价}]+\frac{1}{2}\text{本道工序(或本车间)的人工工资}$$

第五章 成本核算的方法

第二十条 产品成本核算程序。

1. 对生产过程中发生的生产费用，按产品部件名称、制造令（或生产任务书）和成本项目分别归集，对直接构成产品成本的材料及生产工人的直接工资进行直接计入，制造费用按一定的分配标准在自制半成品与完工产品之间分配，在产品不负担制造费用的分摊。

2. 根据期末在产品盘点数量的定额成本与人工工资计算在产品成本。

3. 计算生产环节半成品及完工产品的制造成本。

第二十一条 成本计算方法。

成本核算以各分厂或子公司为生产单位，结合产品类别，根据不同生产环节情况，分阶段采取不同成本归集对象进行分步骤核算。主要分三个阶段。

第一阶段

1. 在喷涂之前生产的部件，在成本核算时考虑到生产过程中出现材料领用串单现象严重，为了准确、及时地做好成本核算工作，采用按产品部件作为成本核算归集对象。生管或物流中心在此道环节设置中转仓库，即所有在前几道工序加工完成的部件在流转到喷涂车间之前，必须先办理半成品入库手续。财务在核算成本时，在此环节设置“自制半成品——××××车间——××××类产品——涂装件”科目，并按产品部件名称附数量明细。

2. 车缝车间生产的布品在投入组装或包装车间之前，须设置布品中转仓，此仓库归属生管或物流中心，后道工序领用时办理半成品出库单手续。财务在核算成本时，在此环节设置“自制半成品——××××车间——××××类产品——布品”科目，并按产品部件名称附数量明细。

3. 直接材料：各车间在生产领用材料时，仓库严格按制造令上核定的材料耗用数量发放，即实行限额发料，产品部件名称分别领用，仓管员根据不同制造令及所生产组成的产品部件名称进行分单填开“材料出库单”，材料成本归集根据不同产品部件按实际消耗情况进行归集。每天各车间统计对各种物料（按组成产品部件的性质填写）的领、用、存编制生产日报表，月末根据各车间生产日报表情况汇总编制月报表提供财务，并对在产品实际结存情况进行抽盘（或全面实盘）。若发现实盘数与日报表结存数有差异的，要查找原因，落实责任。

产品部件是组成产品的一部分，由若干加工、装配或焊接在一起的材料所组成。在产品生产过程中，这些材料先被加工、装配或焊接成某一部件，然后才进入总组装或包装。有些部件（称为分部件）在进入组装或包装之前还先与另外的部件和材料装配成更大的部件。

4. 半成品材料成本核算。

（1）本月在产品材料结存金额＝Σ(各材料结存数量×该材料当月出库单价)[或Σ(组成某结存部件材料数量×该材料当月出库单价)]；

（2）本月某部件实际领用材料金额＝Σ(组成某部件材料出库数量×该材料当月出库单价)；

（3）本月某部件半成品材料实际成本＝月初在产品材料结存金额＋本月某部件领用材料金额－月末在产品材料结存金额；

（4）本月某部件半成品材料单位成本＝本月某完工半成品部件材料实际成本÷本月某完工入库半成品部件数量。

5. 直接人工成本核算。

（1）单个部件人工工资＝Σ(该部件完成本阶段各工序计件单价)；

（2）本月某部件的半成品人工工资成本＝该部件半成品完成入库数量×该单个部件人工工资。

6. 制造费用核算：按实际发生的直接材料和直接人工之和比例法进行分摊。

（1）月公共制造费用分配比率＝月公共制造费用总额/Σ(公共费用服务的所有生产单位生产年度预算销售产值)。

（2）各生产单位应分担的公共制造费用金额＝该生产单位生产年度预算销售产值×公共制造费用分配比率。

（3）各生产单位应负担制造费用总额＝直接归入该生产单位制造费用金额＋该生产单位应分担的公共制造费用金额。

（4）各生产单位制造费用分配率＝各生产单位应负担制造费用总额/(该生产单位完工产品实际耗用直接材料成本＋实际发生直接人工成本)。

（5）某制造令分摊的制造费用＝(某制造令实际耗用直接材料成本＋实际发生直接人工成本)×各生产单位制造费用分配率。

第二阶段与第三阶段的制造费用分配也按照此办法进行。

7. 外购半成品及外加工费核算：按照“直接材料”的成本计算方法进行。

第二阶段

1. 从喷涂领用部件到组装车间流转作为第二阶段，此阶段各车间或班组在领用中转仓的部件或材料仓库的材料时，必须根据制造令进行一一对应领用，生产环节时也应按制造令一一对应生产，不能发生串单现象。如因特殊情况确实要串单的，必须在第一时间内上报生管中心并通知物流中心办理假退料手续，再根据生产实际用到的制造令重新补开一份材料（半成品）出库单。包括在此过程中领用的塑粉、塑料件、五金件、滕条、包装件、印刷品等，都须严格按照此规定操作。组装车间将一产品组装完成交付包装车间之前，物流中心在此再设置一个中转仓，相应办理半成品出入库手续。财务在成本核算时再设置“自制半成品——××××车间——

××××类产品——组装件”科目。

2. 直接材料：各车间在本环节领用部件或其他材料时，主要按不同制造令分开领用，仓管员根据不同制造令情况分单填开“材料（半成品）出库单”，材料成本归集根据不同制造令号按实际消耗情况进行归集。每天各车间统计对各种物料按不同制造令填写领、用、存编制生产日报表，月末根据各车间生产日报表情况汇总编制月报表提供财务，月末对在产品实际结存情况进行抽盘（或全面实盘）。

3. 半成品材料成本核算：

（1）本月某制造令在产品材料(或部件)结存金额＝∑[该制造令材料(或部件)结存数量×该材料(或部件)当月出库单价]。

（2）本月某制造令实际领用材料(或部件)金额＝∑[该制造令材料(或部件)出库数量×该材料(或部件)当月出库单价]。

（3）本月某制造令完工产品部件材料实际成本＝月初该制造令在产品材料(或部件)结存金额＋本月该制造令实际领用材料(或部件)金额－月末该制造令在产品材料(或部件)结存金额。

（4）本月某制造令完工半成品部件材料单位成本＝本月该制造令完工半成品部件材料实际成本÷本月该制造令完工入库半成品部件数量。

4. 直接人工成本核算：参照第一阶段人工成本核算方法。

第三阶段

1. 包装车间领用部件进行包装到产品完工验收合格送交成品部，此阶段是产品的最终定型完工，即各生产环节全部加工完成，所生产的产品符合合同规定的要求并可以对外发货或直接销售，产品出运时须办理成品出库手续。财务在成本核算时设置“库存商品”科目。

2. 直接材料成本核算：包装车间在本环节生产领料时，主要按制造令分别领用，各仓库的仓管员根据不同制造令情况分单填开“材料（半成品）出库单”，材料成本归集根据不同制造令号按实际消耗情况进行归集。每天包装车间统计对各种物料按不同制造令填写领、用、存编制生产日报表，月末根据包装车间生产日报表情况汇总编制月报表提供财务，月末对在产品实际结存情况进行抽盘（或全面实盘）。

3. 产成品材料成本核算：

（1）本月某制造令在产品材料结存金额＝∑[该制造令材料(或部件)结存数量×该材料(或部件)月末出库单价]。

（2）本月某制造令实际领用材料(或部件)金额＝∑[该制造令材料(或部件)出库数量×该材料(或部件)月末出库单价]。

（3）本月某制造令完工产品材料实际成本＝月初该制造令在产品材料结存金额＋本月该制造令实际领用材料(或部件)金额－月末该制造令在产品材料结存金额。

（4）本月某制造令完工产品材料单位成本＝本月该制造令完工产品材料实际成本÷本月该制造令完工入库产品数量。

4. 直接人工成本核算：按某制造令完工产品的数量、核定的人工工资及制定的计件单价进行归集核算。月末财务按实际工资结算总额先计提工资进入成本。

（1）本月所有产品发生的直接人工成本总额＝∑(本月各车间按计件结算的直接人工工资)。

（2）本月某制造令完工产品发生的直接人工成本＝本月该制造令完工产品数量×∑(各工序制定的计件单价)。

（3）月末未转留存的人工工资金额＝月初留存的人工工资金额＋本月所有产品发生的直接人工成本总额－∑(所有制造令完工产品发生的直接人工成本)。

5. 外购半成品及外加工费核算：按照“直接材料”的成本计算方法进行。

第二十二条 自制完工产品成本核算。

1. 某制造令自制完工产品成本＝该制造令归集的实际耗用直接材料成本＋发生直接人工工资成本＋分摊制造费用＋外购半成品及外加工费。

2. 某制造令自制完工产品单位成本＝该制造令自制完工产品成本/该制造令完工产品数量。

第二十三条 发出产品销售成本结转。

1. 发出产品结转销售成本时，以制造令作为成本结转对象。

2. 发出产品销售成本＝∑[某制造令自制完工产品单位成本(或外购成品单价)×发出产品数量]。

第六章 附 则

第二十四条 本暂行规定自200×年×月×日起执行。

第二十五条 本暂行规定解释权归属集团财务部。

第二十六条 会计报表格式见附件。如报表格式有变动将另行通知。

思考题

1. 生产制造业务内部控制设计的目标有哪些？
2. 生产制造业务内部控制设计的基本要求有哪些？
3. 简述生产成本核算业务过程中应采取的控制措施。
4. 成本计算方法有哪几种？谈谈各种方法适用于哪种产品类型。
5. 生产费用分配的基本方法是什么？如何选择生产费用分配标准？
6. 标准成本核算法设计的主要内容包括哪些？它们之间存在什么关系？

第十章　销售与收款业务处理程序与核算方法设计

第一节　销售与收款内部控制的目标与基本要求

案例导入

据2003年5月20日的《新民晚报》报道，2003年4月初，上海一家电脑公司，在正常的营销业务中接到一笔生意，一家自称上海××科贸有限公司要购买他们所经销的电脑产品，并要求星期五下午送货上门，以支票的形式付款。然而就在一切交易手续办理完毕后不久，却发生了意想不到的事情。三天后，该电脑公司接到银行通知，支票为空头支票。价值45800元的6台电脑就这样被骗走了。报警后警方展开了缜密的侦察，最终将诈骗团伙抓获。原来这个诈骗团伙自2002年以来流窜于上海各个区，共作案10余起。每次行骗前，不法分子先化名找到房子后哄骗房东，先付少量定金，几天后再签合同付房租。然后以打扫卫生和搬家具为名，从房东手中骗得钥匙。随后，不法分子就开始用假身份证联系客户。根据广告，他们找到电脑公司，由对IT行业较为熟悉的同伙与电脑公司销售人员进行接触，同电脑公司利用传真签订购销合同，然后要求电脑公司先发货，货到后给支票。电脑一旦到手以后，他们便逃之夭夭。

销售是指企业出售商品或提供劳务的业务（本章所称销售主要是指企业销售商品），它是企业生产经营过程的必要环节。本案例中的电脑公司之所以受骗，主要是在销售环节没有建立完善的内部控制制度，对于赊销业务企业应该制定授权批准制度，如果赊销前对××科贸有限公司进行信用调查和评价，就能最大限度降低坏账风险，防止合同诈骗。虽然本案中涉及的货物金额较小，但简化程序的后果就是出现不必要的损失。可见加强销售与收款内部控制与业务处理程序的设计对于规范销售与收款业务活动，全面、系统记录与核算销售过程，监督与控制商品的发出与货款的收回都起到了重要作用。

一、销售与收款内部控制的目标

① 保证营业收入的真实性、完整性、合理性。

② 保证产品价格的合理性。

③ 保证现金折扣、销售折让与退回的合理处理与揭示。

④ 保证应收账款记录的真实性和可回收性。

二、销售与收款内部控制的基本要求

企业在建立和实施销售与收款内部控制制度中，至少应当强化对以下关键方面或者关键环节的风险控制，并采取相应的控制措施。

① 职责分工、权限范围和审批程序应当明确，机构设置和人员配备应当科学合理。

② 销售与发货控制流程应当科学严密，销售政策和信用管理应当科学合理，对客户的

信用考察应当全面充分，销售合同的签订、审批程序和发货程序应当明确。

③ 销售收入的确认条件、销售成本的结转方法、应收账款的催收管理、往来款项的定期核对、坏账准备的计提依据、坏账核销的审批程序、销售退回的条件与验收程序、与销售有关的凭证记录的管理要求等应当明确。

第二节　销售与收款内部控制规范

一、职责分工与授权批准

1. 不相容职务的分离

企业应当建立销售与收款业务的岗位责任制，明确相关部门和岗位的职责权限，确保办理销售与收款业务的不相容岗位相互分离、制约和监督。销售与收款业务的不相容岗位至少应当包括：

① 客户信用调查评估与销售合同的审批签订；

② 销售合同的审批、签订与办理发货；

③ 销售货款的确认、回收与相关会计记录；

④ 销售退回货品的验收、处置与相关会计记录；

⑤ 销售业务经办与发票开具、管理；

⑥ 坏账准备的计提与审批、坏账的核销与审批。

2. 信用管理制度

有条件的企业可以设立专门的信用管理部门或岗位，负责制定企业信用政策，监督各部门信用政策执行情况。信用管理岗位与销售业务岗位应当分设。

信用政策应当明确规定定期（或至少每年）对客户资信情况进行评估，并就不同的客户明确信用额度、回款期限、折扣标准、失信情况等应采取的应对措施等。

企业应当合理采用科学的信用管理技术，不断收集、健全客户信用资料，建立客户信用档案或者数据库。

3. 授权审批制度

企业应当建立销售与收款业务授权制度和审核批准制度，并按照规定的权限和程序办理销售与收款业务。

4. 岗位轮换制度

企业应当根据具体情况对办理销售业务的人员进行岗位轮换或者调整，防范销售人员将企业客户资源变为个人私属资源从事舞弊活动，损害企业利益的风险。

二、销售与发货控制

1. 预算管理制度

销售预算是全面预算的起点，一般由销售部门编制。企业对销售业务应当建立严格的预算管理制度，对销售收入、成本、毛利等进行预测；制定销售目标；建立销售管理责任制，将销售预算和销售目标加以细化分解，落实到每个销售区域、每个销售员、每个月。同时制定销售人员的绩效评价标准以及有效的激励方法与手段。

2. 销售定价控制制度

企业应当建立销售定价控制制度，以目标市场消费者预期价值为基础同时考虑其他影响定价因素而形成价目表，制定折扣政策、收款政策，定期审阅并严格执行。保证产品售价的合理性、折扣政策的适度性、应收款项回收的及时性。

3. 客户信用分析及赊销业务管理制度

① 企业在选择客户时，应当充分了解和考虑客户的信誉、财务状况等有关情况，防范账款不能回收的风险。选择客户的关键是对客户进行信用分析，建立客户信用资料卡，针对不同客户的信用状况，采取不同的信用标准。

② 企业应当加强对赊销业务的管理。赊销业务应当遵循规定的销售政策、信用政策及程序。对符合赊销条件的客户，经审批人批准后方可办理赊销业务；超出销售政策和信用政策规定的赊销业务应当进行集体决策审批。批准赊销的依据是客户的信用等级，在批准赊销后，还应具体确定赊销额度、赊销期限等，并进行客户信用控制。

4. 销售合同控制

销售合同控制，包括销售谈判、合同审批和合同订立三个方面的内容。

（1）销售谈判　企业在销售合同订立前，应当指定专门人员就销售价格、信用政策、发货及收款方式等具体事项与客户进行谈判。对谈判中涉及的重要事项，应当有完整的书面记录。

（2）合同审批　企业应当建立健全销售合同审批制度，明确说明具体的审批程序及所涉及的部门人员，并根据企业的实际情况明确界定不同合同金额审批的具体权限分配等（即权限分配表）。审批人员应当对销售合同草案中提出的销售价格、信用政策、发货及收款方式等严格审查并建立客户信息档案。金额重大的销售合同，应当征询法律顾问或专家的意见。有条件的企业，可以指定内部审计机构等对销售合同草案进行初审。

（3）合同订立　销售合同草案经审批同意后，企业应当授权有关人员与客户签订正式销售合同。签订合同应当符合《中华人民共和国合同法》的规定。销售合同应当明确与销售商品相联系的所有权和风险与报酬的转移时点。

5. 组织销售、组织发货、销售退回以及销售记录

（1）组织销售　企业销售部门应当按照经批准的销售合同编制销售计划，向发货部门下达销售通知单，同时编制销售发票通知单，并经审批后下达给财会部门，由财会部门或经授权的有关部门在开具销售发票前对客户信用情况及实际出库记录凭证进行审查无误后，根据销售发票通知单向客户开出销售发票。编制销售发票通知单的人员与开具销售发票的人员应当相互分离。

（2）组织发货　企业发货部门应当对销售发货单据进行审核，严格按照销售通知单所列的发货品种和规格、发货数量、发货时间、发货方式组织发货，并建立货物出库、发运等环节的岗位责任制，确保货物的安全发运。

（3）销售退回　企业的销售退回必须经销售主管审批后方可执行。销售退回的货物应当由质检部门检验和仓储部门清点后方可入库。质检部门应当对客户退回的货物进行检验并出具检验证明；仓储部门应当在清点货物、注明退回货物的品种和数量后填制退货接收报告；财会部门应当对检验证明、退货接收报告以及退货方出具的退货凭证等进行审核后办理相应的退款事宜，并增加对退货原因进行分析的自我评估控制。

（4）销售记录　企业应当在销售与发货各环节设置相关的记录、填制相应的凭证，建立完整的销售登记制度，并加强销售订单、销售合同、销售计划、销售通知单、发货凭证、运货凭证、销售发票等文件和凭证的相互核对工作。

三、收款控制

1. 收入的确认

企业会计准则规定，销售商品的收入只有同时符合以下五项条件时，才能加以确认：

① 企业已将商品所有权上的主要风险和报酬转移给购货方；

② 企业既没有保留通常与所有权相联系的继续管理权，也没有对已售出的商品实施有效控制；

③ 收入的金额能够可靠地计量；

④ 相关的经济利益很可能流入企业；

⑤ 相关的已发生或将发生的成本能够可靠地计量。

2. 应收账款的记录

设置应收账款总账和明细账进行核算。应收账款总账和明细账应由不同的人员根据各种原始凭证（销售发票、发货凭证）、记账凭证或汇总记账凭证分别登记。

企业应当按客户设置应收账款台账，及时登记并评估每一客户应收账款余额增减变动情况和信用额度使用情况。企业应当定期与往来客户通过函证等方式，核对应收账款、应收票据、预收账款等往来款项。如有不符，应当查明原因，及时处理。

3. 应收账款账龄分析

一般来说，信用期过后拖欠时间越长，出现坏账的可能性越大。企业应定期揭示客户应收账款的账龄、逾期及催收情况，同时对应收账款有总体的账龄分析。通过账龄分析，可以明确催收工作的重点以及应计提坏账准备。

4. 应收账款的催收

销售部门应当负责应收账款的催收，催收记录（包括往来函电）要妥善保存，财会部门应当督促销售部门加紧催收。对催收无效的逾期应收账款可通过法律程序予以解决。

企业应严格区分并明确收款责任，建立科学、合理的清收奖励制度以及责任追究和处罚制度，以有利于及时清理催收欠款，保证企业营运资产的周转效率。

5. 应收账款坏账准备

企业对于可能成为坏账的应收账款，应当按照国家统一的会计制度规定计提坏账准备，并按照权限范围和审批程序进行审批。对确定发生的各项坏账，应当查明原因，明确责任，并在履行规定的审批程序后做出会计处理。

企业核销的坏账应当进行备查登记，做到账销案存。已核销的坏账又收回时应当及时入账，防止形成账外款。

四、监督与检查

企业应当定期抽查、核对销售业务记录、销售收款会计记录、商品出库记录和库存商品实物记录，及时发现并处理销售与收款中存在的问题。同时，还应定期对库存商品进行盘点。

第三节　销售与收款业务核算方法设计

一、商品销售收入的账务处理

1. 通常情况下销售商品收入的处理

对符合确认条件确认本期实现的主营业务收入，应按实际收到或应收的价款，进行如下账务处理。

借：银行存款（或应收账款等）

贷：主营业务收入

应交税费－应交增值税－(销项税额)

2. 销售商品涉及现金折扣、商业折扣、销售折让的处理

（1）现金折扣 是指债权人为鼓励债务人在规定的期限内付款而向债务人提供的债务扣除。企业销售商品涉及现金折扣的，现金折扣在实际发生时计入财务费用。

（2）商业折扣 是指企业为促进商品销售而在商品标价上给予的扣除。企业销售商品涉及商业折扣的，应当按照扣除商业折扣后的金额确商品收入金额。

（3）销售折让 是指企业因售出商品的质量不合格等原因而在售价上的减让。对于销售折让，企业应分别不同情况进行处理：①已确认收入商品发生销售折让的，通常应当在发生时冲减当期销售商品收入；②已入的销售折让属于资产负债表日后事项的，应当按照有关资产负债表日的相关规定进行处理。

3. 销售退回的处理

销售退回是指企业售出的商品，由于质量、品种不符合要求等原因而发生的退货。销售退回应当分别情况处理。

① 对于未确认收入的售出商品发生销售退回的，企业应按已记入“发出商品”科目的商品成本金额，借记“库存商品”科目，贷记“发出商品”科目。采用计划成本或售价核算的，应按计划成本或售价记入“库存商品”科目，同时计算产品成本差异或商品进销差价。

② 对于已确认收入的售出商品发生退回的，企业应在发生时冲减当期销售商品收入，同时冲减当期销售商品成本。如该项销售退回已发生现金折扣的，应同时调整相关财务费用的金额；如该项销售退回允许扣减增值税额的，应同时调整“应交税费——应交增值税（销项税额)”科目的相应金额。

③ 已确认收入的售出商品发生的销售退回属于资产负债表日后事项的，应当按照有关资产负债表日后事项的相关规定进行会计处理。

4. 代销商品销售的处理

（1）视同买断方式 它是指由委托方和受托方签订协议，委托方按协议价收取所代销商品的货款，实际售价可由受托方自定，实际售价与协议价之间的差额归受托方所有的销售方式。在这种代销方式下，委托方在交付商品时不确认收入，受托方也不作为购进商品处理。受托方将商品销售后，应按实际售价确认为销售收入，并向委托方开具代销清单。委托方收到代销清单时，再确认收入。

（2）收取手续费方式 它是指受托方根据所代销的商品数量向委托方收取手续费的销售方式。在这种代销方式下，委托方应在受托方将商品销售后，并向委托方开具代销清单时，确认收入；受托方在商品销售后，按应收取的手续费确认收入。

5. 预收款销售商品的处理

预收款销售商品，是指购买方在商品尚未收到前按合同或协议约定分期付款，销售方在收到最后一笔款项时才交货的销售方式。在这种方式下，销售方直到收到最后一笔款项才将商品交付购货方，表明商品所有权上的主要风险和报酬只有在收到最后一笔款项时才转移给购货方，企通常应在发出商品时确认收入，在此之前预收的货款应确认为负债。

6. 分期收款销售商品的处理

分期收款发出商品，即商品已经交付，货款分期收回（通常为超过3年）。如果延期收取的货款具有融资性质，其实质是企业向购货方提供免息的信贷时，企业应当按照应收的合同或协议价款的公允价值确定收入金额。应收的合同或协议价款的公允价值，通常应当按照其未来现金流量现值或商品现销价格计算确定。应收的合同或协议价款与其公允价值之间的差额，应当在合同或协议期间内，按照应收款项的摊余成本和实际利率计算确定的金额进行摊销，冲减财务费用。

7. 附有销售退回条件的商品销售

在该销售方式下，购买方依照有关协议有权退货。在这种销售方式下，如果企业能够按照以往的经验对退货的可能性作出合理估计的，应在发出商品时确认收入，销售当月末确认估计可能发生退货的部分；如果企业不能合理地确定退货的可能性，则在售出商品的退货期满时确认收入。

8. 售后回购的处理

售后回购，是指销售商品的同时，销售方同意日后再将同样或类似的商品购回的销售方式。在这种方式下，销售方应根据合同或协议条款判断销售商品是否满足收入确认条件。通常情况下，售后回购交易属于融资交易，商品所有权上的主要风险和报酬没有转移，收到的款项应确认为负债；回购价格大于原售价的差额，企业应在回购期间按期计提利息，计入财务费用。有确凿证据表明售后回购交易满足销售商品收入确认条件的，销售的商品按售价确认收入，回购的商品作为购买商品处理。

二、商品销售成本的结转

1. 数量进价金额核算法下商品销售成本的结转

这是以实物数量和进价金额两种计量单位，反映商品进、销、存情况的一种方法。“库存商品”的总分类账和明细分类账统一按进价记账。总分类账反映库存商品进价总值，明细分类账反映各种商品的实物数量和进价金额。“库存商品”明细账按商品的编号、品名、规格、等级分户，按商品收、付、存分栏记载数量和金额，数量要求永续盘存。根据商品的不同特点，采用先进先出法、加权平均法、移动加权平均法等不同方法定期计算和结转已销商品的进价成本。

数量进价金额核算法的优点是能全面反映各种商品进、销、存的数量和金额，便于从数量和金额两个方面进行控制。但由于每笔进、销货业务都要填制凭证，按商品品种逐笔登记明细分类账，核算工作量较大，手续较繁，一般适用于规模较大、经营金额较大、批量较大而交易笔数不多的大中型批发企业。

2. 数量售价金额核算法下商品销售成本的结转

这是以实物数量和售价金额两种计量单位，反映商品进、销、存情况的一种核算方法。主要内容基本与数量进价金额核算法相同，都是按商品品种设明细账，实行数量和金额双重控制。其不同的有两点：①“库存商品”总分类账、类目账和明细账均按售价记账；②设置“商品进销差价”账户，记载售价金额和进价金额之间的差额，定期分摊已销商品进销差价，计算已销商品进价成本和结存商品的进价金额。

由于采用售价记账，逢商品售价变动，就要盘点库存商品，调整商品金额和差价，核算工作量较大，因此，数量售价金额核算法一般适用于经营金额较小、批量较少的小型经营批发的企业，以及经营零售的企业的库存商品和贵重商品的核算。

3. 售价金额核算法下商品销售成本的结转

这是在实物负责基础上，以售价记账，控制库存商品进、销、存情况的一种核算方法。根据岗位责任制的要求，按商品经营的品种和地点，划分为若干柜组，确定实物负责人，对其经营的商品承担全部责任。库存商品的进、销、存一律按销售价格入账，只记金额，不记数量，库存商品总分类账反映售价总金额，明细分类账按实物负责人分设，反映各实物负责人所经营的商品的售价金额，在总账控制下，随时反映各实物负责人的经济责任。设置“商品进销差价”账户，以反映商品进价与售价之间的差价，正确计算销售商品的进价成本。

采用售价金额核算方法，可以简化核算手续，减少工作量，是零售企业商品核算的主要方法。其不足之处是由于只记金额，不记数量，库存商品账不能提供数量指标以控制商品进、销、存情况，一旦发生差错，难以查明原因。

4. 进价金额核算法下商品销售成本的结转

这是以进价金额控制库存商品进、销、存的一种核算方法。库存商品总分类账和明细分类账一律以进价入账，只记金额，不记数量。平时销货账务处理，只核算销售收入，不核算销售成本。月末采取“以存计销”的方法，通过实地盘点库存商品，倒挤商品销售成本。其计算公式为：

$$本期商品销售成本=期初库存商品+本期进货总额-期末库存商品进价金额$$

采用进价金额核算方法，可以简化核算手续，节约人力、物力，但手续不够严密，平时不能掌握库存情况，且对商品损耗或差错事故不能控制，一般适用于鲜活商品的核算。

5. 毛利率法下商品销售成本的结转

毛利率法是指根据本期销售净额乘以上期实际（或本期计划）毛利率匡算本期销售毛利，并据以计算发出存货的一种方法。

计算公式如下：

$$毛利率=\frac{销售毛利}{销售净额}$$

$$销售净额=商品销售收入-销售退回与折让$$

$$销售毛利=销售净额\times毛利率$$

$$销售成本=销售净额-销售毛利$$

这一方法是商品流通企业，尤其是商品批发企业常用的计算本期商品销售成本的方法。商品流通企业由于经营商品的品种繁多，如果分品种计算商品成本，工作量将大大增加，而且，一般来讲，商品流通企业同类商品的毛利率大致相同，采用这种方法既能减轻工作量，又能满足对存货的管理的需要。

第四节 销售与收款业务处理流程及内部控制制度设计示例

一、销售与收款业务处理流程设计示例

销售与收款业务包括合同签订、销售发货、应收账款及收款入账、退换货等环节。但由于企业经营特点、管理方式各异，销售与收款业务处理流程也不尽相同。下面介绍两种较为常见的销售与收款业务处理流程。

1. 应收款项及收款入账业务处理流程（图 10-1）

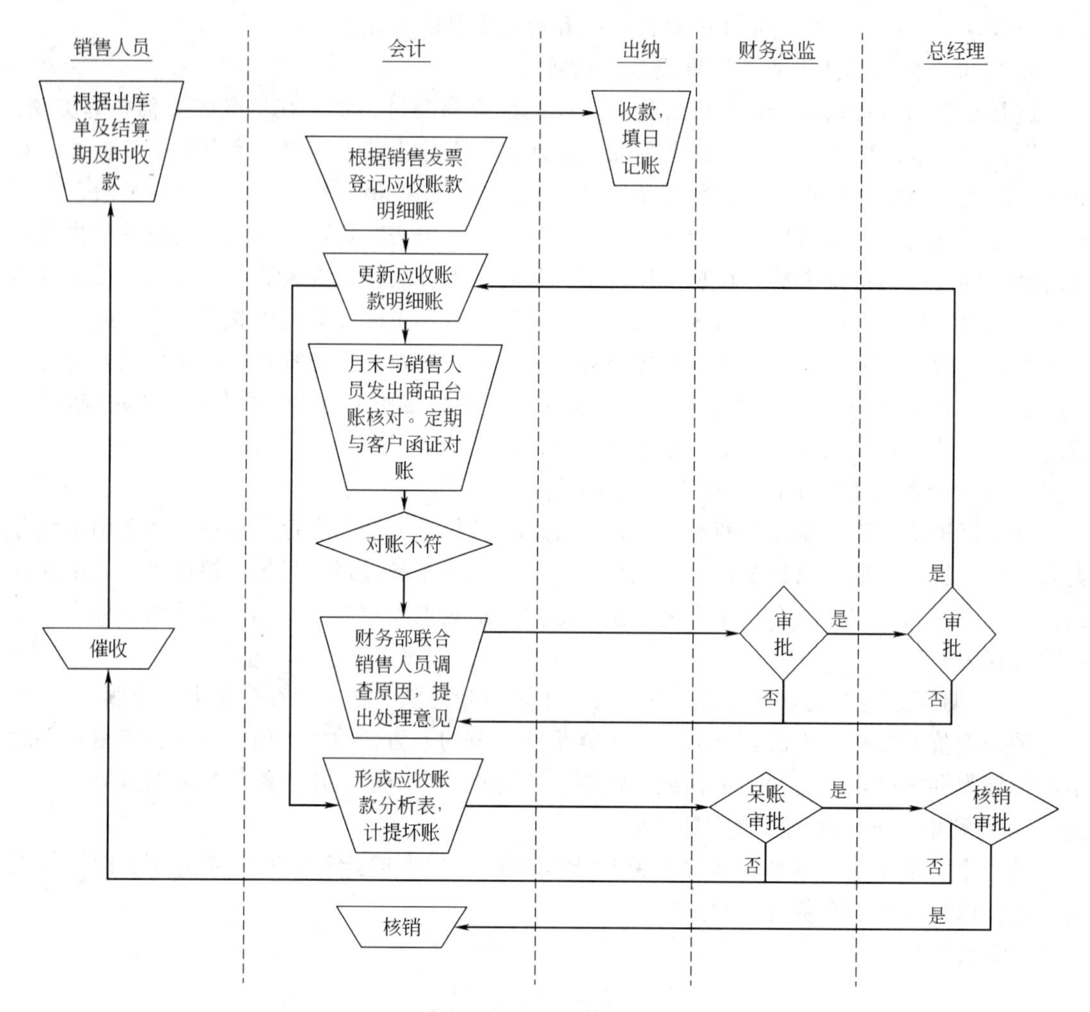

图 10-1 销售与收款业务处理流程——应收款项及收款入账

流程说明 ① 销售人员根据出库单及结算期及时催收货款。出纳收款后及时登记收款日记账。

② 应收会计根据销售发票登记应收账款明细账，根据收款情况更新应收账款明细账。

③ 应收会计月末将应收账款明细账与销售人员发出商品对账，定期与客户函证对账。与客户对账不符，联合销售人员调查原因，提出处理意见，上报财务总监审批。

④ 每月编制应收账款账龄分析表，核对应收账款明细各户与明细表、总分类账、有关凭证是否相符，以查清有无异常或严重的拖欠账款项目。账龄分析必须准确无误，不得歪曲客户债务种类。对于逾期账款，在账龄分析表中注明债务人、金额及原因，督促销售人员催收。

⑤ 逾期账款核销必须经财务总监、总经理审批。

2. 销售退货业务处理流程（图 10-2）

二、销售与收款内部控制制度设计示例

××公司销售与收款内部控制制度

第一章 总 则

第一条 为规范本公司的销售与收款业务，加强内部管理，防范经营风险，依据《中华人民共和国会计法》、《内部会计控制基本规范》等相关法律法规，制定本公司销售与收款管理制度。

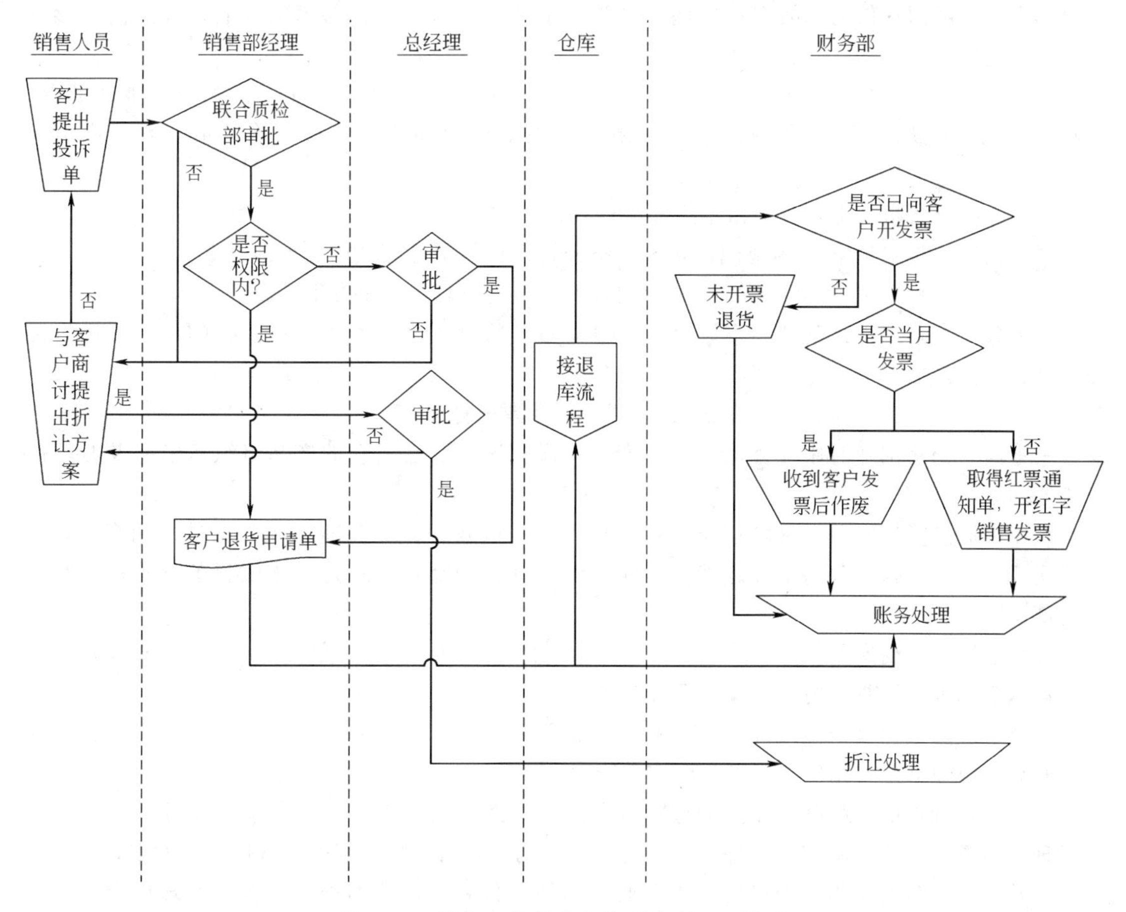

图 10-2 销售与收款业务处理流程——退货

流程说明 ① 销售部经理联合质检部在其权限内审批客户投诉单。同意退货的，退货申请单经销售经理签字确认后办理退货手续。不同意退货的，销售人员与客户商讨折让事宜。超出权限的需由总经理审批。总经理在其权限内审批退货申请。不同意退货的，发回销售人员商讨折让事宜。

② 总经理审批折让协议。不同意，发回修改；同意，发给财务部进行账务处理。

③ 审批后的退货申请单交仓库、财务备案。仓库根据退货申请按照退库流程办理入库手续。

④ 退货入库后，财务部根据退货申请单、验收入库单视不同情况做相应账务处理：未开具过增值税发票的业务，直接调整账务；若开具增值税发票当月发生销售退回，收到退回的发票联、抵扣联符合作废条件的，按作废处理；不符合作废条件的业务，取得税务机关出具的《开具红字增值税专用发票通知单》后开具红字发票，进行相应账务处理。

第二条 销售与收款内部控制制度涉及销售部、财务部、仓库及其他销售与收款业务的相关部门。

第三条 销售与收款业务的主要环节包括报价、信用调查、接受订单、核准付款条件、填制销货通知、发出商品、开具发票、核准销售折扣、核定销售折让或退/换货条件并办理退款或接受退/换货、收取货款以及各环节的账务处理等。

第二章 产品定价政策

第四条 销售部负责市场调研，收集市场同类产品的信息，分析竞争对手的价格策略，测算公司产品的价格弹性，从市场的角度确定公司产品的定价区间。财务部根据产品实际成本水平以及公司的盈利目标，从成本的角度建议公司产品价格的定价区间。总经理办公会议根据公司销售部和财务部门提供的产品定价区间，最终确定产品价格。销售部每年应汇总合同信息形成产品价格统计表。

第五条 选择客户时，销售部对客户进行信用分析，包括基础资料、客户特征、业务状况、交易现状、财务状况等。填写客户信用资料卡，按照公司如下审批权限确定定价政策和信用额度。

（1）在核定价格之上报价，由销售部经理审查批准；

（2）在低于核定价格10％范围内报价，报分管销售的副总经理审查批准；

（3）在低于核定价格10％～20％范围内报价，报公司总经理审查批准。

第六条 客户经理接到到客户订单后应对订单进行合规性审阅，对拟接收的订单报销售部经理进行审批。

第三章 发货、开票一般规定

第七条 销售部随时跟踪公司生产进度和入库情况，对已入仓的产品组织运输并及时填制发货通知单。

仓库根据发货通知单发货填制出库单，出库单一联自留；一联随运输公司送达到客户，运输公司凭客户的回执与公司结算运费；一联交财务部作为登记与核定往来账目的依据；一联交销售部备案。

发货通知单、出库单应注明产品型号、材质、计量单位、数量、单价、总金额等信息。

第八条 发票开具由财务部发票管理员负责。

发票管理员根据客户经理开具的“销售发票开具通知单”，确认发货的数量及单价开具普通发票和增值税发并邮寄给客户。开具时应核查：

（1）客户确认的产品型号、数量与发出商品明细账是否相符，若不符应查明原因，应向客户经理提出调整办法，由客户经理申报并经审核后调整发出商品明细账后方可开具发票；

（2）客户确认的单价是否与出库单上所注明的单价相符，若不符应向客户经理提出应补办价格确认程序后方可开具发票。

第九条 财务部凭发票和出库单，进行应收账款总账与明细账的登记。

第四章 收款业务

第十条 财务部应在每月的月初根据每个客户的结算期及发货使用时间制订当月的资金回收计划，报经批准后分发给销售部及客户经理。

第十一条 财务部月末结账后应编制应收账款及发出商品分客户的明细账及应收账款账龄分析表，交销售部，由销售部下发给各客户经理。

各客户经理收到应收账款及发出商品明细表后应与自己的台账进行核对，对于有差异的应提出差异原因说明表，财务部收到差异原因说明表后应在一个星期内组织人员进行核对，并根据核查结果提出处理方案。

第十二条 财务部应组织一年不少于两次的与客户函证对账工作，函证内容包括应收账款余额、发出商品明细数量及单价、金额。客户经理负责函证的回函，财务部对回函的函证进行归类分析，对存在较大差异的应组织人员与客户进行实地对账，差异不大的应责成客户经理进行与客户的对账，并将对账的结果反馈到财务部，由财务部提处置方案，报经报准后进行账务处理。

客户经理应按照信用额度负责对客户在期限内的账款进行催收，对催收无效的逾期应收款项，应通过法律程序予以解决。应收账款的责任中心是销售部，第一责任人为办理该业务的客户经理，将销售回款情况与各责任人的经济奖罚挂钩。

第十三条 应收账款的坏账准备，采用备抵法，根据债务单位财务状况、偿还能力等情况，确定坏账准备，按账龄分析法计提坏账。账龄自发货之日起开始计算，计提比率如下：

（1）1年以内按5%计提；

（2）1～2年按10%计提；

（3）2～3年按30%计提；

（4）3～4年按50%计提；

（5）4年以上100%计提。

第十四条　每年年度终了，财务部应对应收账款的可收回性进行分析，对于无法收回的应收账款，且账龄在三年以上的，应组织销售部进行确认是否为呆账，若为呆账应报财务总监与总经理批准。财务部在进行账务处理前及时向税务等主管部门书面申请税前核销。

已经注销的坏账应当转到备查账管理，做到账销案存。已经注销的坏账又收回时应当及时入账，防止形成账外款。

第五章　销售异常业务作业程序

第十五条　退/换货业务的处理

（一）对客户提出的投诉单，客户经理应及时提交给销售部负责人进行审批，确定是否退/换货。销售部负责人联合质检部对退回的货品进行检验，并在自己权限内确定是否同意退/换货，权限外的按权限提交分管销售副总经理或总经理审批。

（二）对经批准同意退/换货的商品没有开具过发票的退/换货，由销售部安排运输公司运回公司，对运回公司的退/换货商品由仓库管理员进行清点验收入库，并开具红字出库单，并传递至财务部进行账务处理。若仓库管理员在清点过程中发现退/换货数量与退/换货清单不相符的，应反馈给客户经理，由客户经理与客户进行协调，并根据协调结果进行账务处理。

（三）对经批准同意退/换货的商品已开具过发票的退/换货，由销售部安排运输公司运回公司，对运回公司的退/换货商品由仓库管理员进行清点验收入库，并开具红字出库单，并传递至财务部进行账务处理。财务部同时根据增值税发票是否可作废分别进行处理，若当月发票可退回的，要求客户将发票邮寄至公司财务部进行作废处理并冲账；若部分退回、发票逾月或者客户已抵扣等不符合作废的情况，则需客户提供主管税务机关出具的《开具红字增值税专用发票通知单》，用于开具红字的增值税发票，并进行账务处理。

（四）换货的货品出库时需经正规的产成品出库流程

第十六条　折让业务的处理

（一）对客户提出的折让通知单，由客户经理与客户及时进行沟通，确定折让金额，确定折让金额后，客户经理应及时按权限提交分管销售副总经理或总经理进行审批，确定是否折让。

（二）经批准的折让通知单，由销售部传递至财务部进行账务处理。

思　考　题

1. 销售与收款业务内部控制设计的目标有哪些？
2. 销售与收款业务内部控制设计的基本要求有哪些？
3. 销售与收款业务的不相容职务分离至少包括哪些岗位？
4. 财务部在销售与发货环节必须对哪些方面进行控制？
5. 对应收款项控制的设计应该注意哪些方面？
6. 商品销售成本的结转方法有哪些？分别适用于哪些商品？
7. 销售退货业务处理流程设计时需注意哪些方面？

第十一章　存货业务处理程序与核算方法设计

第一节　存货内部控制的目标与基本要求

案例导入

AA公司的规模较小，存货管理集中在一个大仓库内，里面分设原材料、低值易耗品、产成品三个仓库，每个仓库有一个保管员负责，保管员负责存货的验收、入库、记账、发出、盘点等日常存货的管理工作。由于企业人手少，公司财务部要求每个仓库每年末盘点一次，并以各仓库保管员年末编制的盘点表上的实盘数为准，调整财务上有关存货的账面记录。盘点表上只有保管员一个人签字，实际盘点数与财务部账面期末数的差异均作为盘盈盘亏处理后计入当期损益，既没有原因分析，也没有报批手续和领导签字，财务记账的依据就是仓库保管员年末编制的盘点表。每年的盘亏大于盘盈，而且数额较大。询问财务人员，说不清楚原因；询问仓库保管员，说有时候生产领用存货没有及时办理手续造成的。

存货是企业在生产经营过程中为生产耗用或销售而储存或持有的各种具有一定实物形态的流动资产。它是指企业在日常活动中持有以备出售的产成品或商品、处在生产过程中的在产品、在生产过程或提供劳务过程中耗用的材料和物料，主要包括各类材料、在产品、半成品、产成品、商品等。本案例中，AA公司之所以每年存货的盘亏数额较大，就是因为存货内部控制存在较大漏洞。如果该公司对于存货的收、发、存、盘点等环节制定了完善的管理制度，就能找到盘亏的真正原因，进而保护了公司的实物资产。由此可见，存货业务控制的正确与否，对于保证资产安全、恰当地反映单位的财务状况和经营成果有着重要的意义。

一、存货内部控制的目标

① 保证存货取得的合理性。

② 保证存货计价的准确性。

③ 保证存货的安全，监督、落实存货的经济责任。

④ 加速存货资金周转，提高存货运营效益。

二、存货内部控制的基本要求

企业在建立和实施存货内部控制制度中，至少应当强化对以下关键方面或者关键环节的风险控制，并采取相应的控制措施。

① 职责分工、权限范围和审批程序应当明确，机构设置和人员配备应当科学合理。

② 存货请购依据应当充分适当，请购事项和审批程序应当明确。

③ 存货采购、验收、领用、盘点、处置的控制流程应当清晰，对存货预算、供应商的选择、存货验收、存货保管及重要存货的接触条件、内部调剂、盘点和处置的原则及程序应当有明确的规定。

④ 存货成本核算方法、跌价准备计提等会计处理方法应当符合国家统一的会计制度的规定。

第二节　存货内部控制规范

一、职责分工与授权批准

1. 不相容职务的分离

企业应当建立存货业务的岗位责任制，明确相关部门和岗位的职责权限，确保办理存货业务的不相容岗位相互分离、制约和监督。存货业务的不相容岗位至少应当包括：

① 存货的请购与审批，审批与执行；

② 存货的采购与验收、付款；

③ 存货的保管与相关会计记录；

④ 存货发出的申请与审批，申请与会计记录；

⑤ 存货处置的申请与审批，申请与会计记录。

2. 授权批准制度

企业应当对存货业务建立严格的授权批准制度，明确审批人对存货业务的授权批准方式、权限、程序、责任和相关控制措施，规定经办人办理存货业务的职责范围和工作要求。审批人应当根据存货授权批准制度的规定，在授权范围内进行审批，不得超越审批权限。经办人应当在职责范围内，按照审批人的批准意见办理存货业务。

3. 限制接近制度

企业内部除存货管理部门及仓储人员外，其余部门和人员接触存货时，应由相关部门特别授权。如存货是贵重物品、危险品或需保密的物品，应当规定更严格的接触限制条件，必要时，存货管理部门内部也应当执行授权接触。

二、请购、采购、验收控制

企业应当建立存货采购申请管理制度，明确请购相关部门或人员的职责权限及相应的请购程序；企业应当对采购环节建立完善的管理制度，确保采购过程的透明化。企业应根据预算或采购计划办理采购手续，严格控制预算外或计划外采购；企业应当对入库存货进行质量检查与验收，保证存货符合采购要求。拟入库的自制存货，生产部门应组织专人对其进行检验，只有检验合格的产成品才可以作为存货办理入库手续。外购存货请购、采购、验收的具体内容请见第八章中的“请购与审批控制”、“采购与验收控制”。

三、存货保管制度

企业应当建立存货保管制度，加强存货的日常保管工作。按仓储物资所要求的储存条件储存，并建立和健全防火、防潮、防鼠、防盗和防变质等措施，并建立相应的责任追究机制。仓储部门应当定期对存货进行检查，确保及时发现存货损坏、变质等情况。

四、领用与发出控制

① 企业生产部门、基建部门领用材料，应当持有生产管理部门及其他相关部门核准的领料单。超出存货领料限额的，应当经过特别授权。

② 库存商品的发出需要经过相关部门批准，仓库应当根据经审批的销售通知单发出货

物，并定期将发货记录同销售部门和财会部门核对，确保存货品名、规格、型号、数量、价格一致。

五、退货入库控制

对于已售商品退货的入库，仓储部门应根据销售部门填写的产品退货凭证办理入库手续，经批准后，对拟入库的商品进行验收。因产品质量问题发生的退货，应分清责任，妥善处理。对于劣质产品，可以选择修复、报废等措施。

六、存货明细账的设置

财会部门建立存货明细账，并应按国家统一会计制度规定正确登记入库存货的数量与金额。存货管理部门对入库的存货应当建立存货明细账，详细登记存货类别、编号、名称、规格型号、数量、计量单位等内容，并定期与财会部门就存货品种、数量、金额等进行核对。

七、盘点与处置控制

1. 存货数量清查的方法

(1) 定期盘存法（实地盘存法） 定期盘存法是指会计期末通过对全部存货进行实地盘点，以确定期末存货的数量，然后乘以各项存货的盘存单价，计算出期末存货的总金额，记入各有关存货账户，并倒轧本期已耗用或已销售存货成本的一种方法。这种方法通常适用于那些自然损耗较大，数量不稳定的鲜活商品。

(2) 永续盘存法（账面盘存法） 永续盘存法是指通过设置详细的存货明细账，逐笔或逐日记录存货收入、发出的数量与金额，以随时结余存货的数量、金额的一种存货盘存方法。会计部门设总分类账，仓库根据各种存货的数量、金额登记明细账，总账与明细账结合起来，形成一个完整的仓库内部控制。此方法是一种常用的盘存方法，可以用会计账簿监督存货的实际情况，从而有利于保护存货的安全完整。

2. 存货盘点制度

无论是采取实地盘存法还是永续盘存法的企业，都应该重视并健全实地盘点制度。应当制定详细的盘点计划，明确盘点范围、方法、人员（一般包括资产管理部门人员、内审部人员、财务部人员、单位或得到授权部门的负责人）、频率、时间等。存货的盘盈、盘亏应当及时编制盘点表，分析原因，提出处理意见，经相关部门批准后，在期末结账前处理完毕。

3. 存货的会计处理

存货的会计处理应当符合国家统一的会计制度的规定。存货发出的计价方法包括先进先出法、月末一次加权平均法、移动加权平均法或个别计价法。企业应当结合自身实际情况，确定存货计价方法。计价方法一经确定，未经批准，不得随意变更。仓储部门与财会部门应结合盘点结果对存货进行库龄分析，确定是否需要计提减值准备。经相关部门审批后，方可进行会计处理，并附有关书面记录材料。

八、实施存货保险制度

内部控制要素中第二个要素就是风险评估，针对风险有一种应对方法为风险转移，即风险虽然很大，但无法避免，一般预防措施也不能完全起效，则考虑对外转移。企业为存货购买保险主要就属于转移分担风险。根据企业的存货性质和重要程度以及历史数据，对存货进行价值等级测算，按照一定的费率向保险公司进行投保，降低存货发生意外损失的风险。

第三节　存货核算方法的设计

一、存货核算方法

1. 按实际成本法入账的会计核算设计

由于材料采购采购地点和结算方式的不同，材料入库时间和货款支付时间不一定相同，存在以下几种可能。

（1）结算凭证和发票等单据与材料同时到达　企业根据结算凭证、发票账单等凭证付款后，借记“在途物资”、“应交税费——应交增值税（进项税额）”，贷记“银行存款”。若尚未付款或尚未开出承兑商业汇票，则贷记“应付账款”；若开出承兑商业汇票，则贷记“应付票据”。材料验收入库后，根据收料账单等凭证，借记“原材料”，贷记“在途物资”。

（2）材料已到，但是结算凭证尚未到达，货款尚未支付　由于一般在短时间内发票账单就可能到达，为了简化核算手续，在该月份之中发生的，可以暂不进行总分类核算只将收到的材料登入明细分类账，待收到发票账单时，再按实付货款登记总账，进行总分类核算。月末时，对于那些结算凭证和发票账单尚未到达的入库材料，可以按计划成本计价，暂估入账，借记“原材料”，贷记“应付账款”；下月初，用红字作同样的记账凭证，予以冲回，以便下月付款或开出、承兑商业汇票时，按正常程序进行记录。

按实际成本计价时，所计算的材料成本相对来说较准确，而且对于中小型企业来说核算工作较为简单。但是在这种计价方式下，难以看出采购材料的实际成本与计划成本相比的节约或是超支，难以从账簿中反映材料采购业务的经营成果；由于材料价格变动对产品成本产生的影响得不到反映，所以也不利于考核生产车间的经营成果；同时，对于材料收发业务频繁的企业，材料计价的工作量非常大，因此，这种计价方法一般只适用于材料收发业务较少的中小型企业。

2. 按计划成本法入账的会计核算设计

由于材料采购采购地点和结算方式的不同，材料入库时间和货款支付时间不一定相同，存在以下几种可能。

（1）结算凭证和发票等单据与材料同时到达　企业根据结算凭证、发票账单等凭证付款后，借记“材料采购”、“应交税费——应交增值税（进项税额）”，贷记“银行存款”。若尚未付款或尚未开出承兑商业汇票，则贷记“应付账款”；若开出承兑商业汇票，则贷记“应付票据”。材料验收入库后，根据收料账单等凭证，若实际成本大于计划成本，借记“原材料”，将实际成本大于计划成本的差异，借记“材料成本差异”，贷记“材料采购”。若实际成本小于计划成本，则借记“原材料”，将实际成本大于计划成本的差异，贷记“材料成本差异”，贷记“材料采购”。

（2）材料已到，但是结算凭证尚未到达，货款尚未支付　由于一般在短时间内发票账单就可能到达，为了简化核算手续，在月份之中发生的，可以暂不进行总分类核算只将收到的材料登入明细分类账，待收到发票账单时，再按实付货款登记总账，进行总分类核算。月末时，对于那些结算凭证和发票账单尚未到达的入库材料，可以按计划成本计价，暂估入账，借记“原材料”，贷记“应付账款”；下月初，用红字作同样的记账凭证，予以冲回，以便下月付款或开出、承兑商业汇票时，按正常程序进行记录。

与按实际成本计价相比，按计划成本计价的方法具有以下一些优点：第一，便于考核各类或各种材料采购业务的经营成果，分析材料成本发生节约或超支变动的原因，有利于改进材料采购环节的经营管理工作；第二，可以剔除材料价格变动对产品成本的影响，有利于分析生产环节材料消耗发生节约或超支的原因，有利于考核车间的经营成果；第三，可以加速和简化材料收发凭证的计价和材料明细分类账的登记工作。其缺点是材料成本计算的准确性相对差一些，因为它起到了平滑采购成本的作用。因此，这种计价方法适用于材料收发业务频繁，且具备材料计划成本资料的大型企业。

二、存货跌价的会计核算

由于技术更新和市场供求变化，企业存货价值会发生贬值，资产负债表日，存货采用成本与可变现净值孰低计量，按照成本高于可变现净值的差额计提存货跌价准备。

① 产成品、商品和用于出售的材料等直接用于出售的商品存货，在正常生产经营过程中以该存货的估计售价减去估计的销售费用和相关税费后的金额确定其可变现净值。

② 需要经过加工的材料存货，在正常生产经营过程中以所生产的产成品的估计售价减去至完工时估计将要发生的成本、估计的销售费用和相关税费后的金额确定其可变现净值。

③ 资产负债表日，同一项存货中一部分有合同价格约定、其他部分不存在合同价格的，分别确定其可变现净值，并与其对应的成本进行比较，分别确定存货跌价准备的计提或转回的金额。

存货发生减值的，按存货可变现净值低于成本的差额，借记“资产减值损失”科目，贷记“存货跌价准备”科目。

已计提跌价准备的存货价值以后又得以恢复，应在原已计提的存货跌价准备金额内，按恢复增加的金额，借记“存货跌价准备”科目，贷记“资产减值损失”科目。

发出存货结转存货跌价准备的，借记“存货跌价准备”科目，贷记“主营业务成本”、“生产成本”等科目。

第四节 存货业务处理流程及内部控制制度设计示例

一、存货业务处理流程设计示例

存货业务处理流程包括材料的收发、半成品和成品入库、产成品出库、内部退库、外部退库、闲置与报废物料的处理、存货调拨、存货盘点等环节。其中收料的程序参见第八章（图 8-2）采购与付款业务处理流程——验货付款。本节介绍半成品和成品入库、产成品出库、存货盘点三种较为常见的存货业务处理流程。

1. 半成品和成品入库业务处理流程（图 11-1）

2. 产成品出库业务处理流程（图 11-2）

3. 盘点业务处理流程（图 11-3）

二、存货内部控制制度设计示例

××公司存货管理制度

第一章 总 则

第一条 为加强本公司存货管理，规范存货的验收入库、耗用、销售与核算等，根据国家有关规定，结合公司经营需要，制定本制度。

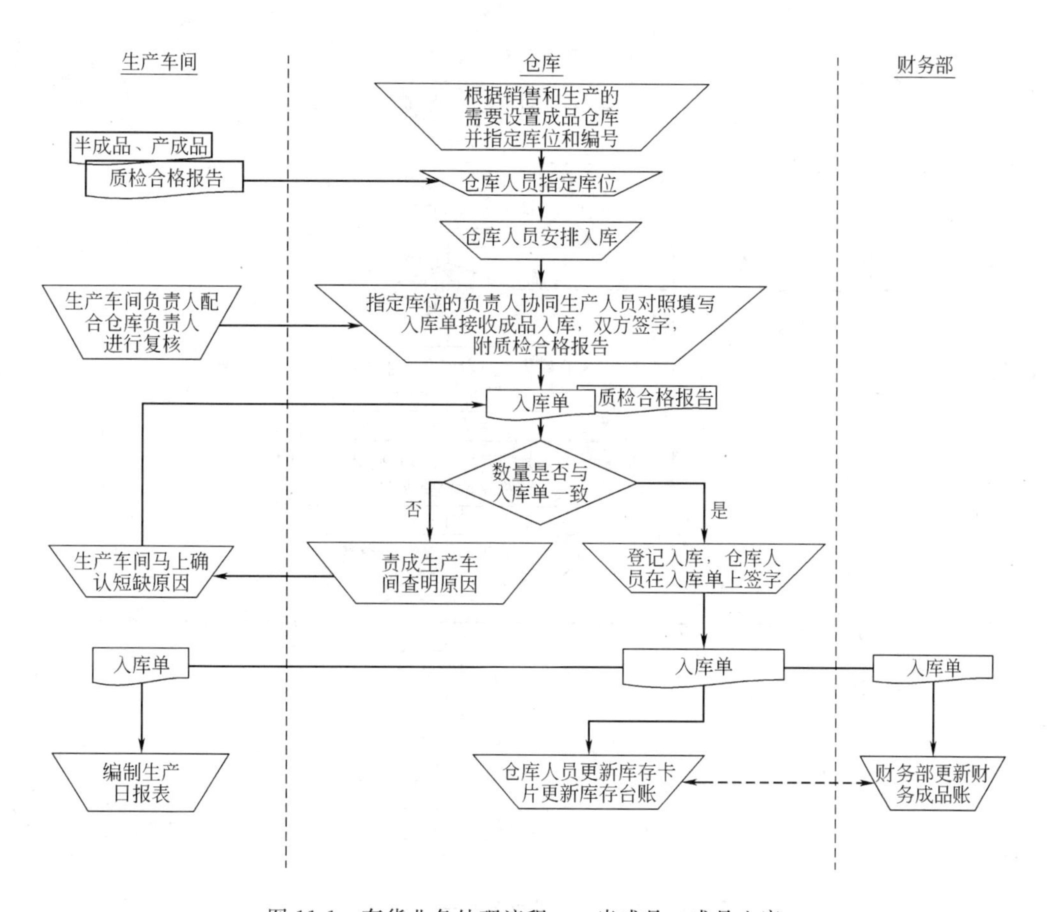

图 11-1　存货业务处理流程——半成品、成品入库

流程说明　① 仓库管理员根据仓库规划、销售和生产的需要设置成品仓库并指定库位和编号。

② 质检部门鉴定半成品、成品是否合格。不合格时检验人员立即与生产车间主任联络并发出不合格单据。生产车间将半成品、成品随质检合格报告移交仓库。

③ 仓库主管制定库位，安排入库。协同生产人员对照填写入库单接收成品入库，双方签字，附质检合格报告。仓库管理员核对入库单与半成品、成品数量。数量一致，登记入库，仓库管理员在入库单上签字；数量不一致，责成生产车间查明原因。生产车间确认短缺原因，重新移交仓库办理入库手续。

④ 办理入库手续后，将标有销售订单号的入库单留底，同时更新库存卡片和库存台账，副联交生产车间和财务部，据以编制生产日报表和财务账。财务明细账与仓库库存台账定期核对。

第二条　本制度是公司经营管理制度的重要组成部分，适用于公司各个部门及子公司。

第三条　存货，是指企业在日常活动中持有以备出售的产成品或商品、处在生产过程中的在产品、在生产过程或提供劳务过程中耗用的材料和物料等。

第四条　存货的分类：原材料、库存商品、周转材料（低值易耗品、包装物）。

第五条　存货的核算与摊销方法：存货按照实际成本计价，发出的存货成本采用加权平均法计算确定，周转材料一般采用一次摊销法摊销。

第二章　存货的采购与日常保管制度

第六条　存货增加的管理。

（一）公司采购部根据批准的产品生产计划、产品原材料消耗定额和实际库存情况按季编制采购计划。采购计划经公司主管领导批准后交采购部采购，同时交财务部一份，便于财务部组

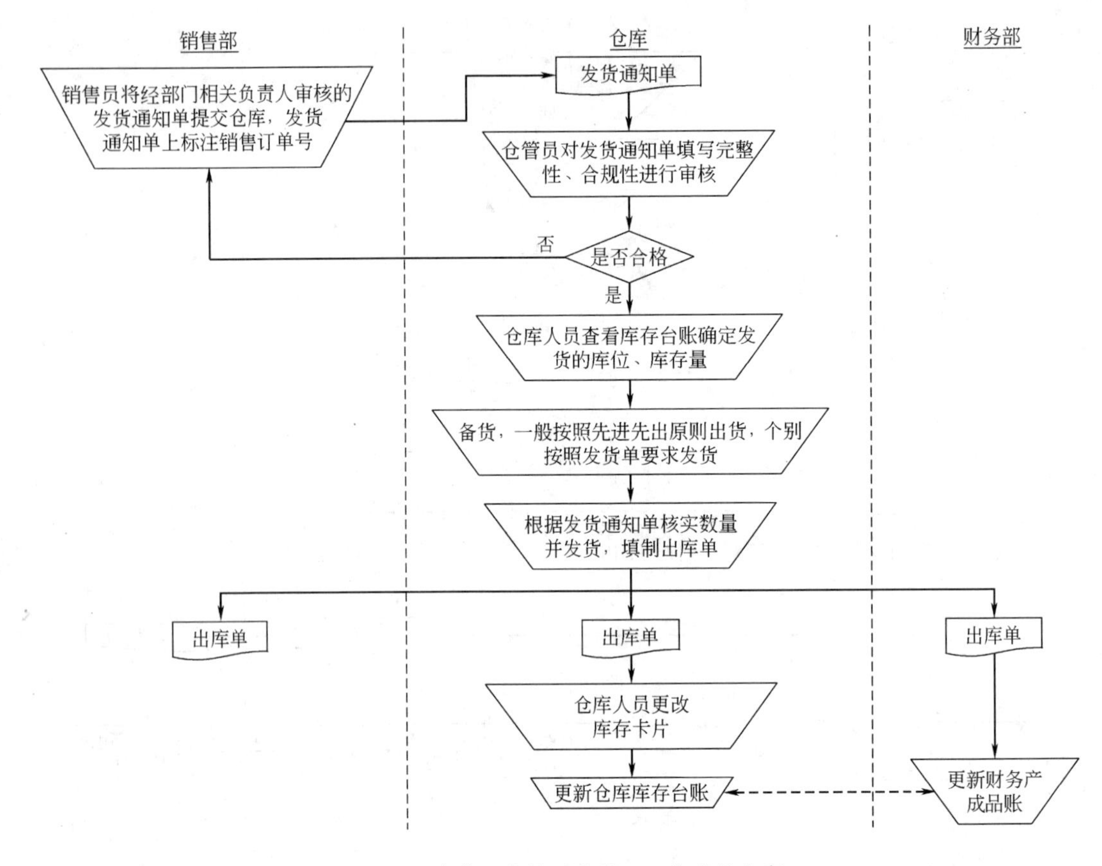

图 11-2　存货业务处理流程——产成品出库

流程说明　① 销售人员将经部门经理审核的发货通知单提交仓库，发货通知单上标注销售订单号。

② 仓库管理员对发货通知单填写完整性、合规性进行审核。不合格的返回销售部重新修改。

③ 仓库管理员查看库存台账确定发货的库位、库存量，备货，一般按照先进先出原则出货，个别按照发货单要求发货。根据发货通知单核实数量并发货，填制出库单一式三联。一联仓库留底更新库存卡片和库存台账，一联交销售部门备案，一联交财务部，据以登记财务账。财务明细账与仓库库存台账定期核对。

织安排资金。

（二）采购部按照批准的采购计划签订购货合同，实施采购。外购存货的价格管理纳入公司的价格管理体系。

（三）购入的存货送达各仓库后，仓库管理人员核对实物规格、型号，生产单位与采购合同是否一致，观察包装完好程度，并清点实物数量。验收中发现溢余时填制“溢余货物单”。验收中发现毁损短缺时填制“毁损短缺货物处理单”。质检部门检验质量合格后，办理入库手续。仓库填制“入库单”一式三份。一份交财务入账，一份交采购部，一份仓库自留。

第七条　周转材料根据其用途划分为与生产相关、与经营管理相关两大类。与产品生产有关的周转材料增加的管理，同上处理。与经营管理有关的周转材料，如办公用品用具等由办公室根据公司批准的需求计划采购或委托公司其他部门制造。经办公室主管人员、仓库保管人员签章的入库单是存货增加的依据。

第八条　存货减少的管理。

（一）生产部门根据产品材料消耗定额领用定额材料、定额消耗工具等，以各部门指定人员

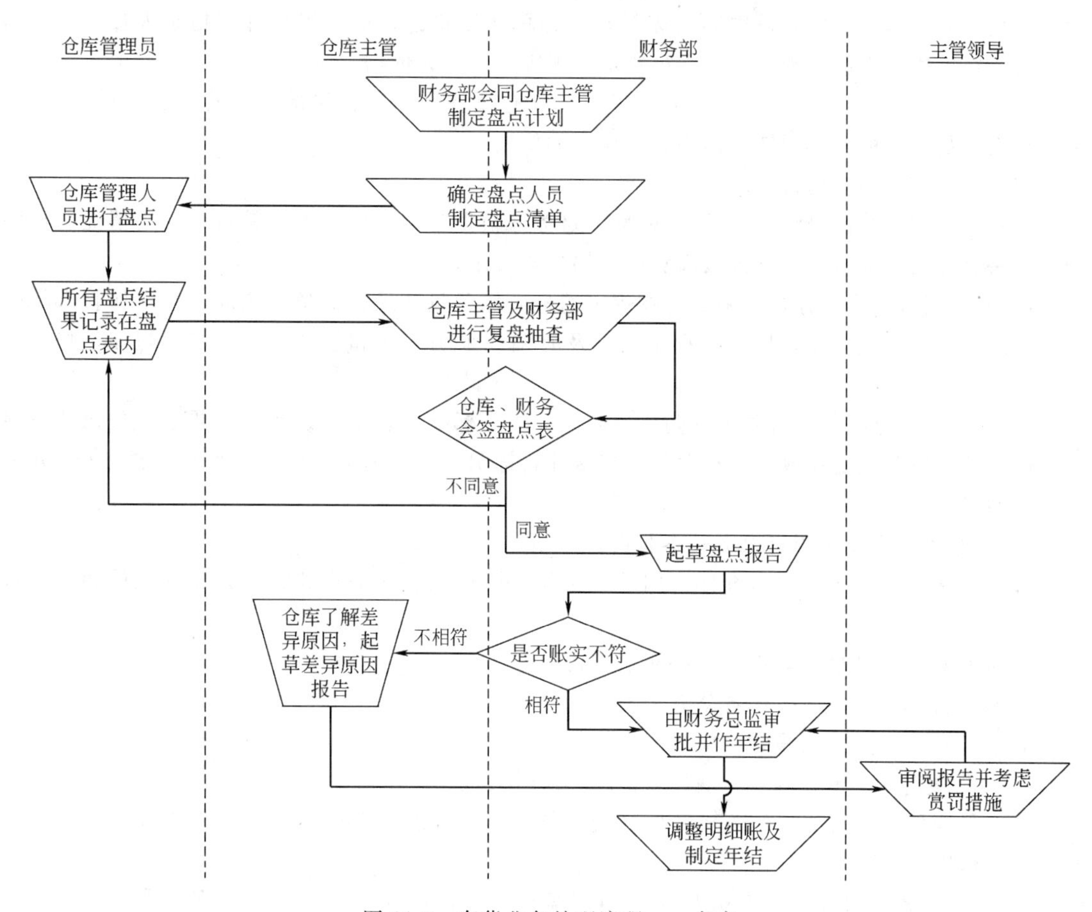

图 11-3　存货业务处理流程——盘点

流程说明　① 财务部会同仓库共同制定盘点计划，确定盘点小组成员和盘点清单，下达盘点通知。

② 仓库管理员进行盘点，所有盘点结果记录在盘点表内。财务部会同仓库主管进行复盘抽查。根据复盘抽查结果会签盘点表，对盘点表内容有疑义的，责成仓库管理员重新填写。对盘点表内容没有疑义的，由财务部起草存货盘点报告。

③ 仓库与财务核对账实是否相符。账实相符，财务总监审批并制定年结。账实不符，仓库了解差异原因，起草差异原因报告。主管领导审核账实差异报告后将相关处理意见交财务部，财务总监审批后据以调整明细账并制定年结。

审核批准的限额领料单为依据。各职能部门领用各种存货、消耗性材料、产品销售发货，必须以各部门填列的、并由各所在部门、物料主管部门领导或指定人员批准的领料单、调拨单、发货通知单为依据。

（二）仓库管理员根据调拨单、领料单、发货通知单等发货指令填制出库单。出库单是报告仓库已按发货指令将存货发出，并办妥交接签字手续的程序性凭据。凡未办理出库单手续者，一律不得发货。出库单以仓库为主体，分年度编写和顺序编号，并按下列程序运作。

1. 出库单一式四联（一联仓库自留作为发货和登记实物账的依据，一联给财务据以入账，一联给业务部门作为合同催款依据或其他用途，一联给货运单位作为结算运费的依据）。

2. 完成出库单全部内容，空白行应盖“以下空白”章。

3. 发货并经清点完毕，应盖“存货已全部发出”章。

4. 仓库内所有存货，没有调拨指令，均不准出库，禁止以白条抵库。

（三）各使用部门或仓库部门由于各种原因报废的材料或商品，必须填列报废材料通知单，并将待报废的材料或半成品，连同报废材料通知单送质检部检验。以各部门指定人员、物料部门主管人员、质检人员、废品保管人员签章的报废通知单为依据。

（四）购买方的调换产品，必须由购买方出具有效凭证，以仓储部门主管人员、质检人员、废品保管人员签章的调换通知单作为存货减少的依据。

第九条 存货的实物管理。

（一）公司各物料管理部门会同采购部、财务部根据公司正常生产、销售、使用情况制订各项存货最高和最低存量，并制订最高和最低储备量目录。

（二）公司各库房的存量必须保持在规定的最高储备量和最低储备量之间。仓库保管人员必须每月组织一次盘点工作，摸清库存情况，及时调整采购计划和生产计划，避免超储、积压和脱节。

（三）库房设施必须符合防火、防盗、防潮、防尘标准，货架应达到安全要求。公司的各项存货必须严格按照规定存放，每种存货应挂卡片，标明品名、规格、型号、产地、单位等，并标明现存数量。

（四）仓库保管员应履行以下基本职责。

1. 严格禁止无关人员进入仓库。因业务工作需要进入仓库的有关人员，保管人员必须亲自陪同；

2. 定期检查消防器材，更新、补充消防物料；

3. 保持库房清洁卫生，库容整齐、美观；

4. 注意门锁安全，贵重物品应设内库存放；

5. 经常核对账、卡、物，发现异常情况，及时上报处理。

仓库保管员工作调动时，必须办理移交手续，由财务经理监交并签字，办妥移交手续后才可离开工作岗位。

（五）公司各库房和各生产分厂每季组织盘点一次，财务部可定期或不定期地抽查库存情况，稽核库存数量。仓库填列盘点表一式两份（财务部、仓库各一份），对发生物资的盘盈、盘亏，应查明原因，经财务部核实后，报有关部门和领导批准，方可作调账处理。每一年度终了，财务部应会同采购部、仓库有关人员对仓库存货物资进行一次全面清点。财务经理负责组织有关盘点事宜。盘点报告上报常务副总裁审核处理。

第十条 实物账务

（一）存货明细账是记录实物的收入、发出、结存情况的重要账册，仓库必须按品种、规格登记，妥善保管，年终装订成册，至少保存五年。

（二）仓库记账应有合法依据，凭证必须完整无缺，并遵守以下记账规则。

1. 根据入库单记收入，出库单记发出，有关指令资料作为其附件，分别顺序编号，作为记账索引号，按月装订成册，以便日后查询。

2. 账页不准撕毁，遇有改错，可以划红线加盖私章订正。账面记录，严禁挖、补、刮、擦和用涂改液。

3. 账面记录采用“永续盘存制”，每次发生增减变动，及时计算结存余额。

4. 启用账簿，应在账簿封面载明公司名称、年度，在启用页内载明账簿名称，启用日期，由记账人员签名或盖章，并加盖公章。调换记账人员时，应注明交接日期，并由移交人、交接人签名或盖章。

5. 废损处理。存货在库保管期间，由于各种原因发生存货毁损、变质、霉烂造成损失时，必须严肃、认真、及时填制“废损报告单”，上报审批。根据审批意见，仓库方可作减少账务记录，财务部方可作有关账务处理。

6. 账账核对。仓库记录的存货明细账与财务部记录的存货明细账必须定期核对。

思　考　题

1. 存货内部控制设计的基本要求有哪些?
2. 存货业务的不相容职务分离至少包括哪些岗位?
3. 存货明细账设计应该注意哪些方面?
4. 存货在领用、发出、入库过程中控制点包括哪些?
5. 存货数量清查方法有哪几种? 谈谈这几种方法的特点和适用范围。
6. 存货核算方法有哪两种? 请谈谈你对这两种方法优缺点的理解。
7. 如何设计存货盘点流程?

第十二章　投资与筹资业务处理程序与核算方法设计

第一节　投资业务内部控制的目标与内容

案例导入

据《新民晚报》2004年12月20日相关报道，经政府批准，中国××（新加坡）股份有限公司自2003年开始做油品套期保值业务，在此期间擅自扩大业务范围，从事石油衍生品期权交易。2004年10月26日至今，账面实际损失和潜在损失总计约5.54亿美元。中国××（新加坡）股份有限公司原总裁陈××被新加坡警方拘捕。

中国××股份有限公司在对外投资时违反了国家有关投资法规，投资业务授权审批制度形同虚设，集团公司对子公司的投资活动未进行监督检查，最终导致巨额国有资产流失。可见，投资内部控制与业务处理程序设计对于保护投资财产的安全与完整，正确计量投资价值，反映和监督各类投资的形成、权益及收益的取得、投资收回与投资风险控制的情况以及对投资效益进行科学分析都具有重要意义。

一、投资业务内部控制的目标

① 保证投资资产安全完整。

② 保证投资业务合规合法。

③ 保证投资业务记录准确。

④ 保证投资收益揭示合理。

二、投资业务内部控制制度设计

为了引导企业加强对外投资内部控制，规范对外投资行为，防范对外投资风险，保证对外投资的安全，提高对外投资的效益，企业应建立以下内部控制制度。

1. 职务分离制度

投资业务职务分离制度主要体现在以下几个方面。

① 对外投资项目的可行性研究与评估。

② 对外投资计划编制与审批。

③ 投资业务的操作人员与会计人员。

④ 证券保管人员必须同负责投资交易账务处理的会计人员。

⑤ 参与投资交易活动的人员与有价证券的盘点人员。

⑥ 对外投资处置的审批与执行。

2. 授权批准制度

企业应当根据对外投资类型制定相应的业务流程，明确对外投资中主要业务环节的责任人员、风险点和控制措施等。对实际发生的对外投资业务，企业应当设置相应的记录或凭证，如实记载各环节业务的开展情况，加强内部审计，确保对外投资全过程得到有效控制。

企业应当加强对审批文件、投资合同或协议、投资方案书、对外投资处置决议等文件资料的管理，明确各种文件资料的取得、归档、保管、调阅等各个环节的管理规定及相关人员的职责权限。

3. 可行性研究、评估与决策控制制度

① 企业应当编制对外投资项目建议书，投资建议书的内容一般包括项目的必要性和依据、投资条件的初步分析、投资估算和资金筹措的设想、经济效益和社会效益初步估算等。

② 企业应当由相关部门或人员或委托具有相应资质的专业机构对投资项目进行可行性研究，重点对投资的目标、规模、投资方式、投资的风险与收益等作出评价。企业应当由相关部门或人员或委托具有相应资质的专业机构对可行性研究报告进行独立评估，形成评估报告。评估报告应当全面反映评估人员的意见，并由所有评估人员签章。对重大对外投资项目，必须委托具有相应资质的专业机构对可行性研究报告进行独立评估。

③ 企业应当根据经股东大会（或者企业章程规定的类似权力机构）批准的年度投资计划，按照职责分工和审批权限，对投资项目进行决策审批。重大的投资项目，应当根据公司章程及相应权限报经股东大会或董事会（或者企业章程规定的类似决策机构）批准。企业集团根据企业章程和有关规定对所属企业对外投资项目进行审批时，应当采取总额控制等措施，防止所属企业分拆投资项目、逃避更为严格的授权审批的行为。

4. 投资的执行控制制度

① 企业应当制定投资实施方案，明确出资时间、金额、出资方式及责任人员等内容。投资实施方案主要由财务部门相关人员编制。投资实施方案及方案的变更，应当经企业董事会或其授权人员审查批准。对外投资业务需要签订合同的，应当征询企业法律顾问或相关专家的意见，并经授权部门或人员批准后签订。

② 企业应当按照会计制度的要求正确设置会计账簿进行明细核算，特别注意还必须按照股票或债券正确设置备查簿，详细记录股票或债券名称、面值、取得日期、收入成本、收取的股利或利息等，从而有效地对对企业通过对外投资取得的股票和债券进行控制。同时，企业应当加强投资收益的控制，投资收益的核算应当符合国家统一的会计制度的规定，对外投资取得的股利以及其他收益，均应当纳入企业会计核算体系，严禁账外设账。

③ 企业应当加强对外投资有关权益证书的管理，指定专门部门或人员保管权益证书，建立详细的记录。未经授权人员不得接触权益证书。财会部门应当定期和不定期地与相关管理部门和人员清点核对有关权益证书。

④ 企业应当定期和不定期地由专门人员去了解被投资企业的财务状况，保证对外投资的安全、完整。企业应当加强对投资项目减值情况的定期检查和归口管理，正确核算对外投资的减值准备。

5. 投资的处置控制制度

① 企业应当加强对外投资处置环节的控制，对外投资的收回、转让与核销，应当按规定权限和程序进行审批，并履行相关审批手续。

② 对应收回的对外投资资产，要及时足额收取。

转让对外投资应当由相关机构或人员合理确定转让价格，并报授权批准部门批准，必要时可委托具有相应资质的专门机构进行评估；核销对外投资，应当取得因被投资企业破产等原因不能收回投资的法律文书和证明文件。

企业财会部门应当认真审核与对外投资处置有关的审批文件、会议记录、资产回收清单等相关资料，并按照规定及时进行对外投资处置的会计处理，确保资产处置真实、合法。

第二节　筹资业务内部控制的目标与内容

案例导入

1999年6月，审计署驻南京特派员办事处审计组在对工行无锡市分行某办事处的审计中，发现其贷款大户——无锡市某计算机厂有一笔150万的贷款列为损失类，并有42.86万元的表外欠息。银行信贷部门反映该计算机厂不承认此笔贷款，因而贷款本金和利息均无法收回。审计人员经过反复工作，终于查明原无锡市电子工业局副局长潘某在担任该计算机厂厂长期间，利用职务之便假借计算机厂名义骗取、挪用工行贷款150万元。无锡市南长区人民法院以挪用公款罪判处潘某有期徒刑6年。

本案例中，该计算机厂对筹资活动缺乏必要的策划和审批授权制度，签订合同或协议时完全由潘某一根笔杆进行决定，才使潘某有机可乘侵吞企业财产。由此可见，筹资业务内部控制与业务处理程序设计，对正确地核算筹资业务、监督和控制筹资活动都具有重大意义。

一、筹资业务内部控制的目标

① 保证筹资业务符合相关法律规范的要求。

② 保证筹集到的资金能够完整地取得，并进行充分恰当的记录与披露。

③ 保证债券折价、溢价的合理记录并进行了恰当的摊销处理。

④ 保证利息和股利的正确计提和恰当的支付。

二、筹资业务内部控制制度设计

为了引导企业加强对筹资业务的内部控制，控制筹资风险，降低筹资成本，防止筹资过程中的差错与舞弊，企业应建立以下内部控制制度。

1. 不相容职务分离制度

筹资业务职务分离制度主要体现在以下几个方面。

① 筹资预算的编制与预算的审批。

② 筹资方案的拟订与决策。

③ 筹资合同或协议的审批与订立。

④ 与筹资有关的各种款项偿付的审批与执行。

⑤ 筹资业务的执行与相关会计记录。

2. 授权批准制度

企业应当对筹资业务建立严格的授权批准制度，明确授权批准方式、程序和相关控制措施，规定审批人的权限、责任以及经办人的职责范围和工作要求。

企业应当制定筹资业务流程，明确筹资决策、执行、偿付等环节的内部控制要求，并设置相应的记录或凭证，如实记载各环节业务的开展情况，确保筹资全过程得到有效控制。

企业应当建立筹资决策、审批过程的书面记录制度以及有关合同或协议、收款凭证、支付凭证等资料的存档、保管和调用制度，加强对与筹资业务有关的各种文件和凭据的管理，明确相关人员的职责权限。

3. 筹资决策控制制度

① 企业应当建立筹资业务决策环节的控制制度，对筹资方案的拟订设计、筹资决策程序等作出明确规定，确保筹资方式符合成本效益原则，筹资决策科学、合理。

② 企业拟订的筹资方案应当符合国家有关法律法规、政策和企业筹资预算要求，明确筹资规模、筹资用途、筹资结构、筹资方式和筹资对象，并对筹资时机选择、预计筹资成本、潜在筹资风险和具体应对措施以及偿债计划等作出安排和说明。企业拟定筹资方案，应具备多过一个方案作为比较分析，需要综合筹资成本和风险评估等因素对方案进行选定。

③ 企业对重大筹资方案应当进行风险评估，形成评估报告，报董事会或股东大会审批。评估报告应当全面反映评估人员的意见，并由所有评估人员签章。未经风险评估的方案不能进行筹资。

4. 筹资执行控制制度

① 企业应当根据经批准的筹资方案，按照规定程序与筹资对象，与中介机构订立筹资合同或协议。企业相关部门或人员应当对筹资合同或协议的合法性、合理性、完整性进行审核，审核情况和意见应有完整的书面记录。重大筹资合同或协议的订立，应当征询法律顾问或专家的意见。企业筹资通过证券经营机构承销或包销企业债券或股票的，应当选择具备规定资质和资信良好的证券经营机构，并与该机构签订正式的承销或包销合同或协议。

② 企业取得货币性资产，应当按实有数额及时入账。企业取得非货币性资产，应当根据合理确定的价值及时进行会计记录，并办理有关财产转移手续。对需要进行评估的资产，应当聘请有资质的中介机构及时进行评估。

③ 企业应当加强对筹资费用的计算、核对工作，确保筹资费用符合筹资合同或协议的规定。企业应当结合偿债能力、资金结构等，保持足够的现金流量，确保及时、足额偿还到期本金、利息或已宣告发放的现金股利等。

④ 企业应当按照筹资方案所规定的用途使用对外筹集的资金。由于市场环境变化等特殊情况导致确需改变资金用途的，应当履行审批手续，并对审批过程进行完整的书面记录。严禁擅自改变资金用途。

5. 筹资偿付控制制度

① 企业应当指定财会部门严格按照筹资合同或协议规定的本金、利率、期限及币种计算利息和租金，经有关人员审核确认后，与债权人进行核对。企业支付筹资利息、股息、租金等，应当履行审批手续，经授权人员批准后方可支付。本金与应付利息必须和债权人定期对账。如有不符，应查明原因，按权限及时处理。

② 企业委托代理机构对外支付债券利息、股利（利润），应清点、核对代理机构的利息、股利（利润）支付清单，并及时取得有关凭据。

③ 企业以非货币资产偿付本金、利息、租金或支付股利（利润）时，应当由相关机构或人员合理确定其价值，并报授权批准部门批准，必要时可委托具有相应资质的机构进行评估。

④ 企业以抵押、质押方式筹资，应当对抵押物资进行登记。业务终结后，应当对抵押或质押资产进行清理、结算、收缴，及时注销有关担保内容。

⑤ 企业对外筹资业务的会计处理，应当符合国家统一的会计制度的规定。

第三节　投资与筹资核算方法的设计

一、投资业务核算方法的设计

投资业务核算方法的设计包括交易性金融资产的核算、持有至到期投资的核算、可供出售金融资产的核算、长期股权投资的核算。

1. 交易性金融资产的核算

交易性金融资产，主要是指为了近期内出售而持有的金融资产，如企业以赚取差价为目的从二级市场购买的股票、债券和基金等。衍生金融资产不作为有效套期工具的，也应划入交易性金融资产。

企业可按交易性金融资产的类别和品种，分别“成本”、“公允价值变动”等进行明细核算。

① 企业取得交易性金融资产，按其公允价值，借记“交易性金融资产——成本”科目，按发生的交易费用，借记“投资收益”科目，按已到付息期但尚未领取的利息或已宣告但尚未发放的现金股利，借记“应收利息”或“应收股利”科目，按实际支付的金额，贷记“银行存款”等科目。

② 交易性金融资产持有期间被投资单位宣告发放的现金股利，或在资产负债表日按分期付息、一次还本债券投资的票面利率计算的利息，借记“应收股利”或“应收利息”科目，贷记“投资收益”科目。

③ 资产负债表日，交易性金融资产的公允价值高于其账面余额的差额，借记“交易性金融资产——公允价值变动”科目，贷记“公允价值变动损益”科目；公允价值低于其账面余额的差额做相反的会计分录。

④ 出售交易性金融资产，应按实际收到的金额，借记“银行存款”等科目，按该金融资产的账面余额，贷记“交易性金融资产——成本”、借或贷“交易性金融资产——公允价值变动”科目，按其差额，贷记或借记“投资收益”科目。同时，将原计入该金融资产的公允价值变动转出，借记或贷记“公允价值变动损益”科目，贷记或借记“投资收益”科目。

2. 持有至到期投资的核算

持有至到期投资，是指到期日固定、回收金额固定或可确定，且企业有明确意图和能力持有至到期的非衍生金融资产。例如，企业从二级市场上购入的固定利率国债、浮动利率公司债券等，符合持有至到期投资条件的，可以划分为持有至到期投资。购入的股权投资因其没有固定的到期日，不符合持有至到期投资的条件，不能划分为持有至到期投资。持有至到期投资通常具有长期性质，但期限较短（1年以内）的债券投资，符合持有至到期投资条件的，也可将其划分为持有至到期投资。

企业可按持有至到期投资的类别和品种，分别“成本”、“利息调整”、“应计利息”等进行明细核算。

① 企业取得的持有至到期投资，应按该投资的面值，借记“持有至到期投资——成本”科目，按支付的价款中包含的已到付息期但尚未领取的利息，借记“应收利息”科目，按实

际支付的金额，贷记“银行存款”等科目，按其差额，借记或贷记“持有至到期投资——利息调整”科目。

② 资产负债表日，持有至到期投资为分期付息、一次还本债券投资的，应按票面利率计算确定的应收未收利息，借记“应收利息”科目，按持有至到期投资摊余成本和实际利率计算确定的利息收入，贷记“投资收益”科目，按其差额，借记或贷记“持有至到期投资——利息调整”科目。

持有至到期投资为一次还本付息债券投资的，应于资产负债表日按票面利率计算确定的应收未收利息，借记“持有至到期投资——应计利息”，按持有至到期投资摊余成本和实际利率计算确定的利息收入，贷记“投资收益”科目，按其差额，借记或贷记“持有至到期投资——利息调整”科目。

③ 资产负债表日有客观证据表明持有至到期投资发生了减值的，应当根据其账面价值与预计未来现金流量现值之间的差额计算确认减值损失。借记“资产减值损失”，贷记“持有至到期投资减值准备”。

④ 将持有至到期投资重分类为可供出售金融资产的，应在重分类日按其公允价值，借记“可供出售金融资产”科目，按其账面余额，贷记“持有至到期投资——成本”、“持有至到期投资——应计利息”，贷记或借记“持有至到期投资——利息调整”科目。按其差额，贷记或借记“资本公积——其他资本公积”科目。已计提减值准备的，还应同时结转减值准备。

⑤ 出售持有至到期投资，应按实际收到的金额，借记“银行存款”等科目，按其账面余额，贷记“持有至到期投资——成本”、“持有至到期投资——应计利息”，贷记或借记“持有至到期投资——利息调整”科目。按其差额，贷记或借记“投资收益”科目。已计提减值准备的，还应同时结转减值准备。

3. 可供出售金融资产的核算

可供出售金融资产通常是指企业没有划分为以公允价值计量且其变动计入当期损益的金融资产、持有至到期投资、贷款和应收款项的金融资产。例如，企业购入的在活跃市场上有报价的股票、债券和基金等，没有划分为以公允价值计量且其变动计入当期损益的金融资产或持有至到期投资等金融资产的，可归为此类。

企业可按可供出售金融资产的类别和品种，分别“成本”、“利息调整”、“应计利息”、“公允价值变动”等进行明细核算。

① 企业取得可供出售的金融资产，应按其公允价值与交易费用之和，借记“可供出售金融资产——成本”科目，按支付的价款中包含的已宣告但尚未发放的现金股利，借记“应收股利”科目，按实际支付的金额，贷记“银行存款”等科目。

企业取得的可供出售金融资产为债券投资的，应按债券的面值，借记“可供出售金融资产——成本”科目，按支付的价款中包含的已到付息期但尚未领取的利息，借记“应收利息”科目，按实际支付的金额，贷记“银行存款”等科目，按差额，借记或贷记“可供出售金融资产——利息调整”科目。

② 资产负债表日，可供出售债券为分期付息、一次还本债券投资的，应按票面利率计算确定的应收未收利息，借记“应收利息”科目，按可供出售债券的摊余成本和实际利率计算确定的利息收入，贷记“投资收益”科目，按其差额，借记或贷记“可供出售金融资产——利息调整”科目。

可供出售债券为一次还本付息债券投资的，应于资产负债表日按票面利率计算确定的应收未收利息，借记“可供出售金融资产——应计利息”，按可供出售债券的摊余成本和实际利率计算确定的利息收入，贷记“投资收益”科目，按其差额，借记或贷记“可供出售金融资产——利息调整”科目。

③ 资产负债表日，可供出售金融资产的公允价值高于其账面余额的差额，借记“可供出售金融资产——公允价值变动”，贷记“资本公积——其他资本公积”科目；公允价值低于其账面余额的差额做相反的会计分录。

确定可供出售金融资产发生减值的，按应减记的金额，借记“资产减值损失”科目，按应从所有者权益中转出原计入资本公积的累计损失金额，贷记“资本公积——其他资本公积”科目，按其差额，贷记“可供出售金融资产——公允价值变动”。

对于已确认减值损失的可供出售金融资产，在随后会计期间内公允价值已上升且客观上与确认原减值损失事项有关的，应按原确认的减值损失，借记“可供出售金融资产——公允价值变动”，贷记“资产减值损失”科目；但可供出售金融资产为股票等权益工具投资的（不含在活跃市场上没有报价、公允价值不能可靠计量的权益工具投资），借记“可供出售金融资产——公允价值变动”，贷记“资本公积——其他资本公积”科目。

④ 出售可供出售的金融资产，应按实际收到的金额，借记“银行存款”等科目，按其账面余额，贷记“可供出售金融资产——（成本、公允价值变动、利息调整、应计利息）”，按应从所有者权益中转出的公允价值累计变动额，借记或贷记“资本公积——其他资本公积”科目，按其差额，贷记或借记“投资收益”科目。

4. 长期股权投资

长期股权投资是指企业准备长期持有的权益性资产，包括企业持有的能够对被投资单位实施控制的权益性投资，即对子公司投资；企业持有的能够与其他合营方一同对被投资单位实施共同控制的权益性投资，即对合营企业投资；企业持有的能够对被投资单位施加重大影响的权益性投资，即对联营企业投资；企业对被投资单位不具有控制、共同控制或重大影响，且在活跃市场中没有报价、公允价值不能可靠计量的权益性投资。

（1）初始取得长期股权投资　同一控制下的企业合并形成的，合并方以支付现金、转让非现金资产、承担债务或发行权益性证券作为合并对价的，应在合并日按取得被合并方所有者权益账面价值的份额，借记“长期股权投资”，按享有被投资单位已宣告但尚未发放的现金股利或利润，借记“应收股利”科目，按支付的合并对价的账面价值，贷记有关资产、股本（发行股份的面值总额）或借记有关负债科目，按其差额，贷记“资本公积——资本溢价或股本溢价”科目；为借方差额的，借记“资本公积——资本溢价或股本溢价”科目，资本公积（资本溢价或股本溢价）不足冲减的，借记“盈余公积”、“利润分配——未分配利润”科目。

非同一控制下企业合并形成的长期股权投资，应在购买日按企业合并成本（不含应自被投资单位收取的现金股利或利润），借记“长期股权投资”科目，按享有被投资单位已宣告但尚未发放的现金股利或利润，借记“应收股利”科目，按支付合并对价的账面价值，贷记有关资产或借记有关负债科目，按发生的直接相关费用，贷记“银行存款”等科目，按其差额，贷记“营业外收入”或借记“营业外支出”等科目。非同一控制下企业合并涉及以库存商品等作为合并对价的，应按库存商品的公允价值，贷记“主营业务收入”科目，并同时结转相关的成本。涉及增值税的，还应进行相应的处理。

以支付现金、非现金资产等其他方式（非企业合并）形成的长期股权投资，比照非同一控制下企业合并形成的长期股权投资的相关规定进行处理。

投资者投入的长期股权投资，应按确定的长期股权投资成本，借记“长期股权投资”科目，贷记“实收资本”或“股本”科目。

（2）采用成本法核算的长期股权投资 长期股权投资采用成本法核算的，应按被投资单位宣告发放的现金股利或利润中属于本企业的部分，借记“应收股利”科目，贷记“投资收益”科目；属于被投资单位在取得本企业投资前实现净利润的分配额，应作为投资成本的收回，借记“应收股利”科目，贷记“长期股权投资”科目。

（3）采用权益法核算的长期股权投资

① 长期股权投资的初始投资成本大于投资时应享有被投资单位可辨认净资产公允价值份额的，不调整已确认的初始投资成本。长期股权投资的初始投资成本小于投资时应享有被投资单位可辨认净资产公允价值份额的，应按其差额，借记“长期股权投资——成本”科目，贷记“营业外收入”科目。

② 根据被投资单位实现的净利润或经调整的净利润计算应享有的份额，借记“长期股权投资——损益调整”科目，贷记“投资收益”科目。被投资单位发生净亏损做相反的会计分录，但以本科目的账面价值减记至零为限；还需承担的投资损失，应将其他实质上构成对被投资单位净投资的“长期应收款”等的账面价值减记至零为限；除按照以上步骤已确认的损失外，按照投资合同或协议约定将承担的损失，确认为预计负债。发生亏损的被投资单位以后实现净利润的，应按与上述相反的顺序进行处理。

被投资单位以后宣告发放现金股利或利润时，企业计算应分得的部分，借记“应收股利”科目，贷记“长期股权投资——损益调整”。收到被投资单位宣告发放的股票股利，不进行账务处理，但应在备查簿中登记。

③ 在持股比例不变的情况下，被投资单位除净损益以外所有者权益的其他变动，企业按持股比例计算应享有的份额，借记或贷记“长期股权投资——其他权益变动”科目，贷记或借记“资本公积——其他资本公积”科目。

（4）长期股权投资核算方法的转换 将长期股权投资自成本法转按权益法核算的，应按转换时该项长期股权投资的账面价值作为权益法核算的初始投资成本，初始投资成本小于转换时占被投资单位可辨认净资产公允价值份额的差额，借记“长期股权投资——成本”科目，贷记“营业外收入”科目。

长期股权投资自权益法转按成本法核算的，除构成企业合并的以外，应按中止采用权益法时长期股权投资的账面价值作为成本法核算的初始投资成本。

（5）处置长期股权投资 处置长期股权投资时，应按实际收到的金额，借记“银行存款”等科目，按其账面余额，贷记本科目，按尚未领取的现金股利或利润，贷记“应收股利”科目，按其差额，贷记或借记“投资收益”科目。已计提减值准备的，还应同时结转减值准备。

采用权益法核算长期股权投资的处置，除上述规定外，还应结转原记入资本公积的相关金额，借记或贷记“资本公积——其他资本公积”科目，贷记或借记“投资收益”科目。

二、筹资业务核算方法的设计

筹资业务核算方法的设计主要包括负债性筹资业务核算方法的设计和权益性筹资核算方法的设计。

（一）负债性筹资业务核算方法的设计

1. 短期借款的核算

短期借款是指企业向银行或其他金融机构等借入的期限在1年以下（含1年）的各种借款。

企业可按借款种类、贷款人和币种进行明细核算。企业借入的各种短期借款，借记“银行存款”科目，贷记“短期借款”科目，归还借款做相反的会计分录。资产负债表日，应按计算确定的短期借款利息费用，借记“财务费用”、“利息支出（金融企业）”等科目，贷记“银行存款”、“应付利息”等科目。

2. 非流动负债的核算方法

（1）长期借款的核算　长期借款是指企业向银行或其他金融机构借入的期限在1年以上（不含1年）的各项借款。

企业可按贷款单位和贷款种类，分别“本金”、“利息调整”等进行明细核算。

企业借入长期借款，应按实际收到的金额，借记“银行存款”科目，贷记“长期借款——本金”科目。如存在差额，还应借记“长期借款——利息调整”科目。

资产负债表日，应按摊余成本和实际利率计算确定的长期借款的利息费用，借记“在建工程”、“制造费用”、“财务费用”、“研发支出”等科目，按合同利率计算确定的应付未付利息，贷记“应付利息”科目，按其差额，贷记“长期借款——利息调整”科目。实际利率与合同利率差异较小的，也可以采用合同利率计算确定利息费用。

归还的长期借款本金，借记“长期借款——本金”科目，贷记“银行存款”科目。同时，存在利息调整余额的，借记或贷记“在建工程”、“制造费用”、“财务费用”、“研发支出”等科目，贷记或借记“长期借款——利息调整”科目。

（2）企业债券的核算方法　债券是企业为筹集资金而依照法定程序发行，约定在一定日期还本付息的有价证券。企业发行债券必须经国家有关部门批准，委托银行或者其他金融机构代理发行。

① 企业发行债券，应按实际收到的金额，借记“银行存款”等科目，按债券票面金额，贷记“应付债券——面值”科目。存在差额的，还应借记或贷记“应付债券——利息调整”科目。发行的可转换公司债券，应按实际收到的金额，借记“银行存款”等科目，按该项可转换公司债券包含的负债成分的面值，贷记“可转换公司债券——面值”科目，按权益成分的公允价值，贷记“资本公积——其他资本公积”科目，按其差额，借记或贷记“可转换公司债券——利息调整”科目。

② 资产负债表日，对于分期付息、一次还本的债券，应按摊余成本和实际利率计算确定的债券利息费用，借记“在建工程”、“制造费用”、“财务费用”、“研发支出”等科目，按票面利率计算确定的应付未付利息，贷记“应付利息”科目，按其差额，借记或贷记“应付债券——利息调整”科目。对于一次还本付息的债券，应于资产负债表日按摊余成本和实际利率计算确定的债券利息费用，借记“在建工程”、“制造费用”、“财务费用”、“研发支出”等科目，按票面利率计算确定的应付未付利息，贷记“应付债券——应计利息”科目，按其差额，借记或贷记“应付债券——利息调整”科目。实际利率与票面利率差异较小的，也可以采用票面利率计算确定利息费用。

③ 长期债券到期，支付债券本息，借记“应付债券——（面值、应计利息）”、“应付利息”等科目，贷记“银行存款”等科目。同时，存在利息调整余额的，借记或贷记“应付债

券——利息调整”科目，贷记或借记“在建工程”、“制造费用”、“财务费用”、“研发支出”等科目。

④ 可转换公司债券持有人行使转换权利，将其持有的债券转换为股票，按可转换公司债券的余额，借记“可转换公司债券——（面值、利息调整）”科目，按其权益成分的金额，借记“资本公积——其他资本公积”科目，按股票面值和转换的股数计算的股票面值总额，贷记“股本”科目，按其差额，贷记“资本公积——股本溢价”科目。如用现金支付不可转换股票的部分，还应贷记“银行存款”等科目。

（二）权益性筹资业务核算方法的设计

权益性筹资业务就是企业吸收直接投资和对社会公开发行股票，该业务的会计核算需要设置“实收资本”、“股本”，按投资者设置明细账。

1. 吸收直接投资的核算

股东以现金投入的资本，应以实际收到或者存入企业开户银行的金额作为实收资本入账。

如果股东以非现金出资，如实物资产或无形资产投资，接受的实物资产和无形资产投资，应按评估或双方确认的价值（或实物的发票价值）及相关的税金作为实收资本入账，同时借记“原材料”、“固定资产”、“无形资产”等账户。

2. 股票发行的核算

股份有限公司以发行股票方式筹集的股本通过“股本”账户核算，按照有关的规定，对既发行普通股又发行优先股的企业，“股本”账户下应分设明细账和对普通股和不同类型的优先股分别登记。股份有限公司因发行股票、可转换债券调换成股票、发放股票股利等原因取得股本时记入该账户贷方，按法定程序报经批准减少注册资本的公司在实际发还股款时记入该账户借方，“股本”账户贷方余额表示公司所拥有的股本总额。公司发行股票时，在收到现金等资产时，将实际收到的金额借记“现金”、“银行存款”账户，按股票面值和核定的股份总额的乘积计算的金额贷记“股本”账户。股票的转让只变更股东，而不改变股本总额，因此，只需在股东名册中记载，而无需在“股本”账户中记录，而且一般股票发行都是溢价发行，其溢价金额计入资本公积账户。

当股本减少时，如采用收购本企业股票方式减资的，在实际购入企业股票时登记入账。股份有限公司采用收购本公司股票（股票回购）方式减资时按注销股票的面值总额减少股本，购回股票支付的价款超过面值总额的部分依次减少资本公积、盈余公积和未分配利润。公司按法定程序以股票回购方式减少注册资本，借记“股本”、“资本公积”账户，贷记“银行存款”账户。如果公司购回股票支付的价款低于面值总额，支付的价款低于面值总额的部分增加资本公积。

第四节　投资与筹资业务处理流程及内部控制制度设计示例

一、投资与筹资业务处理流程

投资与筹资业务处理流程包括投资决策、投资登记管理、筹资管理等内容。下面介绍其中的投资决策与筹资管理两个流程。

1. 投资决策流程（图 12-1）

2. 筹资管理流程（图 12-2）

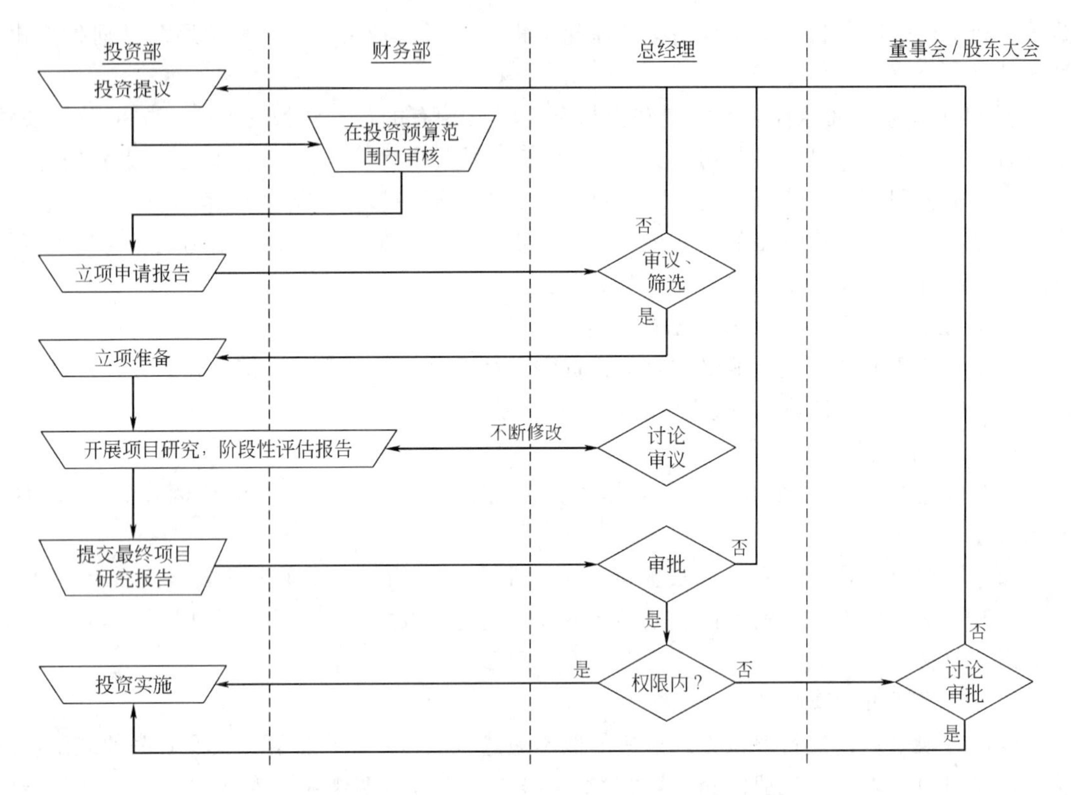

图 12-1　投资与筹资业务处理流程——投资决策

流程说明　① 投资部提出投资建议，财务部在投资预算范围内进行初步审核。

② 投资部向总经理递交立项申请报告。立项申请报告获批，做立项准备。

③ 投资部负责项目可行性研究的组织工作，定期与不定期地向总经理递交阶段性评估报告。总经理对阶段行报告进行讨论、审议，根据讨论结果有权立即终止项目。

④ 财务部参与投资的可行性研究、论证；为可行性研究设立基本财务假设条件（如利率、汇率等）；判断对外投资地方的税法、外汇政策、会计政策对投资项目的影响，并针对具体情况提出解决办法；预测项目现金流量；估计项目可能发生的财务风险。

⑤ 总经理在权限范围内审批最终项目研究报告，超出权限的提交董事会或股东大会审批。审批通过后，投资部组织实施投资。

二、投资与筹资内部控制制度设计示例

××股份有限公司对外投资管理办法

第一章　总　　则

第一条　为规范公司对外投资行为，提高投资效益，规避投资所带来的风险，有效、合理地使用资金，使资金的时间价值最大化，依照《中华人民共和国公司法》、《中华人民共和国合同法》等国家法律法规，结合《公司章程》、《股东大会议事规则》、《董事会议事规则》、《总经理工作细则》等公司制度，制定本办法。

第二条　本办法所称的对外投资是指公司为获取未来收益而将一定数量的货币资金、股权、以及经评估后的实物资产或无形资产作价出资，对外进行各种形式的投资活动。

第三条　公司对外投资分为交易性金融资产、长期股权投资。

交易性金融资产主要指：企业以赚取差价为目的从二级市场购买的股票、债券和基金等。

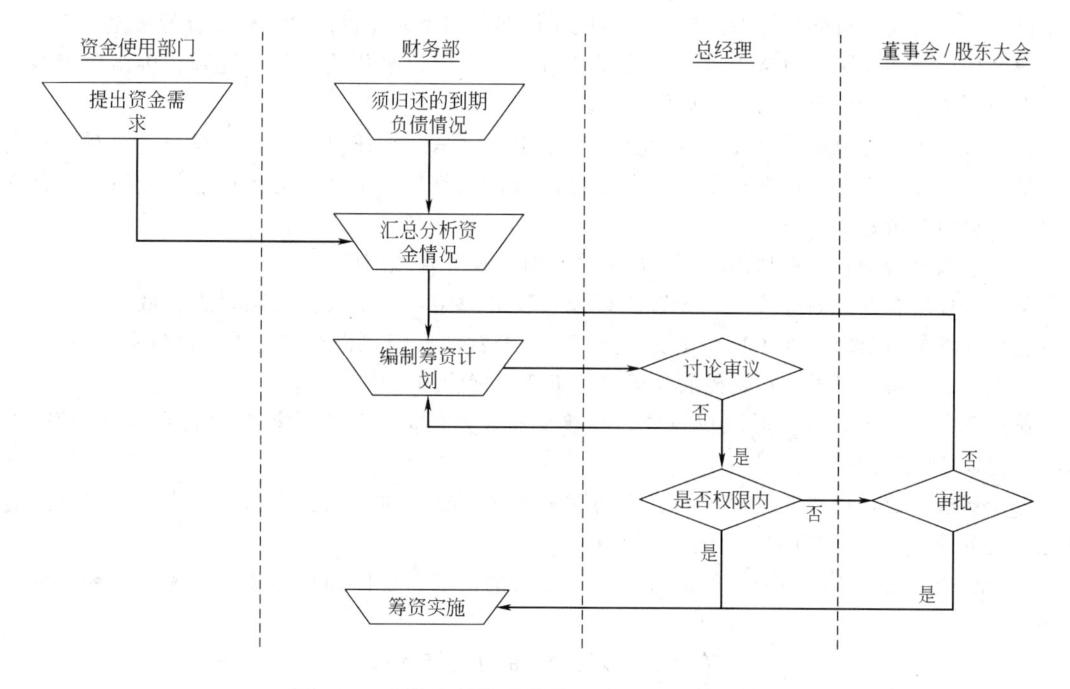

图 12-2　投资与筹资业务处理流程——筹资管理

流程说明　① 资金使用部门提出资金使用申请，财务部综合考虑须归还的到期负债情况、汇总分析资金情况、编制筹资计划。筹资计划除考虑各部门的资金需求和目前资金余额外，还需考虑将到期的银行借款、债券等负债，关注公司的现金流情况。

② 总经理在权限范围内审批筹资计划，超出权限的提交董事会或股东大会审批。审批不通过，返回财务部继续修改；审批通过后，财务部组织实施筹资计划。

长期股权投资主要包括下列类型：

1. 企业持有的能够对被投资单位实施控制的权益性投资，即对子公司投资；

2. 企业持有的能够与其他合营方一同对被投资单位实施共同控制的权益性投资，即对合营企业投资；

3. 企业持有的能够对被投资单位施加重大影响的权益性投资，即对联营企业投资；

4. 企业对被投资单位不具有控制、共同控制或重大影响，且在活跃市场中没有报价、公允价值不能可靠计量的权益性投资。

第四条　投资管理应遵循的基本原则：符合公司发展战略，合理配置企业资源，促进要素优化组合，创造良好经济效益。

第五条　本办法适用于股份公司及其所属全资子公司、控股子公司（简称子公司，下同）的一切对外投资行为。

第二章　对外投资的审批权限

第六条　公司对外投资实行专业管理和逐级审批制度。

第七条　公司对外投资的审批应严格按照《公司法》及其他相关法律、法规和《公司章程》、《总经理工作细则》、《董事会议事规则》、《股东大会议事规则》等规定的权限履行审批程序。股东大会授权公司董事会有权决定一次性投资总额占公司最近一期经审计的净资产比例10％以下的投资，对于超过该比例的投资应报股东大会批准。

第三章　对外投资的组织管理机构

第八条　公司股东大会、董事会、总经理办公会为公司对外投资的决策机构，各自在其权限范围内，对公司的对外投资做出决策。其他任何部门和个人无权做出对外投资的决定。

第九条 公司董事会战略委员会为公司董事会的专门议事机构，负责统筹、协调和组织对外投资项目的分析和研究，为决策提供建议。

第十条 董事会战略委员会下设投资评审小组，由总经理任组长。总经理是公司对外投资实施的主要责任人，主要负责对新的投资项目进行信息收集、整理和初步评估，经筛选后建立项目库，提出投资建议。

第十一条 公司企业策划部和证券部为公司对外投资管理部门。

第十二条 企业策划部参与研究、制订公司发展战略，对重大投资项目进行效益评估、审议并提出建议；对公司对外的基本建设投资、生产经营性投资和合营、租赁项目负责进行预选、策划、论证、筹备；对子公司及控股公司进行责任目标管理考核。

第十三条 证券部负责对股权投资、产权交易、公司资产重组等投资项目负责进行预选、策划、论证、筹备。

第十四条 公司财务部负责对外投资的财务管理，负责协同相关方面办理出资手续、工商登记、税务登记、银行开户等工作。

第十五条 公司法律事务部负责对外投资项目的协议、合同和重要相关信函、章程等的法律审核。

第四章 对外投资的决策管理

第一节 交易性金融资产

第十六条 交易性金融资产投资决策程序：

1. 对外投资管理部门负责对随机投资建议进行预选投资机会和投资对象，根据投资对象的赢利能力编制投资计划；

2. 财务部负责提供公司资金流量状况表；

3. 投资计划按审批权限履行审批程序后实施。

第十七条 财务部负责按照投资类别、数量、单价、应计利息、购进日期等及时登记入账，并进行相关账务处理。

第十八条 涉及证券投资的，必须执行严格的联合控制制度，即至少要由两名以上人员共同操作，且证券投资操作人员与资金、财务管理人员分离，相互制约，不得一人单独接触投资资产，对任何的投资资产的存入或取出，必须由相互制约的两人联名签字。

第十九条 公司购入的交易性金融资产必须在购入的当日记入公司名下。

第二十条 公司财务部负责定期与证券营业部核对证券投资资金的使用及结存情况。应将收到的利息、股利及时入账。

第二节 长期股权投资

第二十一条 投资管理部门对适时投资项目进行初步评估，提出投资建议，报董事会战略委员会初审。

第二十二条 初审通过后，投资管理部门接到项目投资建议书后，负责对其进行调研、论证，编制可行性研究报告及有关合作意向书，报送总经理。由总经理召集公司各相关部门组成投资评审小组，对投资项目进行综合评审，评审通过后，提交公司总经理办公会议讨论通过，上报董事会战略委员会。

第二十三条 董事会战略委员会对可行性研究报告及有关合作协议评审通过后提交董事会审议；董事会根据相关权限履行审批程序，超出董事会权限的，提交股东大会。

第二十四条 已批准实施的对外投资项目，应由董事会授权公司相关部门负责具体实施。

第二十五条 公司经营管理班子负责监督项目的运作及其经营管理。

第二十六条　投资项目应与被投资方签订投资合同或协议，投资合同或协议须经公司法律事务部进行审核，并经授权的决策机构批准后方可对外正式签署。

第二十七条　公司财务部负责协同被授权部门和人员，按投资合同或协议规定投入现金、实物资产或无形资产。投入实物必须办理实物交接手续，并经实物使用部门和管理部门同意。

第二十八条　对于重大投资项目可聘请专家或中介机构进行可行性分析论证。

第二十九条　投资管理部门根据公司所确定的投资项目，相应编制实施投资建设开发计划，对项目实施进行指导、监督与控制，参与投资项目审计、终（中）止清算与交接工作，并进行投资评价与总结。

第三十条　公司企划部负责对所有投资项目实施运作情况实行全过程的监督、检查和评价。投资项目实行季报制，投资管理部门对投资项目的进度、投资预算的执行和使用、合作各方情况、经营状况、存在问题和建议等每季度汇制报表，及时向公司领导报告。项目在投资建设执行过程中，可根据实施情况的变化合理调整投资预算，投资预算的调整需经原投资审批机构批准。

第三十一条　公司监事会、监察审计部门、财务部门应依据其职责对投资项目进行监督，对违规行为及时提出纠正意见，对重大问题提出专项报告，提请项目投资审批机构讨论处理。

第三十二条　建立健全投资项目档案管理制度，自项目预选到项目竣工移交（含项目中止）的档案资料，由各专业投资部门负责整理归档。

第五章　对外投资的转让与收回

第三十三条　出现或发生下列情况之一时，公司可以收回对外投资：

1. 按照公司章程规定，该投资项目（企业）经营期满；
2. 由于投资项目（企业）经营不善，无法偿还到期债务，依法实施破产；
3. 由于发生不可抗拒力而使项目（企业）无法继续经营；
4. 合同规定投资终止的其他情况出现或发生时。

第三十四条　发生或出现下列情况之一时，公司可以转让对外投资：

1. 投资项目已经明显有悖于公司经营方向的；
2. 投资项目出现连续亏损且扭亏无望没有市场前景的；
3. 由于自身经营资金不足急需补充资金时；
4. 本公司认为有必要的其他情形。

第三十五条　投资转让应严格按照《公司法》和公司章程有关转让投资规定办理。处置对外投资的行为必须符合国家有关法律、法规的相关规定。

第三十六条　批准处置对外投资的程序与权限与批准实施对外投资的权限相同。

第三十七条　对外投资管理部门负责做好投资收回和转让的资产评估工作，防止公司资产的流失。

第六章　对外投资的财务管理及审计

第三十八条　公司财务部应对公司的对外投资活动进行全面完整的财务记录，进行详尽的会计核算，按每个投资项目分别建立明细账簿，详尽记录相关资料。对外投资的会计核算方法应符合会计准则的规定。

第三十九条　长期对外投资的财务管理由公司财务部负责，财务部根据分析和管理的需要，取得被投资单位的财务报告，以便对被投资单位的财务状况进行分析，维护公司的权益，确保公司利益不受损害。

第四十条 公司在每年度末对所有投资进行全面检查。对子公司进行定期或专项审计。

第四十一条 公司子公司的会计核算方法和财务管理中所采用的会计政策及会计估计、变更等应遵循公司的财务会计制度及其有关规定。

第四十二条 公司子公司应每月向公司财务部报送财务会计报表，并按照公司编制合并报表和对外披露会计信息的要求，及时报送会计报表和提供会计资料。

第四十三条 公司可向子公司委派财务总监，财务总监对其任职公司财务状况的真实性、合法性进行监督。

第四十四条 对公司所有的投资资产，应由内部审计人员或不参与投资业务的其他人员进行定期盘点或与委托保管机构进行核对，检查其是否为本公司所拥有，并将盘点记录与账面记录相互核对以确认账实的一致性。

第七章 附 则

第四十五条 本办法未尽事宜，按照国家有关法律、法规和本公司章程的规定执行。

第四十六条 本办法自公司董事会通过之日起实施。

××股份有限公司融资管理制度

第一章 总 则

第一条 为规范理财行为，促进融资活动，以使公司实现价值最大化（即财富最大化），制定本制度。

第二条 融资指融通资金：公司发行股票、发行债券、取得借款、赊购、租赁都属于融资。即包括债务性融资和股权融资。股权融资的管理主要指对资本金的管理；债务融资应符合资金管理的要求。

第三条 公司融资时，需认真研究，严格按照股东大会决议执行，即公司董事长在董事会授权的范围内全权负责，董事长可以签署及办理本公司规定金额以内或等值外币的银行贷款业务及信用证开证额度；公司原则上不得为任何其他单位提供任何形式的担保，因融资需要公司对外进行经济担保要严格遵守国家规定的《担保法》、《关于上市公司为他人提供担保有关问题的通知》，但必须经董事会或股东大会批准。董事、经理违反《公司法》第六十条的规定，以公司资产为本公司的股东或者其他个人债务提供担保的，担保合同无效，除债权人知道或应当知道的除外，债务人、担保人应当对债权人的损失承担连带赔偿责任。

第四条 资金的投向不论用于生产经营或资本性支出均要周密研究项目价值与资金使用效果，二者要紧密结合，力求以低资金成本取得最大的投资效益，即达到资金利润率高于资金成本率的要求。

第五条 融资要综合研究各种融资渠道、融资方式和筹资的费用、条件，并确定最资本结构，实现筹资方式的最优组合，以避免和防范融资风险、降低资金成本。

第六条 办理融资时必须与有关部门签订相关合同。

第七条 融资时应坚持如下原则：

（1）稳定性原则。借入资金能保持一定的稳定性，这样可使资金在安排使用时有一定的余地。

（2）适度性原则。公司筹集的资金一定要适应公司的需要，包括融资数额不能过多也不能过少。融资时机要适度，期限要适当，方式要合理。

（3）合法性原则。融资要遵守《证券法》、《公司法》、《合同法》等国家法律法规，要讲究信誉，必须与金融机构、承销商等签订合同。

（4）低成本原则。

（5）担保原则。

A. 公司在融资时，应对借入的资金担保，这样可以督促公司按时还债，有效用债，适度加强筹资的风险管理和维护公司的良好信誉。

B. 公司原则上不对外提供经济担保，一次提供担保金额超出授权审批额度（叁仟万元）的，必须由被担保单位出具同等数额的反担保函。

C. 对外提供担保时，财务部门必须对被担保单位的经济及财务状况、货款用途及偿还能力等情况进行审查了解。

D. 对外单位提供经济担保的总额不得超过本单位的净资产总额。

E. 财务管理部门要对提供经济担保的情况设立备查台账，对有关资料妥善管理，尽量避免经济纠纷的发生。

（6）债务比例结构合理原则。

第二章　融资具体操作程序

第八条　由财务部、证券部根据生产经营需要，预测资金需要量，按以需定融、收支平衡的原则，提出融资申请并联系融资机构，进行融资洽谈。根据生产经营资金运作情况，财务部门向总经理提出举债、还债报告，由总经理审批实施。借款审批权限：

董事会权限：　10000万元以上（含10000万元）；

总经理权限：　1000万元至10000万元；

财务总监权限：1000万元以下（含1000万元）。

第九条　财务部将有关资金融资条件、额度洽谈情况向董事长随时汇报。

第十条　董事会应将融资事宜进行专题决议，并授权财务部准备有关资料。

第十一条　融资资金到位后，按约定用途由董事长直接组织调度使用。

第十二条　由财务部负责建立融资台账，进行序时管理，统筹安排偿付利息，及时反馈财务信息，跟踪投资目标管理，控制投资计划按预算方案执行，以便随时保持良好的财务状况和充分的偿债能力。

第十三条　对到期的贷款，由财务部、提前十五天提出处理意见，还款或展期以及后续资金的安排。

第十四条　对贷款中遇到的情况，由财务总监及时协调处理。

思　考　题

1. 投资业务职务分离制度主要体现在哪几个方面？
2. 投资业务内部控制制度设计要点有哪些？
3. 筹资业务内部控制的目标有哪些？
4. 筹资业务职务分离制度主要体现在哪几个方面？
5. 简述筹资决策制度设计的要点。
6. 如何设计长期股权投资的核算方法？
7. 如何设计负债性筹资业务核算方法？
8. 如何设计和权益性筹资业务核算方法？
9. 如何设计投资决策制度？

第十三章　固定资产业务处理程序与核算方法设计

第一节　固定资产内部控制的目标与基本要求

案例导入

2001年5月上海市工商长宁分局江苏工商所根据举报，查获位于香花桥路30号的某大楼在施工中安装假冒松日开关、插座，藏匿在地下室尚未使用的近千支假冒开关、插座全部被差扣。经调查，承担该大楼建筑的是浙江某建设公司，这家公司为了节省工程造价，通过福建人石某，购进了共计5000只假冒松日开关、插座，其中4000只已经安装在大楼各个房间。

固定资产是企业创造财富不可或缺的手段，是企业生产经营的主要劳动资料。本案例中，该大楼在建造过程中应该指派专门的职员，根据大楼建造的进度，逐步地监督其质量，验收时对质量进行把关，做到验收人与承建人、款项支付人在职务上分离，避免建筑承包商在生产过程中为了节省成本，使用假冒产品偷工减料，给固定资产质量和人身安全埋下隐患。可见，加强固定资产内部控制与业务处理程序设计对于保证企业生产经营和管理活动具有重大的意义。

一、固定资产内部控制的目标

① 保证固定资产取得的合理性。

② 保证固定资产计价的准确性。

③ 保证固定资产的安全完整及合理使用。

④ 保证固定资产折旧和摊销方法的合理性和计算的正确性。

二、固定资产内部控制的基本要求

企业在建立并实施固定资产内部控制制度中，至少应当强化对以下关键方面或者关键环节的风险控制，并采取相应的控制措施。

① 权责分配和职责分工应当明确，机构设置和人员配备应当科学合理。

② 固定资产取得依据应当充分适当，决策和审批程序应当明确。

③ 固定资产取得、验收、使用、维护、处置和转移等环节的控制流程应当清晰，固定资产投资预算、工程进度、验收使用、维护保养、内部调剂、报废处置等应当有明确的规定。

④ 固定资产成本核算、计提折旧和减值准备、处置等会计处理应当符合国家统一的会计制度的规定。

第二节 固定资产内部控制规范

一、职责分工与授权批准

1. 不相容职务的分离

企业应当建立固定资产业务的岗位责任制，明确相关部门和岗位的职责、权限，确保办理固定资产业务的不相容岗位相互分离、制约和监督。同一部门或个人不得办理固定资产业务的全过程。固定资产业务不相容岗位至少包括：

（1）固定资产投资预算的编制与审批，审批与执行；

（2）固定资产采购、验收与款项支付；

（3）固定资产投保的申请与审批；

（4）固定资产处置的申请与审批，审批与执行；

（5）固定资产取得与处置业务的执行与相关会计记录。

2. 授权批准制度

审批人应当根据固定资产业务授权批准制度的规定，在授权范围内进行审批，不得超越审批权限。经办人在职责范围内，按照审批人的批准意见办理固定资产业务。对于审批人超越授权范围审批的固定资产业务，经办人员有权拒绝办理，并及时向上级部门报告。企业应当制定固定资产业务流程，明确固定资产投资预算编制、取得与验收、使用与维护、处置等环节的控制要求，并设置相应的记录或凭证，如实记载各环节业务开展情况，及时传递相关信息，确保固定资产业务全过程得到有效控制。

二、取得与验收控制

1. 固定资产预算管理制度

企业根据固定资产的使用情况、生产经营发展目标等因素拟定固定资产投资项目，对项目可行性进行研究、分析，编制固定资产投资预算，并按规定程序审批，确保固定资产投资决策科学合理。

2. 请购与审批制度

企业对于外购的固定资产应当建立请购与审批制度，明确请购部门（或人员）和审批部门（或人员）的职责权限及相应的请购与审批程序。外购固定资产的请购审批程序，请按照第八章中的“请购与审批控制”部分。

3. 固定资产验收制度

企业应当建立严格的固定资产交付使用验收制度，确保固定资产数量、质量等符合使用要求。固定资产交付使用的验收工作由固定资产管理部门、使用部门及相关部门共同实施。对验收合格的固定资产应及时办理入库、编号、建卡、分配等手续。

企业外购固定资产，应当根据合同、供应商发货单等对所购固定资产的品种、规格、数量、质量、技术要求及其他内容进行验收，出具验收单或验收报告。验收合格后方可投入使用。

企业自行建造的固定资产，应由制造部门、固定资产管理部门、使用部门共同填制固定资产移交使用验收单，移交使用部门使用。

企业对投资者投入、接受捐赠、债务重组、企业合并、非货币性资产交换、外企业无偿划拨转入以及其他方式取得的固定资产均应与投资方、捐赠方提供的有关凭据、资料核对，办理相应的验收手续。企业对经营租赁、借用、代管的固定资产应设立登记簿记录备查，避免与本企业财产混淆，并应及时归还。

三、使用与维护控制

1. 固定资产归口分组管理制度

企业应加强固定资产的日常管理工作，授权具体部门或人员负责固定资产的日常使用与维修管理，确保固定资产管理权责明晰、责任到人，保证固定资产的安全与完整。

2. 固定资产账簿登记与固定资产卡片管理制度

企业应根据国家及行业有关要求和自身经营管理的需要，确定固定资产分类标准和管理要求，编制固定资产目录、固定资产卡片、固定资产明细分类账。确保固定资产账账、账实、账卡相符。财务部门、固定资产管理部门和使用部门应定期核对相关账簿、记录、文件和实物，发现问题，及时报告。

3. 会计核算制度

企业应依据国家有关规定，结合企业实际，确定计提折旧的固定资产范围、折旧方法、折旧年限、净残值率等折旧政策。折旧政策一经确定，除符合国家统一的会计制度规定的情况以外，未经批准，不得随意变更。

4. 固定资产维修保养制度

企业应当建立固定资产的维修、保养制度，保证固定资产的正常运行，提高固定资产的使用效率。固定资产使用部门负责固定资产日常维修、保养，定期检查，及时消除风险；固定资产大修理应由固定资产使用部门提出申请，按规定程序报批后安排修理；固定资产技术改造应组织相关部门进行可行性论证，审批通过后予以实施。固定资产大修理和技术改造，应依据国家统一的会计制度的规定，及时进行账务处理。

5. 固定资产保险制度

企业应根据固定资产性质确定固定资产投保范围和政策。企业应由固定资产管理部门负责对应投保的固定资产项目提出投保申请，按规定程序审批后，办理投保手续。必要时，可采取招标方式确定保险公司。

已投保的固定资产因增减、转移及处置等原因而发生变动时，固定资产管理部门应提出变更申请，经企业授权部门或人员审批后办理投保、转移、解除等相关保险手续。

6. 固定资产清查盘点制度

企业应当定期对固定资产进行盘点。盘点前，应当保证固定资产管理部门、使用部门和财会部门进行固定资产账簿记录的核对，保证账账相符。企业应组成固定资产盘点小组对固定资产进行盘点，根据盘点结果填写固定资产盘点表，并与账簿记录核对，对账实不符，固定资产盘盈、盘亏的，编制固定资产盘盈、盘亏表。固定资产发生盘盈、盘亏，应由固定资产使用部门和管理部门逐笔查明原因，共同编制盘盈、盘亏处理意见，经企业授权部门或人员批准后由财会部门及时调整有关账簿记录，使其反映固定资产的实际情况。

企业应至少在每年年末由固定资产管理部门和财会部门对固定资产进行检查、分析。检查分析应包括定期核对固定资产明细账与总账，并对差异及时分析与调整。固定资产存在可能发生减值迹象的，应当计算其可收回金额；可收回金额低于账面价值的，应当计提减值准备，避免资产价值高估。

固定资产管理部门和使用部门对未使用、不需用或使用不当的固定资产及时提出处理措施，报企业授权部门或人员批准后实施。对封存的固定资产，应指定专人负责日常管理，定期检查，确保资产的完整状态。

四、处置与转移控制

1. 固定资产处置的相关制度

企业应区分固定资产不同的处置方式，采取相应控制措施。

对使用期满、正常报废的固定资产，应由固定资产使用部门或管理部门填制固定资产报废单，经企业授权部门或人员批准后对该固定资产进行报废清理。

对使用期限未满、非正常报废的固定资产，应由固定资产使用部门提出报废申请，注明报废理由、估计清理费用和可回收残值、预计出售价值等。企业应组织有关部门进行技术鉴定，按规定程序审批后进行报废清理。

对拟出售或投资转出的固定资产，应由有关部门或人员提出处置申请，列明该项固定资产的原价、已提折旧、预计使用年限、已使用年限、预计出售价格或转让价格等，报经企业授权部门或人员批准后予以出售或转让。

企业出租、出借固定资产，应由固定资产管理部门会同财会部门按规定报经批准后予以办理，并签订合同，对固定资产出租、出借期间所发生的维护保养、税负责任、租金、归还期限等相关事项予以约定。对固定资产处置及出租、出借收入和发生的相关费用，应及时入账，保持完整的记录。

2. 固定资产转移的相关制度

企业对于固定资产的内部调拨，应填制固定资产内部调拨单，明确固定资产调拨时间、调拨地点、编号、名称、规格、型号等，经有关负责人审批通过后，及时办理调拨手续。固定资产调拨的价值应当由企业财会部门审核批准。

第三节 固定资产核算方法的设计

固定资产业务的核算，需设置“固定资产”、“在建工程”、“工程物资”、“累计折旧”、“固定资产清理”等账户。

1. 固定资产取得的核算方法

固定资产取得的会计核算方法主要是固定资产入账价值的确定。固定资产取得时的成本应当根据具体情况分别确定。

(1) 外购固定资产的成本　包括购买价款、相关税费、使固定资产达到预定可使用状态前所发生的可归属于该项资产的运输费、装卸费、安装费和专业人员服务费等。

购买固定资产的价款超过正常信用条件延期支付，实质上具有融资性质的，固定资产的成本以购买价款的现值为基础确定。实际支付的价款与购买价款的现值之间的差额，除应予资本化的以外，应当在信用期间内计入当期损益。

(2) 自行建造固定资产的成本　由建造该项资产达到预定可使用状态前所发生的必要支出构成。

(3) 投资者投入固定资产的成本　应当按照投资合同或协议约定的价值确定，但合同或协议约定价值不公允的除外。

（4）融资租入的固定资产　在租赁期开始日，按租赁开始日租赁资产公允价值与最低租赁付款额现值两者中较低者，加上初始直接费用作为固定资产成本。

（5）企业接受的债务人以非现金资产抵偿债务方式取得的固定资产　或以应收债权换入固定资产的，按应收债权的账面价值加上应支付的相关税费，作为入账价值。涉及补价的，按以下规定确定受让的固定资产的入账价值：①收到补价的，按应收债权的账面价值减去补价，加上应支付的相关税费，作为入账价值；②支付补价的，按应收债权的账面价值加上支付的补价和应支付的相关税费，作为入账价值。

（6）以非货币性交易换入的固定资产　应按以下规定确定其价值。

① 按换出资产的账面价值加上应支付的相关税费，作为入账价值。若涉及补价：a. 支付补价的，应当以换出资产的账面价值，加上支付的补价和应支付的相关税费，作为换入资产的成本，不确认损益；b. 收到补价的，应当以换出资产的账面价值，减去收到的补价并加上应支付的相关税费，作为换入资产的成本，不确认损益。

② 企业在按照公允价值和应支付的相关税费作为换入资产成本的情况下，若涉及补价：a. 支付补价的，换入资产成本与换出资产账面价值加支付的补价、应支付的相关税费之和的差额，应当计入当期损益；b. 收到补价的，换入资产成本加收到的补价之和与换出资产账面价值加应支付的相关税费之和的差额，应当计入当期损益。

2. 固定资产折旧的核算

① 企业应当对所有固定资产计提折旧。但是，已提足折旧仍继续使用的固定资产和单独计价入账的土地除外。

② 固定资产应当按月计提折旧，当月增加的固定资产，当月不计提折旧，从下月起计提折旧；当月减少的固定资产，当月仍计提折旧，从下月起不计提折旧。固定资产提足折旧后，不论能否继续使用，均不再计提折旧；提前报废的固定资产，也不再补提折旧。

③ 已达到预定可使用状态但尚未办理竣工决算的固定资产，应当按照估计价值确定其成本，并计提折旧；待办理竣工决算后，再按实际成本调整原来的暂估价值，但不需要调整原已计提的折旧额。

④ 企业应当根据与固定资产有关的经济利益的预期实现方式，合理选择固定资产折旧方法。可选用的折旧方法包括年限平均法、工作量法、双倍余额递减法和年数总和法等。固定资产的折旧方法一经确定，不得随意变更。但与固定资产有关的经济利益预期实现方式有重大改变的，应当改变固定资产折旧方法，并在会计报表附注中予以说明。

⑤ 企业至少应当于每年年度终了，对固定资产的使用寿命、预计净残值和折旧方法进行复核。固定资产使用寿命、预计净残值和折旧方法的改变应当作为会计估计变更。

3. 固定资产的后续支出

固定资产的后续支出是指固定资产在使用过程中发生的更新改造支出、修理费用等。固定资产的更新改造等后续支出，满足固定资产确认条件的，应当计入固定资产成本，如有被替换的部分，应扣除其账面价值；不满足固定资产确认条件的固定资产修理费用等，应当在发生时计入当期损益。企业以经营租赁方式租入的固定资产发生的改良支出，应予资本化，作为长期待摊费用，合理进行摊销。

4. 固定资产的期末计价

企业的固定资产应当在期末时按照账面价值与可回收金额孰低计量，对可回收金额低于账面价值的差额，应当计提固定资产减值准备。按应减记的金额，借记“资产减值损失”科目，贷记“固定资产减值准备”科目。

5. 固定资产处置

企业出售、转让、报废固定资产或发生固定资产毁损，应当将固定资产成本扣减累计折旧和累计减值准备后的金额，扣除账面价值和相关税费后的金额计入营业外收支。

6. 固定资产清查

企业对固定资产应当定期或者至少每年实地盘点一次。对于盘盈、盘亏、毁损的固定资产，应当查明原因，写出书面报告，并根据企业的管理权限，经股东大会或董事会，或经理（厂长）会议或类似机构批准后，在期末结账前处理完毕。固定资产盘盈应当作为前期差错处理，在按管理权限报经批准处理前，通过“以前年度损益调整”科目核算。固定资产盘亏造成的损失，按可收回的保险赔偿或过失人赔偿，计入“其他应收款”科目，差额计入“营业外支出”科目。

第四节　固定资产业务处理流程及内部控制制度设计示例

一、固定资产业务处理流程设计示例

固定资产业务处理流程内容较多，主要包括固定资产取得和处置、固定资产转移、固定资产毁损、固定资产转移、固定资产日常管理和维修、固定资产盘点。其中，固定资产购置流程可参见第八章“采购与付款业务处理流程”。下面仅介绍固定资产报废以及固定资产盘点业务处理流程。

1. 固定资产报废流程（图 13-1）

2. 固定资产盘点流程（图 13-2）

二、固定资产内部控制制度设计示例

××股份有限公司固定资产内部控制制度

第一章　总　　则

第一条　为了加强固定资产的管理，保证固定资产的安全完整，充分发挥固定资产效能，结合股份有限公司（以下简称公司或本公司）实际情况，特制定本办法。

第二条　固定资产是公司从事经营业务和完成各项工作的主要劳动资料，凡是使用年限在一个会计年度以上的房屋建筑物、运输工具、通信设备以及其他与公司生产经营有关的设备等，均作固定资产处理。不同时具备以上两个条件的，列为低值易耗品。临时简易工棚以及各类属于周转性的生产工具及设施，不论价值大小及使用期限，都不列为固定资产。

第二章　固定资产的计价

第三条　公司的固定资产原值，应按其不同来源渠道分别确定。

（1）购入新的固定资产，按照实际支付的买价、运杂费、包装费、保险费和安装成本等作为原价，从国外进口设备的原价还包括按规定支付的关税和附加税。购入旧的固定资产，按照售出单位的账面原值，扣除原安装成本，加运杂费、包装费和安装成本等作为原价。自行建造的固定资产，按照建造过程中实际发生的全部支出为原价。

（2）投资者投入的固定资产，按照评估确认或合同、协议约定的价值记账。

（3）融资租入的固定资产，按照租赁协议确定的价款加运输费、途中保险费、安装调试费

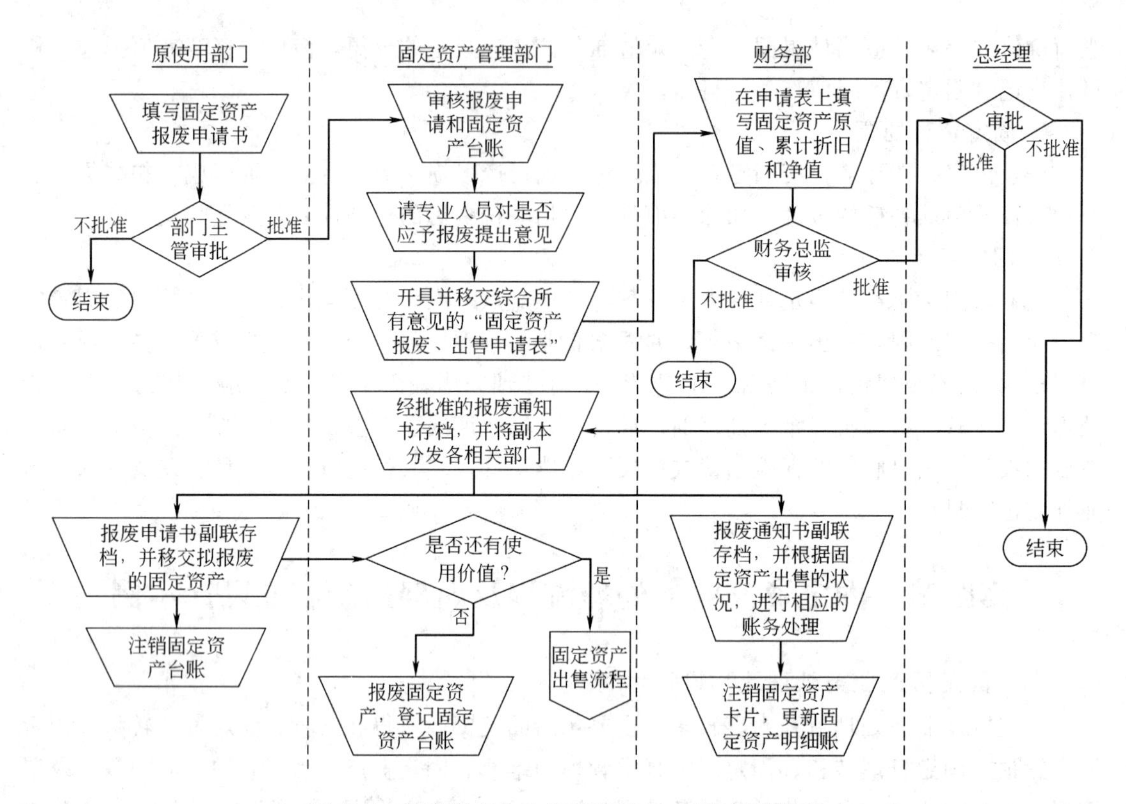

图 13-1 固定资产业务处理流程——固定资产报废

流程说明 ① 固定资产使用部门填写报废申请单，部门主管审批通过后交固定资产管理部门。

② 固定资产管理部门审核报废申请和固定资产台账，请专业人员对是否应予报废提出意见，开具并移交综合所有意见的“固定资产报废申请表”。

③ 财务部在申请表上填写固定资产原值、累计折旧和净值。财务总监、总经理审批后固定资产管理部门将经批准的报废申请表存档，并将副本分发各相关部门。

④ 固定资产使用部门将报废申请表副联存档，并移交拟报废的固定资产，注销资产台账。固定资产管理部门报废移交的固定资产，若拟报废的固定资产还有使用价值，则将该固定资产出售。财务部将报废申请表副联存档，并根据固定资产出售的状况，进行相应的账务处理，注销固定资产卡片，更新固定资产明细账。

等记账。

（4）接受捐赠的固定资产，按照发票账单金额加上运输费、安装调试费记账，无发票账单的，按照同类物品的市价记账。

（5）在原有固定资产基础上改扩建的固定资产，按照原有固定资产的原价，加上改扩建支出，减去改扩建过程中发生的固定资产变价收入后的余额记账。

（6）盘盈的固定资产，按照同类固定资产的重置完全价值计价。

（7）因购建固定资产而发生的借款利息和汇兑损益，在资产尚未交付使用或虽已交付使用但未办理竣工决算之前的，记入固定资产价值。

第四条 公司的固定资产应按原值入账，入账后固定资产价值不能随意变动，凡属下列情况者方可进行账务调整：

（1）增加补充设备或改良工程；

（2）将固定资产一部分拆除；

（3）根据实际价值调整原来的暂估价值；

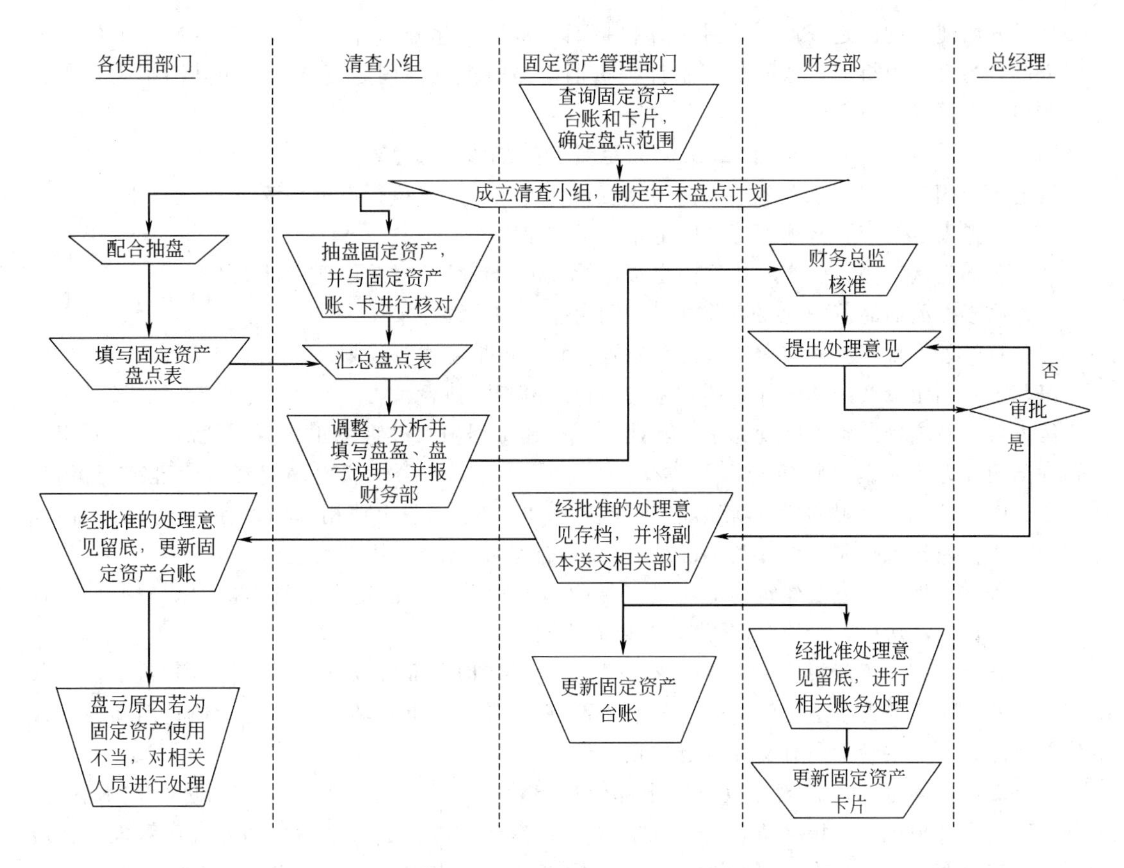

图 13-2 固定资产业务处理流程——固定资产盘点

流程说明 ① 固定资产管理部门查询固定资产台账和卡片，确定盘点范围，联合财务部成立清查小组，制定年末盘点计划并将盘点通知单下发各使用部门。

② 清查小组抽盘固定资产，并与固定资产账、卡进行核对。各使用部门配合抽盘并填写固定资产盘点表。

③ 清查小组汇总盘点表，调整、分析后填写盘盈、盘亏说明报财务部。

④ 财务总监核准盘盈、盘亏说明，提出处理意见。总经理审批财务部提出的处理意见。

⑤ 固定资产管理部门将经批准的处理意见存档，并将副本送交相关部门。固定资产管理部门和使用部门及时更新固定资产台账。若盘亏原因为使用不当，对相关人员进行处理。财务部将经批准处理意见留底，进行相关账务处理，更新固定卡片。

（4）发现原有固定资产价值有错误；

（5）根据国家规定对固定资产重新估价。

第三章 固定资产的折旧

第五条 除下列固定资产不计提折旧外，公司所有固定资产必须计提折旧：经营租赁方式租入的固定资产；已提足折旧继续使用的固定资产；未提足折旧提前报废的固定资产；已经估价单独入账的土地。

第六条 公司的各项固定资产折旧采用平均年限法按月提取，计入成本、费用。

年折旧率＝(1－预计净残值率)÷折旧年限

月折旧率＝年折旧率÷12

月折旧额＝固定资产原值×月折旧率

折旧方法和折旧年限一经确定，不得随意变更，需要变更的，应在变更年度以前，由财务部提出申请，报经集团董事会及相关政府部门核准，并在财务报表中予以揭示。

当月开始使用的固定资产，当月不计提折旧，从下月起开始计提折旧。当月减少或停用的固定资产，当月照提折旧，从下月起不计提折旧。提前报废的固定资产，按照其净损失计入营业外支出，不再补提折旧。

第四章 固定资产的购置和处置

第七条 固定资产的购置要纳入公司年度预算管理，严格执行审批手续。

(1) 购置固定资产，必须填写“固定资产增加单”。

(2) 各部门购置固定资产时，经固定资产管理部门审核，报总经理审批。

(3) 属于控购商品范围的要事前办妥控购商品批准手续。

(4) 总经理审批年度固定资产调配、添置计划、审批超预算计划。

第八条 固定资产采购流程参照“采购与付款流程”执行。

第九条 新增固定资产购置完毕（新建、改扩建工程项目办理竣工决算手续后），由固定资产管理部门经办人填写“固定资产验收交接单”一式三联，第一联由固定资产管理部门留存，第二联送财务部记账（附购置、新建固定资产申请单），第三联由使用部门留存。固定资产由固定资产管理部门按公司制定的分类标准编号、粘贴标签后，由使用部门领取使用。

第十条 土地、房屋及建筑物等不动产取得所有权后，由固定资产管理部门统一办理产权登记后，转记入“房屋、土地登记卡”，变更时亦同。

第十一条 固定资产报废要符合下列情况：主要结构和部件损坏严重，无修复价值；设备陈旧、技术性能很低无改造价值；因事故和意外灾害造成严重破坏，无修复价值；因新建、改扩建需拆除；上级主管部门有文件规定，强行报废。

第十二条 固定资产报废，应由使用部门提出建议，由固定资产管理部门进行技术鉴定，填制“固定资产报废、出售申请表”。经财务总监或总经理办公会批准后，固定资产管理人员应判断该固定资产是否还具有市场价值。若有，则将其列入出售请单；若无，则在办妥批准手续后，由财务部将有关固定资产转入固定资产清理，此后方可开始固定资产的拆除清理。

第十三条 固定资产有偿转让、报废、毁损、盘亏时，不论单位价值多少，都要填写“固定资产报废、出售申请表”，按照审批权限由相关部门审批；固定资产转让、报废、毁损、盘亏情况应在当年会计报表的财务状况说明书中加以说明；固定资产有偿转让或清理报废的变价净收入与其账面净值的差额，作为营业外收入或者营业外支出。固定资产变价净收入是指转让或变卖固定资产所取得的价款扣除清理费用后的净额。固定资产净值是指固定资产原值减累计折旧后的净额 。

第五章 固定资产的移转、维修、毁损和闲置

第十四条 固定资产在公司内相互拨转时应由移出部门填写“固定资产内部移转单”，一式四联，送固定资产管理部门会签后，送移入部门签认，第一联送固定资产管理部门，第二联送财务部，第三联送移入部门，第四联移出部门留存。

第十五条 为了保证固定资产处于良好的状态，充分发挥其效能，各部门应做好固定资产的修理、维护工作，一般不计提大修理基金。固定资产因故须送厂商修复时，由固定资产管理部门和厂商进行交接和修复后的验收手续。支付修理费用时，财务部根据固定固定资产管理部门提供的验收手续核查，发生的经常性修理作为收益性支出处理，直接计入当期损益。

第十六条 固定资产的改良是指支出较大而且改进固定资产的质量和功能，如将房屋的原有通风设备改成中央空调等。公司对自有固定资产所发生的改良支出，应当作为资本性支出，增加固定资产的原值，如有被替换的部分，应扣除其账面价值。固定资产改良需填写“购置固定资产申请单”和“固定资产验收交接单”。

第十七条 固定资产出租或外借，原使用部门提出申请，并填写“固定资产出租、出借申

请单”，一式三联，交由固定资产管理部门、财务部审批通过，呈总经理核准后才能办理。固定资产出租、出借应签订协议，由公司法务部稽核，协议副本送财务部以备核对，协议内容应包括修缮保养、税金、租金、运杂费、归还期限、保持原状、附属设备明细等。“固定资产出租、出借申请单”第一联固定资产管理部门留底，第二联送交财务部，第三联交固定资产原使用部门。

第十八条　固定资产因毁损而报废者，应由使用部门填制“固定资产毁损单”一式四联，注明毁损原因，送固定资产管理部门及财务部签注处理意见后呈报总经理，经核准后，第一联送固定资产管理部门，第二联连同有关资料送财务部据以办理报备、抵押权变更及解除保险等手续。第三联自存。该毁损资产因体积巨大必须就地处理或拆除时，则第四联送委托部门凭以办理，拆移前使用部门应妥善保管。

第十九条　固定资产的管理部门至少每三个月应将经营上认为无利用价值的闲置固定资产予以整理，拟定处理意见，准备售让者，需按下列规定办理：

（1）固定固定资产管理部门应填写“固定资产报废、出售申请表”按固定资产报废审批流程办理。

（2）发货时，由固定固定资产管理部门经办人填写“固定资产验收交接单”，第一联由固定资产管理部门留存，第二联财务部以凭核对，第三联使用部门留存。第四联由承购商验收后退回经办人，第五联承购商留存。

（3）固定固定资产管理部门根据承购商验收后退回的“固定资产验收交接单”第四联，应立即填制“固定资产毁损单”一式三联，第一联由管理部门留存，第二联送财务部记账，第三联送使用部门留存。财务部收到固定资产转让收入后，根据发票存根、“固定资产报废、出售申请表”、“固定资产验收交接单”第二联和“固定资产毁损单”第二联记账。

第二十条　经提供抵押借款的固定资产如有发生毁损、出租或外借时，财务部应事先备函，写明抵押编号及资产名称、数量，向固定固定资产管理部门报备，由财务部向贷款及抵押权登记机构办理标的物增减变更手续。

第六章　固定资产的盘点

第二十一条　年度终了前公司必须进行一次全面的盘点清查。固定资产盘点工作由固定固定资产管理部门与财务部联合成立的清查小组负责，两部门主管负责确定清查小组人员，并制定盘点计划。清查小组将盘点通知单下发各固定资产使用部门，对固定资产进行抽盘，以实物与账、卡相对照，查清固定资产的数量、质量和技术状况，填制固定资产盘存表。

第二十二条　在清查过程中，对固定资产盘盈、盘亏，要查明原因，分清责任，提出处理意见，并向总经理报批。固定资产的非正常废弃、毁损、丢失以及非正常事故的过失者，应按情节轻重，追究责任，予以处罚。

第二十三条　对盘点结果，总经理审批后财务部要及时进行账务处理，调整账面结存数。固定资产盘盈应当作为前期差错处理。盘亏及毁损的固定资产，按照固定资产净值扣除收到的残料变价净收入、过失人及保险公司赔款后的差额计入营业外支出。

第七章　固定资产日常管理

第二十四条　固定资产应按规定办理保险。

第二十五条　总经理办公会审批固定资产年度盘盈盘亏报告并制定奖惩措施，审批重大固定资产处置。

第二十六条　固定资产使用部门协同固定资产管理部门负责公司的固定资产日常管理维护工作，分别登记固定资产台账。财务部掌管固定资产账册和卡片，对固定资产的动态和资金渠道进行财务监督，会同有关部门共同确保固定资产账、卡、物相符。财务部根据有关部门提供的年度固定资产变动和修理计划资料，核编财务收支计划中有关固定资产的各项计划。公司法务部对有关固定资产的合同进行法律上的稽核。

思 考 题

1. 固定资产内部控制设计的基本要求有哪些？
2. 固定资产验收制度设计具体包括哪些方面的内容？
3. 如何设计固定资产清查盘点制度？
4. 固定资产使用与维护控制设计包括哪些要点？
5. 如何设计固定资产的核算方法？
6. 固定资产报废清理程序设计要点有哪些？

第十四章　预算管理制度设计

第一节　预算管理制度设计的意义与基本要求

案例导入

在我国，推行全面预算管理为企业带来减支增效的成功案例非常多。如宝钢集团通过实施以现金流量为核心的全面预算管理，仅1996年一年银行日平均存款额减少约3亿元，节约支出达到3000多万元。再如山东华乐集团，是一家以棉纺织为主的国家大型企业，自1988年实行全面预算管理，当年实现利税240万元，比1987年增长60%，1999年实现销售收入2.3亿元，利润1836万元，且创出万锭利税700万元的全国领先水平。

由此可见，全面预算是企业方针、企业战略的具体化，进行预算管理制度设计对实现企业经营目标、完成经营任务均具有重要意义。

一、预算管理制度设计的意义

预算是经营管理者最基本的一种控制工具。企业需要借助预算对管理系统的运行进行控制。预算作为企业总体规划的货币化反映，其作用主要表现在以下几个方面。

1. 明确计划期的工作目标和任务

企业总体目标的实现，需要各个职能部门的共同努力，编制预算不仅将企业计划期间的总体工作目标和总任务用货币的形式反映出来，而且将企业的总体目标分解、落实到各个职能部门，使各个职能部门了解企业的总目标，明确本部门的具体工作目标和任务。

2. 协调各个职能部门的工作

企业各个职能部门的经济活动与总体目标之间存在局部与整体的关系，局部的最优不一定带来全局的最优化，只有各部门从整体利益出发，相互配合、相互协调地开展工作，才能争取实现最佳经济效益。预算的编制，使各个职能部门清楚地看到本部门与企业整体的关系、本部门与其他部门的关系，促使各个部门自觉调整好自己的工作，齐心协力，向着共同的总体目标前进。

3. 控制企业的经济活动

预算作为控制企业各部门经济活动的主要依据，通过对各个职能部门的预算执行情况进行计量、对比，及时提供实际偏离预算的差异数额并分析其原因，肯定取得的成绩，指出存在的问题，提出改进措施，通过巩固成绩、挖掘内部潜力、改进存在问题，尽量使本部门的工作符合实现企业总体目标的需要。

4. 考核、评价实际工作业绩

预算不仅是控制企业各部门经济活动的主要依据，同时也是考核和评价各部门实际工作业绩的主要依据与重要标准。企业按照预算要求，定期对各个职能部门的工作进行考评，促使各部门努力按预算要求完成自己的任务，确保企业总体目标的实现。

二、预算管理制度设计的基本要求

企业应当建立预算管理体系，明确预算编制、审批、执行、分析、考核等各部门、各环节的职责任务、工作程序和具体要求。企业在建立和实施预算内部控制中，至少应当强化对以下关键方面或者关键环节的风险控制，并采取相应的控制措施。

① 权责分配和职责分工应当明确，机构设置和人员配备应当科学合理；

② 预算编制、执行、调整、分析、考核的控制流程应当清晰，对预算编制方法、审批程序、预算执行情况检查、预算调整环节控制、预算执行结果的分析考核等应当有明确的规定。

第二节　预算管理内部控制规范

一、岗位分工与授权批准

1. 不相容职务的分离

企业应当建立预算工作岗位责任制，明确相关部门和岗位的职责、权限，确保预算工作中的不相容岗位相互分离、制约和监督。预算工作不相容岗位一般包括：

① 预算编制（含预算调整）与预算审批；

② 预算审批与预算执行；

③ 预算执行与预算考核。

2. 预算控制机构及职责

企业应当建立预算工作组织领导与运行体制，明确企业最高权力机构、决策机构、预算管理部门及各预算执行单位的职责权限、授权批准程序和工作协调机制。

(1) 预算制定机构　董事会或者企业章程规定的经理、厂长办公会等类似决策机构负责制定企业年度预算方案。

(2) 预算审批机构　股东大会（股东会）或企业章程规定的类似最高权力机构负责审批企业年度预算方案。

(3) 预算管理部门　企业可以设立预算委员会、预算领导小组等专门机构具体负责本企业预算管理工作。不具备设立专门机构条件的企业，可以指定财会部门等负责预算管理工作。企业预算管理部门主要负责拟订预算目标和预算政策；制定预算管理的具体措施和办法；组织编制、审议、平衡年度预算草案；组织下达经批准的年度预算；协调、解决预算编制和执行中的具体问题；考核预算执行情况，督促完成预算目标。

总会计师应当协助企业负责人加强对企业预算管理工作的领导与业务指导。企业内部相关业务部门的主要负责人应当参与企业预算管理工作。

(4) 内部各职能部门预算控制的职责　企业内部生产、投资、筹资、物资管理、人力资源、市场营销等业务部门和所属分支机构在企业预算管理部门的领导下，具体负责本部门、本机构业务预算的编制、执行、控制、分析等工作，并配合预算管理部门做好企业总预算的综合平衡、控制、分析、考核等工作。

(5) 所属单位预算控制的职责　企业所属子公司在上级企业预算管理部门指导下，负责本企业预算的编制、执行、控制和分析工作，并接受上级企业的检查和考核。所属基层企业负责人对本企业预算的执行结果负责。

二、预算编制控制

1. 预算编制的基本要求

企业应当在企业战略的指导下，以上一年度实际状况为基础，结合本企业业务发展情况，综合考虑预算期内经济政策变动、行业市场状况、产品竞争能力、内部环境变化等因素对生产经营活动可能造成的影响，根据自身业务特点和工作实际编制相应的预算，并在此基础上汇总编制年度预算方案。

企业年度预算方案应当符合本企业发展战略、经营目标和其他有关重大决议，反映本企业预算期内经济活动规模、成本费用水平和绩效目标，满足控制经济活动、考评经营管理业绩的需要。

制定预算方案，应当做到内容完整、指标统一、要求明确、权责明晰。

2. 编制预算的基本程序

预算编制应当实行全员参与、上下结合、分级编制、逐级汇总、综合平衡。具体步骤如下。

（1）下达目标　企业决策机构根据企业发展战略，在对预算期经济形势做出初步预测和决策的基础上提出下一年度单位预算目标并确定预算编制政策，由预算管理部门下达各预算执行单位。

（2）编制上报　企业所属各预算执行单位，按照预算管理部门下达的预算目标和政策，结合自身特点以及预测的执行条件，提出本单位预算的具体方案，经本单位负责人签字确认后上报预算管理部门。

（3）审查平衡　预算管理部门对各预算执行单位上报的预算方案进行审查、汇总，提出综合平衡的建议，并反馈给有关预算执行单位予以修正。

（4）审议批准　预算管理单位在有关预算执行单位修正调整的基础上，编制出企业年度预算初步方案，经过进一步修订、调整后，正式编制年度预算草案，提交企业决策机构审议，最终形成年度预算方案，并报单位最高权力机构批准。

3. 编制预算的方法

企业可以选择或综合运用固定预算、弹性预算、零基预算、滚动预算、概率预算等方法编制预算。企业确定预算编制方法，应当遵循经济活动规律，并符合自身经济业务特点、生产经营周期和管理需要。

三、预算执行控制

1. 预算指标分解控制

企业预算一经批准下达，各预算执行单位必须认真组织实施，将预算指标层层分解，从横向和纵向落实到内部各部门、各环节和各岗位。企业应当以年度预算作为预算期内组织、协调各项生产经营活动和管理活动的基本依据，可将年度预算细分为季度、月度等时间进度预算，通过实施分期预算控制，实现年度预算目标。

2. 预算执行责任制度

企业应当建立预算执行责任制度，对照已确定的责任指标，定期或不定期地对相关部门及人员责任指标完成情况进行检查，实施考评。

3. 货币资金收支业务的预算控制

企业应当加强对货币资金收支业务的预算控制，及时组织预算资金的收入，严格控制预算资金的支付，调节资金收付平衡，严格控制支付风险。对已纳入企业预算，但支付手续不健全、凭证不合规的货币资金支出项目，不得办理支付。

4. 预算执行监控制度

企业应当健全凭证记录，完善预算管理制度，严格执行生产经营月度计划和成本费用的定额、定率标准，并对执行过程进行监控。企业各预算责任部门应当加强与企业内部有关业务部门的沟通和联系，确保相关业务预算的执行情况能够相互监督、核对一致。

5. 预算执行情况内部报告制度

企业预算管理部门应当运用财务报告和其他有关资料监控预算执行情况，及时向企业决策机构和各预算执行单位报告或反馈预算执行进度、执行差异及其对企业预算目标的影响，促进企业完成预算目标。

6. 预算执行预警机制

企业应当建立预算执行情况预警机制，通过科学选择预警指标，合理确定预警范围，及时发出预警信号，积极采取应对措施。有条件的企业，应当逐步推进预算管理的信息化，通过现代电子信息技术手段监控预算执行，提高预警与应对水平。

7. 预算执行结果质询制度

企业应当建立预算执行结果质询制度，要求预算执行单位对预算指标与实际结果之间的重大差异作出解释，并采取相应措施。

四、预算调整控制

1. 预算调整条件

企业正式下达执行的预算，不得随意调整。除非企业在预算执行过程中出现由于市场环境、经营条件、国家法规政策等发生重大变化，或出现不可抗力的重大自然灾害、公共紧急事件等致使预算的编制基础不成立，或者将导致预算执行结果产生重大差异的情况。需要调整预算的，应当报经原预算审批机构批准。

2. 预算调整方案的确定

企业预算管理部门应当对预算执行单位提交的预算调整报告进行审核分析，集中编制企业年度预算调整方案，提交原预算审批机构审议批准，然后下达执行。企业预算调整方案应当符合以下要求：

① 预算调整事项符合企业发展战略和现实生产经营状况；

② 预算调整重点放在预算执行中出现的重要的或非正常的关键性差异方面；

③ 预算调整方案客观、可行。

对于不符合上述要求的预算调整方案，企业预算审批机构应予以否决。

五、预算分析与考核控制

1. 预算执行分析制度

企业预算管理部门和各预算执行单位应当充分收集有关财务、业务、市场、技术、政策、法律等方面的信息资料，根据不同情况分别采用比率分析、比较分析、因素分析等方法，从定量与定性两个层面充分反映预算执行单位的现状、发展趋势及其存在的潜力。对于预算执行差异，应当客观分析产生的原因，提出解决措施或建议，提交企业决策机构研究决定。

2. 预算执行情况内部审计制度

企业应当建立预算执行情况内部审计制度，通过定期或不定期地实施审计监督，及时发现和纠正预算执行中存在的问题。

3. 预算执行情况考核制度

企业应当建立预算执行情况考核制度，具体内容如下。

① 企业预算管理部门应当定期组织预算执行情况考核。有条件的企业，也可设立专门机构负责考核工作。

② 企业预算执行情况考核，依照预算执行单位上报预算执行报告、预算管理部门审查核实、企业决策机构批准的程序进行。企业内部预算执行单位上报的预算执行报告，应经本单位负责人签章确认。

③ 企业预算执行情况考核，以企业正式下达的预算方案为标准，或以有关部门审定的预算执行报告为依据。

④ 企业预算执行情况考核，应当坚持公开、公平、公正的原则，考核结果应有完整的记录。企业应当建立预算执行情况奖惩制度，明确奖惩办法，落实奖惩措施。

第三节 预算管理流程及内部控制制度设计示例

一、预算管理流程设计示例

预算管理包括预算编制、预算执行、预算调整、预算分析和考核等内容。下面介绍其中的预算编制和预算调整两项管理流程。

1. 预算编制与审批流程（图 14-1）

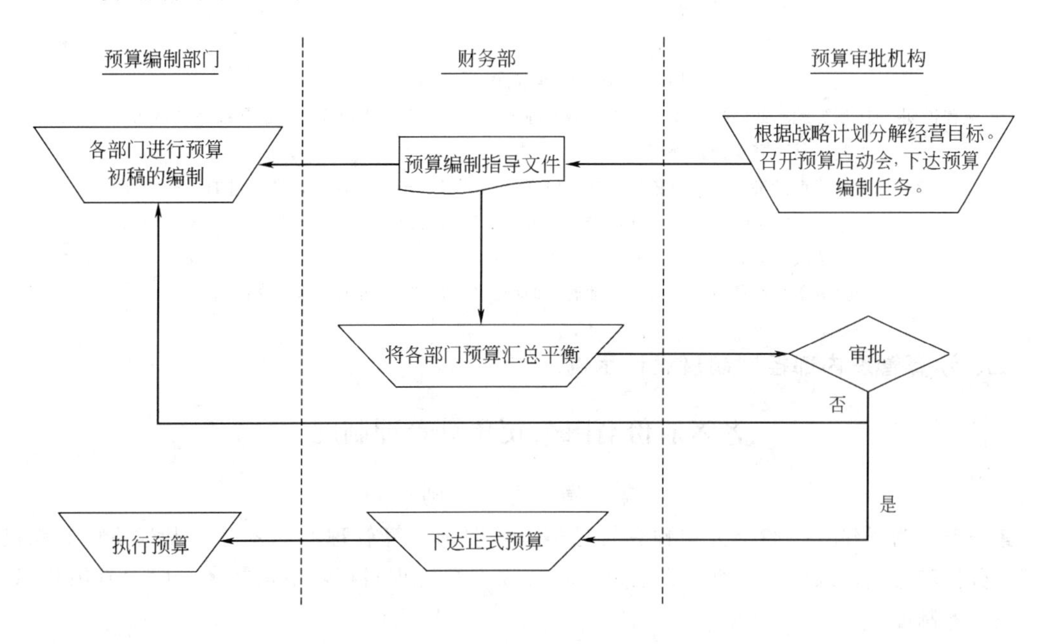

图 14-1 预算管理流程——预算编制与审批

流程说明 ① 预算审批机构根据战略计划分解经营目标，召开预算启动会，下达预算编制任务。

② 财务部将预算编制指导文件下发到各部门。各部门进行预算初稿的编制。财务部汇总各部门预算后交预算审批机构。

③ 预算审批机构审批通过后，财务部将正式预算下达至各部门执行。

2. 预算调整流程（图 14-2）

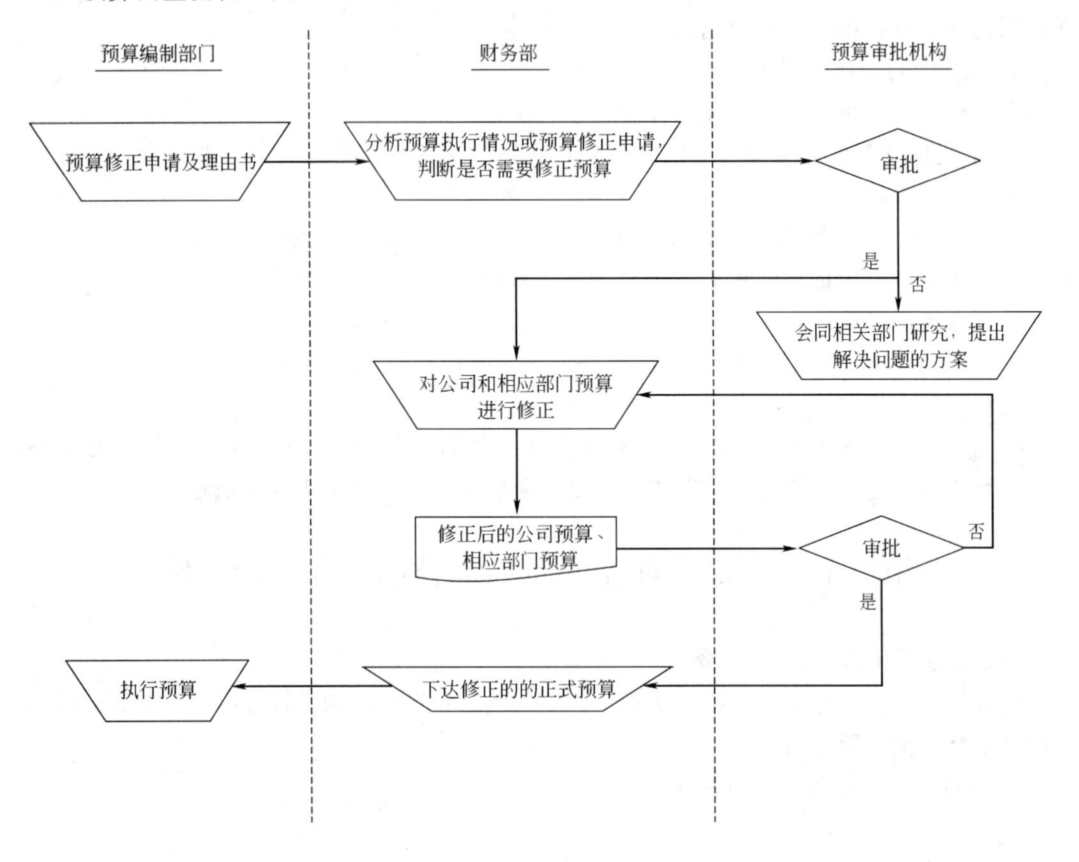

图 14-2　预算管理流程——预算调整

流程说明　① 预算编制部门提出预算修正申请及理由书。财务部分析预算执行情况或预算修正申请，判断是否需要修正预算。

② 预算审批机构对经财务部审核的预算修正申请书进行审批。审批通过的由财务部负责对提出修正的部门预算进行修正，审批不通过的由预算审批机构会同相关部门研究其他解决方案。

③ 财务部将经预算审批机构审批通过的修正后的预算下达至各部门执行。

二、预算管理内部控制制度设计示例

××股份有限公司预算管理制度

第一章　总　　则

第一条　为了建立、健全公司预算管理体系，明确预算管理职能划分，规范预算的编制、监督、分析和考核，以便更好地完成上市公司各项经营管理目标，根据《××股份有限公司章程》制定本制度。

第二条　公司董事会在预算管理中行使决策职能，根据公司生产经营情况的历史数据决定未来一年的生产经营目标，并授权公司财务总监负责据此编制公司的全面预算及执行预算的分析考核职责。

本条中所指公司董事会是指包括董事长、总裁、财务总监及至少三名以上其余公司董事在内的董事会议（或经上述六位以上董事会签）。

公司总裁全面负责公司经营活动，协调控制各事业部、子公司及管理部室完成预算。公司监事会作为独立的一方对预算的编制及执行情况进行监督，在发现预算编制和执行异常情况时，有权向董事会要求召开紧急会议以解决问题。

第三条　预算管理是公司财务管理的核心，各事业部、职能部室及其下属、派出机构（以下简称各部门）均应大力支持相关部门或个人的预算管理工作。

第四条　预算管理的具体组织工作由公司财务部、投资部和人力资源部分工负责，其中财务部负责全公司年度预算和日常预算的汇总编制、审批、执行监督、执行情况反馈等的组织协调工作；投资部负责对各子公司年度预算和日常预算的审批、执行监督、执行情况反馈等的组织协调工作；人力资源部负责公司人力资源规划、培训规划的确立和监督，年度及各月度工资预算审核，预算执行考核制度制订和实施等工作。三部门必须做到分工明确、各负其责、各尽其职。

第五条　公司各部门均为公司预算管理的主体，均应根据实际经营情况及经营预测进行预算的编制、执行和考核；各下属、派出机构预算管理工作由其直接上级部门主持；各部门在进行预算的编制与考核时，范围包含其下属、派出机构在内；公司投资部和财务部有权在必要时直接参与并主持各控股子公司的预算管理工作。

第六条　预算管理作为公司财务管理的一个手段，各部门应确保其真实性、有效性、实用性和可操作性，以便为公司的经营决策提供有力支持。

第七条　各事业部预算管理的责任人为其部门负责人，工作直接义务人为相应外派事业部财务主管；各职能部室预算管理的责任人为其部门负责人。各子公司预算管理的责任人为其机构负责人。

第二章　预算编制

第八条　公司预算的编制以“开源节流，量入为出”为原则，以公司效益管理为中心，以成本中心、目标利润和现金流为核心，加强成本费用控制和现金收支平衡，客观分析预算执行的历史情况数据并结合市场发展趋势编制，以求效益最大化。

第九条　各事业部预算的编制应当经过该事业部内各部门的协调，在取得共识后方可上报公司财务部。各部门应设置专职或兼职预算岗位，作为与公司财务部预算岗位的接口。

第十条　公司的预算按照所包含时间区间长短划分，包括年度预算、季度预算和月度预算共三种，其编制时间区间分别为公历自然年度、季度和月度。预算编制的时间要求：年度预算编制期为预算所属年度上一年的第四季度；季度预算上报截止日为预算所属季度前一月30日；月度预算上报截止日，各事业部和职能部室为预算所属月度前一月23日，子公司为预算所属月度前一月25日。

第十一条　年、季、月度预算的编制一般适用权责发生制，但下列各项应按照收付实现制编制：货币收支额、采购需求预算；其他项目适用何种制度，另有规定的从其规定。

第十二条　各事业部年度预算的编制内容包括预计资产负债表、预计利润表、预计现金流量表、预计制造费用表、预计销售费用表、预计管理费用表、预计财务费用表、分产品分地区主营业务收入明细表、毛利明细表、内部收支明细表、研发项目预算、生产计划、材料需求预算、生产设备购置计划、固定资产及技改计划表、人员薪酬和培训计划表。

各职能部室年度预算的编制内容包括费用预算、固定资产购置计划、人员薪酬和培训计划表。

第十三条　年度预算编制内容除以上所述外，投资部还需编制投资收益预算、投资变动预算和投资预算；财务部还需编制银行存款利息收益、借款利息支出、长短期借款等预算。另外，人力资源部需汇总审核公司工资预算和培训费预算。

第十四条　各子公司年度预算编制内容参照母公司年度预算编制内容，有其特殊性的，可在保持申报内容完整的前提下，适当增加编制表格。

第十五条 编制年度预算时，首先，由战略部制定年度战略规划，同时财务部提供完整的全面预算表格和相应填表说明，确认预算工作整体时间表。各部门及子公司在战略规划的基础上提交年度初步预测报告。接着，由总裁办组织召开公司预算启动会议，初步分析和认同预算目标，确保年度经营目标值分解落实到相关部门。预算启动会议后，由各部门进行预算初稿的编制，依照先编制销售计划及收入预算，再编制生产、研发、技改等专项预算和其他各部门预算的流转顺序，对预算目标详细分解。各子公司也相应完成其预算的编制工作。在预算初稿编制完成的基础上，组织召开预算质询会议，对各部门、子公司进行预算质询。质询会议后，各部门根据质询成果优化预算目标及分解，并提交公司财务部，子公司调整修改后上报投资部，由投资部审核完成提交财务部，财务部在财务总监的指导下进行汇总，编制总年度预算。然后，由总裁办组织召开整体预算质询会议，对公司年度总预算进行调整平衡，再由总裁办组织召开预算审批会议，公司高层审核通过后，提交董事会审议，董事会对公司预算做全面均衡协调，必要时可要求各部门进行预算的调整直至重新编制，经董事会批准的总预算下达各部门。

第十六条 各部门、子公司在编制年度预算时，应同时进行预算分解；分解的时间间隔一般应为一季度按月分解，其余按季度分解。

第十七条 各部门、子公司在编制某季度预算时，应同时编制余下时间的季度预算，预算的详细程度可相应递减，但至少应包含如下几项：利润表各项内容、费用明细。

第十八条 各部门、子公司预算的编制应以公司财务部制定的统一格式为准；公司财务部应根据公司经营管理情况的变化选择恰当时机修订预算编制格式，以突出财务管理的重点和难点。

第十九条 各部门、子公司在编制预算时，对于预算表格中未单列的重要项目（如费用项目一般指占费用总额的10%以上）应单独列明，对于表格中需要着重说明其构成和缘由的项目，还应进行文字注释。

第三章　预算审批

第二十条 公司及各部门年度预算必须经公司董事会审议通过；各部门的年度预算不允许于年中修改，确属需要修改的必须经董事会审议通过。

第二十一条 各部门月度预算须经本部门负责人和外派财务主管（职能部室只需经部门负责人）审核通过，并由部门负责人签字后方可外报。各子公司月度预算须经机构负责人和财务负责人审核通过，并签字才可外报。

第二十二条 各部门月度预算须经总裁办公会讨论后，由财务总监、总裁审批通过方可作为月度预算管理的依据。

第二十三条 各子公司月度预算须经财务部和投资部联合审核，经总裁办公会讨论后，由财务总监、总裁审批通过方可作为月度预算管理的依据。

第二十四条 各部门月度预算中含有涉及固定资产、技改项目、培训费等需要财务部外其他部门审核的，需要先报其他部门审核，审核通过的，再报公司财务部审核。

第二十五条 各部门月度预算支出项目应包含于年度预算内，确属需要支出年度预算未列入项目的，必须在确保年度支出总金额不超支的情况下，进行调整，并报经财务总监审批通过；未经上述审批手续的，公司财务部将直接予以剔除。

第二十六条 公司财务部根据年度预算执行滚动情况，核定各事业部、子公司预算利润情况，并根据以收定支的原则核定各部门、子公司月度费用支出预算。

第二十七条 公司财务部在每月30日前完成下月预算的审核，并于次月1日下发至各部门、子公司（遇节假日顺延）。

第四章　预 算 执 行

第二十八条　各事业部预算岗位应当根据本部门当月预算严格控制各项支出，严防超出预算；预算岗位在当月25日前本部门费用总额达到当月预算90％或某单项费用达到预算的95％时，应立即通报该部门负责人。

第二十九条　公司财务部预算管理岗位负责在月度预算下达后，及时将各部门月度预算支出在ERP中进行固化，严格控制超支现象发生。各部门财务预算岗位负责预算执行情况的监督检查，可以对各部门预算执行情况进行口头警告或书面警告，要求其注意控制本部门的预算控制，各部门应积极予以配合；同时，该岗位有权要求停止其费用报销或直接通知公司财务部其他相关岗位停止对该部门的款项划拨。

第三十条　一般情况下不允许月度预算在执行过程中进行调整。由于实际情况的需要确需调整的，在确保不超过年度预算支出的前提下，按照审批权限，由财务部审批通过方可执行。

第三十一条　各部门支出类预算应当按照经济意义明确划分，各项目之间不可互相占用。

第五章　预 算 反 馈

第三十二条　公司财务部为公司预算管理情况检查的常务机构。特殊情况下，公司可以成立一个由相关部门人员组成的公司级考评小组负责依据本制度对各部门进行定期检查考评。

第三十三条　各部门财务预算岗位每月应对本部门预算管理执行情况进行分析，并于每月6日前出具本部门上一月预算管理执行情况报告送公司财务部预算管理岗位，由财务部预算管理岗位对全公司预算执行情况进行汇总分析。

第三十四条　公司财务部在下达月度预算的同时，将各部门预算执行情况分别反馈部门负责人，并定期在全公司范围内进行通报。

第六章　责任与措施

第三十五条　公司财务部定期将公司和各部门预算执行情况反馈人力资源部。各部门预算执行情况将作为各部门负责人考核的重要依据。各子公司预算执行情况也将作为外派财务负责人考核的重要依据。

第三十六条　各部门有对公司财务部预算管理工作存在质疑时，可以向该岗位主管经理提出质询或直接报财务部总经理处理。

第三十七条　具体考核办法和奖惩措施由人力资源部负责制定，以人力资源部下发执行条例为准。

第七章　附　　则

第三十八条　由公司人力资源部负责具体考核措施的修订。

第三十九条　公司财务部有权在必要时根据公司预算管理情况制定本制度的实施细则或补充规定。

第四十条　本制度中“以上”、“以下”、“超过”、“低于”等用语表示范围均包含界限本身。

第四十一条　本制度各条款按照专业归属分别由公司投资部、人力资源部和财务部负责解释。

思 考 题

1. 预算管理制度设计的意义是什么？
2. 如何设计预算控制机构及职责？
3. 简要阐述编制预算的基本程序。
4. 预算执行控制的关键控制点有哪些？
5. 预算调整需具备哪些条件？
6. 如何设计预算执行情况考核制度？

第十五章　担保业务处理程序与核算方法设计

第一节　担保内部控制的目标与基本要求

案例导入

张某是上海某公司的法定代表人，因为资金短缺需要向银行申请贷款。于是，他想到了老朋友李某为他们担保。李某是实力雄厚的某公司法定代表人，基于对熟人的信任，李某爽快地在担保合同上签字并且加盖了公章。张某将以此获得的500万元贷款进行期货交易，结果血本无归。于是，张某又向李某提出继续担保，并以此向银行获得贷款600万元，其中500万元用以偿还前次贷款。直到贷款期满，张某还是还不出600万元的贷款，银行将张某、李某两家公司告上了法庭，此时，张某不知去向，法院依法判决李某的公司对张某欠下的600万元借款承担连带清偿责任。

担保是按照法律规定或当事人的约定，为确保合同履行，保障债权人利益实现的一种法律行为。在实务中，人们往往认为所谓的担保只是一纸形式而已，单位的钱财并没有减少，因此在担保事项的管理上具有相当大的随意性，最终给企业带来巨大的损失。在本案例中，李某公司作为担保方没有对被担保单位的担保请求进行必要的调查和审批程序，法人代表个人就能与他人签订具有法律效力的担保合同，而且在第一笔贷款无法偿还的情况下还再次提供担保，李某风险意识单薄、企业内控管理薄弱，最终导致企业背负了沉重的债务。可见，加强担保业务的内部控制对于确保公司的资产安全，促进公司健康稳定发展具有重大的意义。

一、担保业务内部控制的目标

① 保证担保业务的合法性。

② 保证降低担保业务的风险。

二、担保业务内部控制的基本要求

企业在建立和实施担保内部控制中，至少应当强化对以下关键方面或者关键环节的风险控制，并采取相应的控制措施。

① 权责分配和职责分工应当明确，机构设置和人员配备应当科学合理。

② 担保的对象、范围、条件、程序、限额和禁止担保的事项应当明确。

③ 担保评估应当科学严密，担保审批权限、程序与责任应当明确。

④ 担保执行环节的控制措施应当充分有效，担保合同的签订应当经过严格的审核，担保业务的执行过程应有跟踪监测，凡担保财产与有关权利凭证的管理应当有效，办理终结担保手续应当及时。

⑤ 对外担保应当明确责任主体，因担保造成重大失误和损失的，应追究相关责任人责任。

第二节 担保业务内部控制规范

一、职责分工与授权批准

1. 不相容职务分离

企业应当建立担保业务的岗位责任制，明确相关部门和岗位的职责权限，确保办理担保业务的不相容岗位相互分离、制约和监督。担保业务不相容岗位至少包括：

① 担保业务的评估与审批；

② 担保业务的审批与执行；

③ 担保业务的执行和核对；

④ 担保业务相关财产保管和担保业务记录。

企业应当配备合格的人员办理担保业务。办理担保业务的人员应当具备良好的职业道德和较强的风险意识，熟悉担保业务，掌握与担保相关的专业知识和法律法规。

2. 授权审批制度

企业应当建立担保授权制度和审核批准制度，并明确审批人对担保业务的授权批准方式、权限、程序、责任和相关控制措施，规定经办人办理担保业务的职责范围和工作要求，并按照规定的权限和程序办理担保业务。

企业应当明确担保业务的审批权限。审批人应当根据担保业务授权批准制度的规定，在授权范围内进行审批，不得超越权限审批。经办人应当在职责范围内，按照审批人的批准意见办理担保业务。对于审批人超越权限审批的担保业务，经办人员有权拒绝办理。

严禁未经授权的机构或人员办理担保业务。企业内设机构和分支机构不得对外提供担保。

3. 责任追究制度

对在担保中出现重大决策失误、未履行集体审批程序或不按规定执行担保业务的部门及人员，应当严格追究责任人的责任。企业对外部强制力强令的担保事项，有权拒绝办理。未拒绝办理的，因该担保事项引发的法律后果和责任，由作出担保决策的人员承担。

4. 担保记录制度

企业应当制定担保业务流程，明确担保业务的评估、审批、执行等环节的内部控制要求。企业应当建立担保事项台账，详细记录担保对象、金额、期限、用于抵押和质押的物品、权利和其他有关事项，如实记载各环节业务的开展情况，确保担保业务全过程得到有效控制。

二、担保评估与审批控制

（1）担保评估制度　企业提供担保业务，应当由相关部门或人员对申请担保人的资格、申请担保事项的合法性是否符合担保政策进行审查；对符合企业担保政策的申请担保人，企业可自行或委托中介机构对其资产质量、经营情况、行业前景、偿债能力、信用状况、申请担保人担保和第三方担保的不动产、动产及其权利归属等进行全面评估，形成书面评估报告；评估报告应当全面反映评估人员的意见，并经评估人员签章。

企业要求申请担保人提供反担保的，还应当对与反担保有关的资产进行评估，且申请和评估应当分离。

(2) 被担保人出现以下情形之一的，企业不得提供担保

① 担保项目不符合国家法律法规和政策规定的；

② 已进入重组、托管、兼并或破产清算程序的；

③ 财务状况恶化、资不抵债的；

④ 管理混乱、经营风险较大的；

⑤ 与其他企业出现较大经营纠纷、经济纠纷，面临法律诉讼且可能承担较大赔偿责任的；

⑥ 与企业集团就过去已经发生的担保事项发生纠纷，或不能及时交纳担保费的。

(3) 企业应当按照确定的权限对担保业务进行严格审批 重大担保业务，应当报经董事会或者企业章程规定的类似决策机构批准。被担保人要求变更担保事项的，企业应当重新履行评估与审批程序。

上市公司须经股东大会审核批准的对外担保，包括但不限于以下情形：

① 上市公司及其控股子公司的对外担保总额，超过最近一期经审计净资产50%以后提供的任何担保；

② 为资产负债率超过70%的担保对象提供的担保；

③ 单笔担保额超过最近一期经审计净资产10%的担保；

④ 对股东、实际控制人及其关联方提供的担保。

三、担保执行控制

1. 担保合同管理制度

企业有关部门或人员应当根据职责权限，按规定的程序订立担保合同。订立担保合同前，应当组织相关人员对担保合同的合法性和完整性进行审核，重要担保合同订立还应当征询法律顾问或专家的意见，确保合同条款符合《中华人民共和国合同法》、《中华人民共和国担保法》和企业担保政策的规定。

申请担保人同时向多方申请担保的，企业应当与其在担保合同中明确约定本企业的担保份额，并落实担保责任。

企业应当在担保合同中明确要求被担保人定期提供财务报告与有关资料，并及时报告担保事项的实施情况。

2. 风险控制制度

企业应当指定专门的部门和人员，定期监测被担保人的经营情况和财务状况，定期对担保项目进行跟踪和监督，了解担保项目的执行、资金的使用、贷款的归还、财务运行及风险等方面的情况。对于异常情况和问题，应当做到早发现、早预警、早报告；对于重大问题和特殊情况，应当及时向企业管理层或者董事会报告。

3. 反担保制度

企业应当加强对担保合同的管理，指定专门部门和人员妥善保管担保合同、与担保合同相关的主合同、反担保函或反担保合同，以及抵押、质押权利凭证和有关的原始资料，保证担保项目档案完整、准确，并定期进行检查。

企业应当加强对反担保财产的管理，妥善保管被担保人用于反担保的财产和权利凭证，定期核实财产的存续状况和价值，发现问题及时处理，确保反担保财产安全完整。

4. 担保终止

企业应当在担保合同到期时全面清理用于担保的财产、权利凭证，按照合同约定及时终

止担保关系。

5. 会计披露

企业对外提供担保预计很可能承担连带赔偿责任的，应当按照国家统一的会计制度的规定对或有事项的规定进行确认、计量、记录和报告。

第三节 担保与反担保会计核算设计

一、担保的会计核算

《企业会计准则——或有事项》将为其他单位提供债务担保作为或有事项之一。担保事项具有是过去的交易或事项形成的一种状况，其结果须由未来不确定事件的发生或者不发生加以证实。或有事项具有不确定性，包括结果不确定，发生的时间及金额不确定，并且影响结果不确定性的因素不能由本企业控制。为其他单位提供债务担保，作为一般的或有事项，其会计处理应按照《企业会计准则——或有事项》规定处理。其处理规定的基本内容是：如果因担保事项需要，可能履行的义务同时满足以下三个条件：①该企业承担的现时义务；②该义务的履行很可能导致经济利益流出企业；③该义务的金额能够可靠地计量。企业应在资产负债表日将其确认为一项预计负债，否则只应作为一项或有负债予以披露。

根据会计准则的规定，企业对外提供担保可能产生或有的负债，如果符合有关确认条件的，应当确认为预计负债。在担保涉及诉讼的情况下，可以区分以下情况分别处理。

① 如果企业已败诉，则应当按照法院判决的应承担的损失金额确认为预计负债，并计入当期营业外支出，与其相关的诉讼费则计入当期的管理费用。

② 如果已判决败诉但担保企业正在上诉期间，或者经上一级人民法院已经裁定暂缓执行的，或者上一级人民法院发回重审的，企业应当在资产负债表日，根据已有的判决结果合理估计可能产生的损失，确认为预计负债，并计入当期的营业外支出。

③ 如果法院尚未判决，企业应向其律师或者法律顾问等咨询，估计败诉的可能性，以及败诉后可能发生的损失金额，并取得有关书面意见。如果败诉的可能性大于胜诉的可能性，并且损失金额能够合理估计的，应当在资产负债表日将预计担保损失金额确认为预计负债，并计入当期的营业外支出。

企业当期实际发生的担保损失金额与已计提的相关预计负债之间的差额，应分别情况作出处理。

① 企业在前期资产负债表日，依据当时的实际情况和所掌握的证据，合理预计了预计负债的，应当将当期实际发生的担保诉讼损失金额与已计提的相关预计负债之间的差额，直接计入或冲减当期营业外支出。

② 企业在前期资产负债表日，依据当时的实际情况和所掌握的证据，本应合理估计并确认和计量因担保诉讼所产生的损失，但企业所作的估计与事实严重不符（如未合理预计损失或不恰当地多计或少计损失），应当视为滥用会计估计，按照重大会计差错更正的方法进行会计处理。

③ 企业在前期资产负债表日，依据当时实际情况和所掌握的证据，确实无法合理确认和计量因担保诉讼所产生的损失，因而未确认或少确认或多确认预计负债的，则在该损失发生的当期，直接计入或冲减当期营业外支出。

④ 资产负债表日后至财务报告批准报出日之间，发生的需要调整或说明的担保诉讼事

项，按照资产负债表日后事项的有关规定进行会计处理。

二、反担保的会计核算

按照《企业会计准则——或有事项》规定，如果企业清偿因或有事项确认的负债，所须支出全部或部分预期由第三方或其他方补偿，则此项补偿金额只有在基本确定能收到时，才能作为资产单独确认，并且确认的补偿金额不能超过所确认负债的账面价值。在债务担保业务中，企业在履行担保义务的同时，通常可向被担保企业提出追偿要求，有反担保物的，可以处分反担保物，以获得担保损失的补偿。如果该项反担保的金额不能基本确定，如人的担保，但很可能给企业挽回担保损失时，则可作为或有资产予以披露。如果反担保措施只是有可能给企业挽回担保损失，或者挽回担保损失的可能性极小，则既不能确认，也不能披露或有资产。

第四节 担保业务处理流程及内部控制制度设计示例

一、担保业务处理流程设计示例

担保行为存在潜在的风险，为确保企业对外担保决策科学、合理，防止决策的主观性和随意性，企业必须制定有效的内部控制流程。本节以股份公司为例介绍对外业务处理流程（图 15-1）。

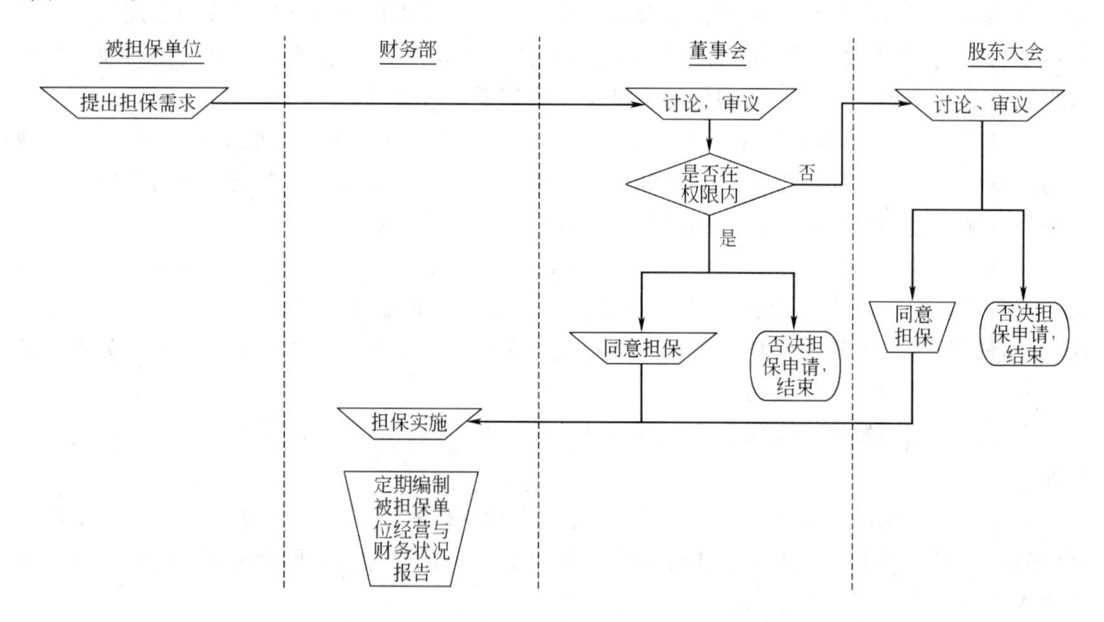

图 15-1 担保业务处理流程——对外担保

流程说明 ① 被担保人提出担保申请，提供资信状况基本资料（如：担保方式、金额、期限；近期的财务报告及还款能力分析；在主要开户银行有无不良贷款记录等）。

② 董事会应认真审议分析申请担保方的财务状况、经营运作状况、行业前景和信用情况，审慎决定是否给予担保或是否提交股东大会审议。必要时，可聘请外部专业机构对实施对外担保的风险进行评估以作为董事会或股东大会进行决策的依据。

③ 经董事会或股东大会审批同意，方能对被担保企业实施担保。财务部定期分析其财务状况及偿债能力，关注其生产经营、资产负债、对外担保以及分立合并、法定代表人变化等情况，编制被担保单位经营与财务状况报告定期向董事会汇报。

二、担保业务内部控制制度设计示例

××股份有限公司对外担保管理制度

第一章　总则

第一条　为了进一步规范和完善公司的法人治理结构，规范××股份有限公司（以下简称“公司”）的担保行为，加强担保管理，根据《中华人民共和国担保法》等和公司对外担保相关的规定，制定本制度。

第二条　鉴于担保属于或有负债，有可能对企业财务状况产生较大影响，公司必须重视和加强对担保事项的管理。

第三条　本制度适用于公司，公司控股、参股的有限责任公司、股份有限公司的对外担保行为，由其董事会、股东会决定，公司股东代表及派出的董事、监事依照本规定按公司董事、监事管理制度规定的程序报批。

第四条　本制度所称担保或对外担保，指《担保法》中规定的保证、抵押、质押、留置或者定金等。

第五条　公司财务部门是对外担保的归口管理部门，负责对外担保的备案、审核、报批、管理工作。

第二章　担保管理原则

第六条　对外提供担保时应基于真实的借贷、买卖、货物运输、加工承揽等经济活动。一般限制性规定为：

（一）不得为非独立核算企业、分支机构提供担保；

（二）不得为境外投资者提供担保；

（三）不得提供外汇担保；

（四）原则上不得对非业务往来企业、单位提供担保；

（五）为所属控股、参股企业担保，要按投资比例对债务提供担保。

第七条　公司作为担保人提供对外担保，应当与债权人、被担保人订立书面合同，约定公司、债权人、被担保人各方的下列权利和义务：

（一）公司有权对被担保人的资金和财产情况进行监督；

（二）公司提供对外担保后，债权人与被担保人如果需要修改所担保的合同，或债权人许可债务人转让债务的必须取得公司的同意；

（三）公司提供对外担保，履行担保义务后，有权向被担保人追偿；

（四）公司有权要求被担保人落实反担保措施或者提供相应的抵押物。

第八条　公司提供担保的原则：

（一）一般只对公司相关产业项目提供担保，对其他非本行业项目和商业活动原则上不提供担保；

（二）一般只提供信用担保；

（三）需公司提供担保的，借款合同须经公司董事会审核同意；

（四）需公司提供担保或变更的，被担保人应提前30天提出申请报告；

（五）不得为个人和个体私营企业提供担保。

第三章　担 保 审 批

第九条　公司对担保管理实行审批制和备案提示制。

担保事项，包括担保余额、规模、拟担保内容等，纳入企业财务预算报公司董事会审批。

临时发生且急需办理的担保事项，应单笔按审批权限报公司董事会审批。

一类担保项目：对单笔在公司最近经审计净资产10%（含）以上担保项目，或所有外汇担保项目、对非往来企业担保项目，经联系报财务部审核后，由股东大会审议。

二类担保项目：对单笔在公司最近经审计净资产10%以下的担保项目，报公司董事会审批，财务部备案。

三类担保项目：对单笔在公司最近经审计净资产2%以下的担保项目，经董事会授权，由董事长审批，财务部备案。

对报财务部备案项目，如财务部认为风险较大时，对该企业实行风险提示，必要时报董事会重新讨论决议。

第十条 公司财务部门在审批担保人提供的对外担保时，应审查担保人、被担保人的资产负债、损益情况及信誉情况。

第十一条 担保人办理担保报批手续时，应当提供下列资料：

（一）被担保人的营业执照复印件（副本）；

（二）被担保人的房地产、固定资产及其他享有财产所有权的有效管理证件；

（三）被担保人上年末与上月末的资产负债表和上年度与本期累计损益表；

（四）担保合同文本或担保意向书；

（五）被担保项下主债务合同或者意向书及其他有关条件。

第十二条 公司子公司以自有财产抵押方式担保融资的，该项融资行为需报公司审批的，担保事项与融资事项一并报批。

第十三条 除上述规定外，下列对外担保须股东大会审批：

（一）单笔担保额超过公司最近一期经审计净资产10%的担保；

（二）公司及控股子公司对外担保总额超过最近一期经审计净资产10%以后提供的任何担保；

（三）公司为资产负债率超过70%的担保对象提供的担保；

（四）连续十二个月内担保金额超过公司最近一期经审计总资产的30%的对外担保；

（五）公司对股东、实际控制人及其关联方提供的担保。

公司董事会负责审议上述需经股东大会审批的对外担保并形成议案提交股东大会审批。

股东大会在审议本条第（四）款规定事项时，应经出席会议的股东所持表决权的三分之二以上通过。

股东大会在审议本条第（五）款规定事项时，该股东或受该实际控制人支配的股东，不得参与该项表决，该项表决由出席股东大会的其他股东所持表决权的半数以上通过。

董事会审议担保事项时，应经出席董事会会议的三分之二以上董事审议同意。股东大会审议前款第（五）项担保事项时，应经出席会议的股东所持表决权的三分之二以上通过。

第十四条 公司董事会决定除前条所述需经股东大会审批之外的对外担保事项。应经董事会审批的对外担保，必须经出席董事会的三分之二以上董事审议同意并作出决议。

第十五条 经公司股东大会或董事会审议批准的对外担保，如公司上市后，必须在挂牌的证券交易所指定的媒体上及时披露，披露的内容包括董事会或股东大会决议、截止信息披露日公司及控股子公司对外担保总额、公司对控股子公司提供担保的总额。

公司在办理贷款担保业务时，应向银行业金融机构提交《公司章程》、有关担保事项董事会决议或股东大会决议原件、刊登担保事项信息的指定报刊等材料。

第四章 日常管理

第十六条 公司对担保的日常管理：

财务部实行定期登记制，在每年上报年度财务报表时，同时上报《公司对外担保动态情况表》，上报上年担保债务情况。对公司提供担保的项目每年分别以 6 月 30 日和 12 月 31 日为截止日两次填报《公司担保贷款项目动态情况表》。

财务部应认真做好对担保信息的收集、整理与分析工作，每年提交担保情况报告，及时清理公司到期的担保合同。

第十七条 财务部应有人专职或兼职管理担保工作，提供担保后，要加强管理，建立台账和档案，并定期清理。

第十八条 担保人要及时掌握被担保人的有关信息，加强对担保企业的监督，及对担保项目的跟踪，完善对被担保人的事前评估、事中监控、事后追偿与处置机制，发现担保风险时，应及时报告，并提出措施建议。

第十九条 担保人未经批准擅自出具对外担保，将追究决策者的经济责任或行政责任，根据情节，给予警告、通报批评等处分。

第五章　附　　则

第二十条 本制度适用于反担保。

第二十一条 本制度由公司董事会负责解释。

第二十二条 本制度自股东大会审议通过之日起施行。

思　考　题

1. 什么是担保？担保业务内部控制设计的基本要求有哪些？
2. 如何评估和选择担保对象？
3. 在哪种情况下企业不得提供担保？
4. 如何设计担保业务核算制度？
5. 如何设计反担保业务核算制度？
6. 上市公司须经股东大会审核批准的对外担保主要情形有哪些？

第十六章 研究与开发业务处理程序与核算方法设计

第一节 研究与开发内部控制目标与基本要求

案例导入

2011年某上市公司发布了“关于收到补缴税款通知的公告”，该公司收到国家税务局的通知：“根据核查，该单位存在以下问题。2008年申报高新技术企业资格时，前三年实际投入的研发费用占销售收入的比重仅为0.65%；且申报的发明专利与其主要产品的核心技术不直接相关。减免的2008年度和2009年度高新技术企业所得税，需补缴税款5800多万元。”

研究与开发是企业核心竞争力的本源，是促进企业自主创新的重要体现，是企业加快转变经济发展方式的强大推动力。由此说明，创新、产权、知识、人才是核心资源，自主创新是第一要务。在经济全球化背景下，特别是为了抢抓后危机时期重要发展机遇，企业应坚定不移地走自主创新之路，重视和加强研究与开发，并将相关成果转化为生产力，在竞争中赢得主动权，夺得先机。本案例中该上市公司由于研究开发费用等指标不符合高新技术企业认定的标准，事后被当地税务机关追缴已享受的高新技术企业企业所得税的税收优惠，金额高达5800多万元。可见，加强研究与开发内部控制与业务处理程序的设计对于规范研究与开发业务活动，全面、系统记录与核算研究与开发过程，为公司争取更多的利益等都起到了重要作用。

一、研究与开发内部控制的目标

① 促进企业自主创新，增强核心竞争力。

② 有效控制研发风险，实现发展战略。

二、研究与开发内部控制的基本要求

企业在建立和实施研究与开发内部控制制度中，至少应当强化对以下关键方面或者关键环节的风险控制，并采取相应的控制措施：

① 立项申请、评审和审批程序应当明确，机构设置和人员配备应当科学合理；

② 完善研究开发过程的管理制度；

③ 建立健全技术验收制度；

④ 建立有效的研发成果保护制度。

第二节 研究与开发内部控制规范

一、立项

立项主要包括立项申请、评审和审批。该环节的主要风险是：研发计划与国家（或企

业）科技发展战略不匹配，研发承办单位或专题负责人不具有相应资质，研究项目未经科学论证或论证不充分，评审和审批环节把关不严，可能导致创新不足或资源浪费。

该环节主要的管控措施：第一，建立完善的立项、审批制度，确定研究开发计划制定原则和审批人，审查承办单位或专题负责人的资质条件和评估、审批流程等。第二，结合企业发展战略、市场及技术现状，制定研究项目开发计划。第三，企业应当根据实际需要，结合研发计划，提出研究项目立项申请，开展可行性研究，编制可行性研究报告。企业可以组织独立于申请及立项审批之外的专业机构和人员进行评估论证，出具评估意见。第四，研究项目应当按照规定的权限和程序进行审批，重大研究项目应当报经董事会或类似权力机构集体审议决策。审批过程中，应当重点关注研究项目促进企业发展的必要性、技术的先进性以及成果转化的可行性。第五，制定开题计划和报告，开题计划经科研管理部门负责人审批，开题报告应对市场需求与效益、国内外在该方向的研究现状、主要技术路线、研究开发目标与进度、已有条件与基础、经费等进行充分论证、分析，保证项目符合企业需求。

二、研究开发的过程管理

研发过程是研发的核心环节。实务中，研发通常分为自主研发、委托研发和合作研发。本书重点介绍自主研发相关过程管理情况。

自主研发。自主研发是指企业依靠自身的科研力量，独立完成项目，包括原始创新、集成创新和在引进消化基础上的再创新三种类型。其主要风险包括：第一，研究人员配备不合理，导致研发成本过高、舞弊或研发失败。第二，研发过程管理不善，费用失控或科技收入形成账外资产，影响研发效率，提高研发成本甚至造成资产流失。第三，多个项目同时进行时，相互争夺资源，出现资源的短期局部缺乏，可能造成研发效率下降。第四，研究过程中未能及时发现错误，导致修正成本提高。第五，科研合同管理不善，导致权属不清，知识产权存在争议。

该环节主要的管控措施：第一，建立研发项目管理制度和技术标准，建立信息反馈制度和研发项目重大事项报告制度；严格落实岗位责任制。第二，合理设计项目实施进度计划和组织结构，跟踪项目进展，建立良好的工作机制，保证项目顺利实施。第三，精确预计工作量和所需资源，提高资源使用效率。第四，建立科技开发费用报销制度，明确费用支付标准及审批权限，遵循不相容岗位牵制原则，完善科技经费入账管理程序，按项目正确划分资本性支出和费用性支出，准确开展会计核算，建立科技收入管理制度。第五，开展项目中期评审，及时纠偏调整；优化研发项目管理的任务分配方式。

三、研发项目验收

结题验收是对研究过程形成的交付物进行质量验收。结题验收分检测鉴定、专家评审、专题会议三种方式。其主要风险包括：由于验收人员的技术、能力、独立性等造成验收成果与事实不符；测试与鉴定投入不足，导致测试与鉴定的不充分，不能有效地降低技术失败的风险。

该环节的主要管控措施是：第一，建立健全技术验收制度，严格执行测试程序。第二，对验收过程中发现的异常情况应重新进行验收申请或补充进行研发，直至研发项目达到研发标准为止。第三，落实技术主管部门验收责任，由独立的、具备专业胜任能力测试人员进行鉴定试验，并按计划进行正式的、系统的、严格的评审。第四，加大企业在测试和鉴定阶段的投入，对重要的研究项目可以组织外部专家参加鉴定。

四、研究成果的保护

研究成果保护是企业研发管理工作的有机组成部分。有效的研发成果保护，可保护研发企业的合法权益。其主要风险包括：第一，在研究立项论证时未进行专利信息的详细检索，自主开发获得的研发成果却不能使用。第二，由于核心研发人员的泄密、离职等原因，竞争对手获取了企业研发过程中的阶段性成果的风险。第三，企业开发出的新技术或产品未进行有效保护，导致被限制使用的风险。另外合作开发的新技术，合作方未明确约定权利义务，导致自树竞争对手的风险。

该环节的主要的管控措施：第一，进行知识产权评审，及时取得权属。第二，研发完成后确定采取专利或技术秘密等不同保护方式。第三，利用专利文献选择较好的工艺路线。第四，建立研究成果保护制度，加强对专利权、非专利技术、商业秘密及研发过程中形成的各类涉密图纸、程序、资料的管理，严格按照制度规定借阅和使用。禁止无关人员接触研究成果。第五，建立严格的核心研究人员管理制度，明确界定核心研究人员的范围和名册清单并与之签署保密协议。第六，企业与核心研究人员签订劳动合同时，应当特别约定研究成果归属、离职条件、离职移交程序、离职后保密义务、离职后竞业限制年限及违约责任等内容。第七，实施合理有效的研发绩效管理，制定科学的核心研发人员激励体系，注重长效激励。

第三节 研究与开发业务核算方法设计

对于企业自行进行的研究开发项目，无形资产准则要求区分研究阶段与开发阶段两个部分分别进行核算。其中，研究是指为获取新的技术和知识等进行的有计划的调查，研究活动的例子包括：意于获取知识而进行的活动；研究成果或其他知识的应用研究、评价和最终选择；材料、设备、产品、工序、系统或服务替代品的研究；以及新的或经改进的材料、设备、产品、工序、系统或服务的可能替代品的配制、设计、评价和最终选择。

1. 研究阶段支出的会计处理

从研究活动的特点看，其研究是否能在未来形成成果，即通过开发后是否会形成无形资产均有很大的不确定性，企业也无法证明其研究活动一定能够形成带来未来经济利益的无形资产，因此，研究阶段的有关支出在发生时应当以费用化形式计入当期损益。

2. 开发阶段支出的会计处理

无形资产准则规定，开发阶段的支出符合条件的才能资本化，不符合资本化条件的计入当期损益（管理费用）。如果确实无法区分研究阶段的支出和开发阶段的支出，应将其所发生的研发支出全部费用化，计入当期损益。

在开发阶段，判断可以将有关支出资本化确认为无形资产，必须同时满足下列条件：

（1）完成该无形资产以使其能够使用或出售在技术上具有可行性；

（2）具有完成该无形资产并使用或出售的意图；

（3）无形资产产生经济利益的方式，包括能够证明运用该无形资产生产的产品；

（4）有足够的技术、财务资源和其他资源支持，以完成该无形资产的开发，并有能力使用或出售该无形资产；

（5）归属于该无形资产开发阶段的支出能够可靠计量。

企业自行开发无形资产发生的研发支出，未满足资本化条件的，借记“研发支出——费用化支出”科目，满足资本化条件的，借记“研发支出——资本化支出”科目，贷记“原材料”、“银行存款”、“应付职工薪酬”等科目。

企业购买正在进行中的研究开发项目，应按确定的金额，借记“研发支出——资本化支出”科目，贷记“银行存款”等科目。以后发生的研发支出，应当比照上述“企业自行开发无形资产发生的研发支出”的规定进行处理。

研究开发项目达到预定用途形成无形资产的，应按“研发支出——资本化支出”科目的余额，借记“无形资产”科目，贷记“研发支出——资本化支出”科目。

第四节 研究与开发内部控制制度设计示例

××公司研究与开发内部控制制度

第一章 总 则

第一条 为加强对××材料集团股份有限公司（以下简称“公司”）科研项目管理，明确科研项目管理的职责和分工，有效控制研发风险，实现发展战略，维护公司的合法权益，根据中国证监会有关建立健全内部控制的规范性文件、《公司章程》及财政部《内部控制基本规范》及其配套指引等规定，特制定本制度。

第二条 本制度适用范围为东睦新材料集团股份有限公司及其分公司，子公司参照执行。

第三条 本制度所称的研究与开发，是指公司为满足客户需求进行的新产品研发活动，以及企业自身为节约成本、提升技术水平所进行的技术革新研究活动。其范围包括前述内容自研究立项、项目实施、技术成果转化、知识产权的归档及保护的全过程。企业应当重视研发工作，同时，科研项目的研发应根据公司发展战略，结合市场开拓和技术进步要求，科学制定研发计划，强化研发全过程管理，规范研发行为，促进研发成果的转化和有效利用，不断提升企业自主创新能力。

第四条 公司总经理对建立健全公司科研项目内部控制并有效实施，以及科研项目的真实性、合法性负责。研究所参与市场调查，分析掌握国内外同类型产品技术发展趋势；对先进工艺、技术进行前瞻性研究；根据工厂产品发展规划，参与编制产品科研，产品设计和产品改进计划，开发新的工艺流程；按照产品设计开发程序，负责产品及其配套的设计、研究、试验、改进和设计定型工作；进行产品参数、结构、性能和材质等方面的研究和试验。开发部，技术部贯彻执行标准化，系列化和通用化设计原则，为生产提供正确、完整、统一、齐全的产品图样和设计技术条件；根据客户需求做好产品试制和生产过程中的现场技术服务及产品图样设计技术文件的修改工作，配合业务部参与用户技术服务；做好产品试制和生产过程中的现场技术服务及产品图样设计技术文件的修改工作，配合业务部参与用户技术服务；收集生产部门在实际生产中工艺、质量、产品等方面的问题，并通过进行技术改造或革新进行解决；负责产品试验；试验资料存档和提供试验报告，掌握先进的测试技术；如期完成研究所布置的应急任务。

第五条 科研项目申请及审批。公司成立项目领导委员会，负责立项审批，指导，监督及评审工作。也可根据需要聘请独立于企业外的专业机构或人员担任；公司各技术研发部门需根据历史数据及市场变化在每年九月份提出预算编制草案并进行讨论，并于十二月之前提交年度预算草案；公司级科研项目指合同金额总量较大，产品工艺要求较高，需要公司投入较大研发成本的产品科研项目。技术开发部门需根据客户订单、市场需求、自身企业需要组织市场与技术调研，完成项目可行性分析报告。

第六条 研发计划与公司科技发展战略相匹配，研发计划具有实际可操作性；研发成果具有较高的市场需求与效益；公司具备研发计划所需的相关资源；研发采购经费在公司可承受范围之内。

第七条 项目可行性报告内容

(1) 项目名称，项目负责人姓名、职务。项目名称应能恰当反映项目的特点。

(2) 需要与独立于企业外的研究机构、个人共同研发的项目，以及委托研发的项目，需要对合作、委托机构、个人的技术水平、资质进行鉴定评估。

(3) 公司自身技术能力。

(4) 项目的经济效益初步估算。

(5) 项目进展预估。

(6) 项目风险分析。

(7) 项目组成员名单及分工预案。

(8) 项目所需资金预算。

第八条 审批程序。可行性分析报告由技术研发部门负责人审批，通过后提交项目领导委员会讨论。项目领导委员会出具审批意见，若项目通过则由总经理签字实施，若项目未通过则退回立项申请部门，由申请部门将可行性分析报告与审批意见归档保存。通过项目由项目领导委员会提名项目组长，项目组长根据可行性分析报告组织项目具体实施。

第九条 普通级产品开发项目

(1) 普通级产品开发项目指合同金额较小，技术工艺成熟，研发投入较小，公司已经具有一定研发经验的产品开发项目。

(2) 普通级产品开发项目由各相关部门填写《新产品合同评审表》，经总经理批准后研发部门按合同要求进行产品开发。

第十条 科研项目实施与管理

(一) 进展报告/跟踪及组内沟通交流

(二) 项目进展报告制度

(1) 每个项目组长每月向项目领导委员会提交《项目进展报告（月度）》。

(2)《项目进展报告（月度）》内容包括：项目范围/目标的变更（如果有）；最新进展/状态（已完成的重要节点时间）；下一步主要工作；进展预估（将要完成的重要节点时间）；主要挑战/困难/风险分析（如果有变化）。

(3) 若遇重要事件，如客户抱怨/延期交付等，项目组长应及时向项目领导委员会报告。

第十一条 项目跟踪

(1) 项目领导委员会将视项目的重要程度随时了解项目的进展情况，并帮助/推动项目前行。

(2) 项目领导委员会每季度对所有在研发项目进展进行评审，出具《项目进展审核报告（季度）》，对项目进展情况进行汇总报告。

第十二条 项目组内沟通交流

(1) 加强项目组内沟通，定期开展技术交流会，使小组内的成员能够相互熟悉对方的工作和进度。项目小组每月至少进行1次项目组例会，并形成会议记录。

(2) 有关项目的所有信息应在项目小组内共享（除公司要求保密外），成员之间以E-mail方式进行任何有关项目的沟通时，都应抄送所有成员。

(3) 小组成员进行信息交流和沟通时，应做到有确认、有回复、有反馈。

第十三条 项目组必须明确项目的目标范围与工作内容，合理利用各种资源，在规定的时间和预算内完成项目的实施。

项目组成员包括各主要部门的主管或业务骨干。要求项目组人员不仅熟悉本部门的工作，也应了解其他相关部门的情况及相互关系。项目组对项目领导委员会负责。主要职责有：

（1）制定具体的项目目标，并根据目标制定实施计划，保证项目目标的实现；

（2）严格实施项目计划，指导、组织和推动各职能组的工作，把握各方面的项目进程；

（3）提交各阶段的工作成果报告。

项目组长是项目组的领导，由项目相关领域内的资深人员担任。其主要职责有：

（1）设定项目目标范围及评价考核标准；

（2）向项目组成员宣传项目目标，并为他们描绘未来的美好前景及项目成功所能带来的效益；

（3）公布项目的工作目标，范围、质量标准、预算和进度计划，使每个成员对项目目标有全面深入的了解，建立起共同的愿景；

（4）领导项目组成员，协调各方关系，对项目实施过程进行统筹规划；

（5）了解项目进展，保证项目进度和目标的完成。若项目偏离原定方向或有误期危险，项目组长应及时反应调整，采取措施，确保项目按期完成；

（6）推动培训工作；

（7）及时赞赏成员的辛劳、良好的工作和表现；

（8）对项目组的文化、努力方向、工作的方式、学习的内容提出建议。

项目组内的成员，不论其在公司内现有岗位的职务职称或级别高低，在一个实施项目中，都应当尊重和接受项目组长的领导。每一位项目成员都应当正确理解该要求。在项目小组中应创造一种团结、信任、协作、和谐而健康的工作氛围，所有成员应加强凝聚力，培养以完成项目目标为首要任务的团队精神。项目小组成立时，应在一日内建立项目小组成员名单及通讯录，并明确项目组长及各项目组成员的职责。应在项目小组成立一周内作出项目计划，项目计划应包括具体内容、具体目标及具体的时间进度安排，并严格遵照计划执行。项目小组中下达学习和工作任务时，应做到有目标要求、时间要求及质量要求。建立良好的文档管理机制，包括项目组进度文档、个人进度文档、整体技术文档、个人技术文档等。一旦出现人员的变动，替补的组员能够根据完整的文档尽早接手工作。提倡“三现”。出现问题时，应做到到现场，掌握现物、产品，了解现实情况。鼓励项目小组成员积极发现并解决问题，所有成员均有义务对项目实施过程中出现的问题提出意见或建议。在项目进行中出现问题时，反对成员之间互相指责，但相关小组成员应勇于承担责任，改正问题。整个小组应齐心协力，集思广益，避免问题再次发生。建立严格的请假制度。不能到会、不能按时完成任务都应请假。

第十四条　预算调整。当项目进行过程中出现超出预算情况时，由项目组长向项目管理委员会出具项目预算调整申请，内容包括预算超出的原因，原有预算的用途，新增预算的用途等。由项目管理委员会进行讨论并出具审批意见。若通过则上报总经理进行审批，若不通过则出具《项目终止意见书》。

第十五条　项目终止、结题与验收

（一）项目终止

（1）当研发项目不再符合客户、市场或企业自身的发展要求，大量超出预算，或超出企业实际研发能力时，项目应当终止。

（2）项目组根据实际研发情况认为项目无法或不应该继续进行时，可召开项目组会议进行讨论，并由项目组长向项目领导委员会提出终止项目，项目领导委员会根据实际情况进行调研，决定是否终止项目，并出具《项目终止意见书》。

（3）项目领导委员会根据市场信息或客户需求认为某项目应该终止时，可召开项目领导委员会、项目组联席会议进行讨论，如决定终止项目，需出具《项目终止意见书》。

（二）项目结题与验收

研发项目完成后，项目组需提交《项目结题报告》，由项目领导委员会组织相关部门进行企业内部验收，出具《项目验收报告》。按照政策法规需要由政府科技管理部门或其他相关部门验收的研发项目，按相关法规办理验收。

第十六条 研究成果开发与保护

研究成果保护

（1）科研项目需要申请专利的，研发部对专利的新颖性、创造性、实用性进行审查，并撰写专利文书，经研发部部长审批后，外聘专业机构向国家专利局代理申请专利。

（2）项目领导委员会批准研发计划时，可根据实际情况，约定研究成果归属、离职条件、离职移交程序、离职后保密义务、离职后竞业限制年限及违约责任等内容。对于需要保密的技术成果，需与核心人员签署保密协议，并禁止无关人员接触研究成果。

（3）项目立项、审批、月度季度报告、终止或结题、验收等文件，设计研发的文字资料、图纸等在项目完成后由项目组长负责整理归档，并设定查阅等级。

第十七条 评估与改进

（1）绩效考核的原则是鼓励小组成员按照计划完成项目，鼓励实干，创新。

（2）项目小组成立后，由公司总经理批准，拨付项目专款。

（3）项目组长制定项目计划后，至少要在项目中期和项目结束时（也可在项目每完成25%时，具体由项目组长根据项目实际情况定）进行项目评审。每次评审时，按项目完成情况及个人贡献大小分配绩效奖金。如项目完成不好或误期，则奖金数量应有相应折扣。

第二章 附 则

第十八条 本制度由董事会授权总经理负责组织编制并解释，经董事会审议通过之日起生效。

第十九条 本制度接受中国法律、法规、中国证券监督管理委员会或其授权机构公布的规范性文件以及本公司章程的约束。本制度未尽事宜，依照有关法律、法规的有关规定执行。本制度与有关法律、法规的有关规定不一致的，以有关法律、法规的规定为准。

思 考 题

1. 研究开发内部控制设计的基本要求有哪些？
2. 研究与开发内部项目立项需要关注哪些方面的内容？
3. 研究开发过程企业会面临哪些风险，企业如何应对该等风险？
4. 研究开发成果公司如何保护？
5. 如何设计研究开发项目支出的核算方法？

附　　录

附录 1　××股份有限公司费用管理制度

第一章　总　　则

第一条　为了适应××股份有限公司（简称“公司”）加强预算管理，强化费用控制的要求，本着合理控制的原则，根据《××集团费用管理制度》，特制定本费用管理制度。

第二条　本管理制度适用于本公司，公司控股子公司参照执行。

第三条　释义

公司：特指××股份有限公司。

子公司：特指公司下属的全资、控股企业。

市场平台：特指公司所属的营销业务主体，主要包括终端营销事业部、系统营销事业部、海外营销事业部、交换网络事业部等。

生产平台：特指公司所属的生产业务主体，主要包括制造、采购事业部等。

管理平台：特指公司所属的除上述市场、生产平台以外的部室及上述市场、生产平台中的管理部门。

特殊地区：特指北京、广州及深圳。

省会级城市：特指天津、重庆、珠海、厦门、汕头及各省政府所在地城市。

普通城市：特指除上述两项城市以外的地区级与县级城市。

驻外人员：在上海招聘，并在上海以外地区长期工作人员，平均每月出差时间在 20 天以上（具体名单由相关部门报主管副总裁审批后，经人力资源部审核，交财务部备案，每个季度更新一次）。

异地招聘人员：指公司驻外机构在当地招聘人员，工作地在驻外机构所在地。

合法票据：合法发票要求要素齐全（包括税务局或财政局监制章、日期、客户名称、发票项目、数量、单价、金额、大写合计、收款单位财务专用章或发票专用章等），发票必须套写，报销联不得用圆珠笔或钢笔直接填写，大小写金额必须一致。

第四条　本制度实施后将作为公司费用控制的指导性文件，以往相关制度规定与本制度不符的，以本制度为准；相关部门因特殊原因无法执行本制度的，可参照本制度规定制定实施细则，报财务部审批后实施。

第五条　本制度主要规范费用分类、报销程序及标准，各部门每年/每季/每月的费用总额按预算控制。

第二章　费 用 分 类

第六条　费用按性质分为变动费用、固定费用及专项费用三大类。

第七条　变动费用特指可以通过有关部门和管理人员进行控制的费用，具体包括如下几项。

1. 差旅费：包括交通费（含市内交通费）、住宿费、出差补贴及相关杂项费用等。

2. 办公费：包括办公用品，如纸张、笔、纸杯、纸袋、文件夹、磁盘、磁带等；日常办公费用，如刻章、名片印制、报纸杂志订阅、书费等。

3. 业务招待费：包括公司餐厅客餐费、外部餐费、非促销礼品及领用公司产品等。

4. 通信费：手机话费（含小灵通）、住宅电话费、办公室固定电话费。

5. 低值易耗品：指单位价值 2000 元以下的或单位价值虽然在 2000 元以上，但预计使用年限不足 1 年的，不能作为固定资产的工具、管理用具、如墨盒、色带、硒鼓、饮水机、办公桌椅柜、电脑配件、电话机、接线板等。

6. 修理费：维护和修理车辆、设备、经营场地以及相关辅助设施而发生费用，已销售产品维修费用不列入此项。

7. 车辆使用费：包括车辆的养路费、汽油费、过路费、停车费等。

8. 会议费：涉及会议项目的相关费用，包括租用会议场所、会议车辆、购置会议用具、会议住宿费用等。

9. 医药费：包括离退休职工、在职职工、家属医药费，具体由医药费管理制度规定。

10. 其他变动费用：未纳入以上项目的其他变动费用。

第八条 固定费用，主要指相对于可控费用来说变动性相对较小，费用大小一般取决于机构、人员、资产、经营的规模，可控性较差的费用，主要包括以下种类。

1. 工资及相关费用：所有人员的工资、奖金、津贴、非差旅费补贴、午餐费、佣金、加班费，以及按工资计提的养老金、公积金、福利费、工会经费、职工教育经费、离退休统筹、失业保险等。

2. 租赁费：因租用办公场地、车辆、设备等发生的相关费用。

3. 水电费：办公、生产、仓储等发生的用水用电支出。

4. 保险费：财产保险相关费用。

5. 折旧费：按固定使用年限计提的折旧费。

6. 其他费用：未纳入以上项目的其他固定费用。

第九条 专项费用，主要指专业性较强、发生时间不均匀、金额一般较大，需进行专项控制的费用，主要包括以下种类。

1. 审计、咨询费：进行外部审计、评估等相关费用；外部法律、技术、战略、管理等专家咨询发生的相关费用。

2. 广告与促销性费用：促销礼品费、报纸、杂志、电视等媒体上的广告费用，制作、运输，储存广告用品的费用，以及公司启示、企业文化宣传等的费用。

3. 出国人员经费：员工前往国外进行商务活动发生的交通、住宿、补贴等相关费用；箱包与服装费用不再予以报销。

4. 培训费：由公司人力资源部统一办理或各部门根据业务需要的专业培训发生的费用。

5. 装修费：办公、生产、仓储等场地的装修装饰费。

6. 其他专项费用：未纳入以上项目的其他专项费用。

第三章　预支款申请、审批及核销

第十条 为控制预支款风险，原则上取消个人一般公务活动预支款，预支款仅限于专项公务支出，具体鉴定如下。

1. 专项公务支出指有特定用途的支出，如组织大型工作会议费、展览费、广告费、大型礼品及接待费、装修费、培训费、出国人员经费等以及其他大型项目支出等。列为专项公务支出需由相关部门事先提出书面报告，预支金额在2万元以内的，经部门总经理和财务总经理联合审批，超过2万元以上的，需经财务总监审批。

2. 员工进行一般性公务活动而事先垫付的差旅费等个人费用，报销时公司根据实际报销金额2%予以资金补贴（个人垫支款在500元以下的或在本地区形成的一切垫付费用报销不给予资金补贴），并会同报销金额、出差补贴打入员工提供的工行信用卡账号内（或工资卡账号），相应地，员工取款手续费及透支利息等，公司不予报销。

3. 新员工参加工作的前三个月内若需要一般性公务出差，则允许申请预支款，最高限额3000元。

第十一条 对符合预支款申请条件的，按以下程序办理手续。

1. 由相关部门申请人填写预支款申请单，经所在部门总经理审核签字后，交财务部会计人员查询个人预支款明细账，明确是否有上次借款未结清，本次预支款后其总额是否在专项支出报告批准额度内，若在借款限额与部门预算内，则进行具体凭证处理，出纳据单付款。

2. 总经理及以上人员的费用预支审批需报上一级主管领导审批；总裁借款由财务总监审批。

3. 预支款借款批准额度由财务部根据实际需要核定，不得公款私用。

4. 预支款借用人员应在工作结束的10个工作日内按规定办理报销手续，归还多余备用金，前账未清，不得续借。如有特殊情况需要延长期限，则需由借款人提出申请、所在部门总经理同意后，并经财务部总经理审核签字。无故不按规定及时核销预支款的人员，财务部有权根据公司相关流程与制度通知人力资源部直接在该人员月工资发放中扣除。

第四章 报销审批程序

第十二条 报销程序

1. 由报销申请人填制报销单，并附相关单据，包括明细报销申请单、费用发票等单据，交部门业务经理详细审核，并经总经理审签。

2. 报销申请人将经审核后的各类单据交财务部稽核会计。

3. 财务部稽核会计根据国家法律法规、公司费用管理有关制度与流程、各部门预算，审核报销金额、发票、凭证的合法性、合规性和机械准确性。各类报销票据必须注明日期、内容，报销期限不超过两个月（即发票日期与报销日期间隔不大于2个月），否则视为废票。财务部在审核中发现不合规票据，予以退回；对未预先审批备案的超标准费用，一律不予报销；超预算费用结转下月报销，并及时通知相关部门；对于涉及违法犯罪的行为，交司法机关处理。

4. 对于有个人借款的，根据预支款及报销申请单上的预支款金额，首先冲减差额。

5. 财务部自受理报销申请后的5个工作日内应完成报销处理，将报销款项打入报销申请人信用卡账户。原则上每位员工“一人一卡”，并在报销系统中锁定个人账号。如有特殊原因无法按时完成的，应及时通知报销人员。

第五章 变动费用控制

第十三条 差旅费报销标准

（一）人员划分及报销标准。

1. 根据员工级别及业务平台的不同分为四类，确定具体划分如附表1-1所示。

附表1-1 根据员工级别及业务平台分类

类别	管理、生产平台	市场平台
A级	总裁、副总裁级	副总裁级、总经理级
B级	总裁助理级、总经理级（包括副总工、副总经理、公司级顾问）、外派子公司总经理（包括主持工作的副总经理）	副总经理、总监级（包括总经理助理、部门级顾问），业务经理级（只限市场、销售一线）
C级	业务经理级（包括部门顾问）、外派子公司财务经理	业务经理级（销售支持、工程、客服）、销售主管（经理）、客服区域主管、代表处主任
D级	其他人员	其他人员

2. 交通工具

根据不同的级别乘坐的交通工具类别如附表1-2所示。

附表1-2 不同级别乘坐的交通工具类别

级别	交通工具
A级	火车软席、轮船一等舱、飞机普通
B级	火车硬席、轮船二等舱、飞机普通
C级	火车硬席、轮船三等舱、飞机普通（单飞）
D级	火车硬席、轮船三等舱

备注：

（1）公司鼓励员工乘坐火车，连续乘坐火车12小时以上的员工，按票价给予以下标准的补贴：硬座按票价的85%计发，软座按票价的40%计发，硬卧按票价的30%计发。除A级外坐软席的，按硬席标准给予报销及补贴。

（2）对于从上海去北京坐软卧的（不含回沪），给予50元的餐饮补贴，无其他补贴。对于可以乘坐飞机而选择软卧的，适用上述条款的规定。

（3）乘坐火车，从晚8时至次日晨7时之间，在车上超过6小时以上的，或连续乘车时间超过12小时的，可购同席卧铺票。

（4）C级员工因工作需要双飞和D级员工因工作需要乘坐飞机，飞机票价格在原价五折及以下的（或低于该级别其他交通工具价格的），予以全额报销，超过部分由个人自行承担。机场建设费及保险费予以全额报销。

（5）飞机乘坐经济舱以上的，或超过上述第（4）条规定的报销，须经公司总裁与财务总监审批。

（6）总经理及以上人员车贴标准由公司总裁办规定。

3. 出差住宿及补贴

按不同报销级别分三类城市，实行差旅费用打包制，如附表1-3所示。

附表1-3 不同报销级别按城市分类实行差旅费用打包制

级别	普通城市	省会城市	特殊城市
A级	400元	500元	600元
B级	260元	280元	350元
C级	240元	260元	280元
D级	200元	220元	250元

备注：

（1）对于出差人员，实行住宿、市内交通、伙食三项出差费用打包制（住宿发票仍需提供。无住宿发票者，以上标准不适用，给予70元/天的补贴）。

（2）员工报销时按包干标准报销。住宿费超过包干范围，按包干额报销；住宿费低于包干额的，按差额给予补足。

（3）超出标准要求报销的，由财务总监审批。

4. 驻外人员补贴

（1）驻外人员的补贴包含租房补贴与外勤补贴两项，根据城市等级不同分成三类，如附表1-4所示。

附表1-4 驻外人员补贴标准分类

人员	普通城市	省会级城市	特殊城市
B、C、D级	1200元	1500元	1700元

（2）总部以及异地招聘人员出差，伙食补贴、市内交通费、住宿费按住宿的实际天数计算；提供住宿发票，在差旅费报销标准内报销。

（3）驻外人员租房补贴、外勤补贴按月包干，均不再凭据报销。驻外人员从外派地到其他地区出差（除上海以外）期间，差旅费报销按总部人员出差费用报销标准执行。

（4）差旅费报销的补充规定。

① 员工出差期间乘坐往返机场的专线客车或出租车费用，可在出差人员市内交通费包干范围之外凭据报销，其中出租车费在包干范围外限报销一趟（不含C级员工的双飞与D级员工乘坐飞机情形）。

② 员工经批准外出参加会议、培训，若食宿自理，按包干标准凭据报销；若住宿自理的，在包干额度基础上下浮30元/天凭据报销；若由会议、培训举办单位统一安排食宿，按会议或培训标准报销，不再给予补贴。

③ 员工出差搭乘公司自备车的，不再报销交通费，报销标准在包干额度基础上下浮35元/天，报销时必须注明出差日期。期间发生的过路费、汽油费等运输费一并在差旅费用中填列报销。

④ 员工出差于下午3点后离开出差地，不论是否有半天的住宿费发生，不分地区给予20元补贴（含伙食补贴、市内交通费）。

⑤ 凡因出差当天来回的，除火车票、汽车票外，给予70元补贴（自备车补贴35元）。

⑥ 对于使用探亲假等报销差旅费的，根据人员级别报销相应交通费用，不适用出差包干制度。报销流程与出差报销相同，但应附经审批后的请假单。

第十四条 办公费控制

1. 办公费不具体限定单笔（项）报销标准，严格按预算总额控制。

2. 办公用品由采购部统一采购，具体操作由相应的采购流程予以规范。

3. 报纸杂志订阅由各部门申请，总裁办统一审核，再由物业部收发室办理订阅手续。

第十五条 通信费报销标准

（一）办公室固定电话

1. 各部门办公用电话每门不具体限定每月报销标准，但严格按预算总额控制。

2. 各部门电话配置由信息技术部统一核定与管理，原则上无国际业务的部门或员工不予开设国际长途电话，无异地业务的员工不予开设国内长途业务。

（二）移动电话

1. 根据业务平台的不同分类核定报销标准，具体标准见附件 1：《电话费报销标准》（以下简称《标准》)。该《标准》的修改由财务部负责修订，报财务总监与总裁审批后生效。

2. 电话费用仅包含银行等相关单位出具的实际使用情况的相关内容，不得报销各类卡等费用。对于可以报销两部手机话费的外派人员，两部手机的所有人必须为同一人。

3. 各部门根据《标准》及部门预算核定可报销人员名单及相应的标准，报财务总监审批。

（三）住宅电话

1. C 级以上人员及总裁、副总裁秘书予以报销住宅电话费用，具体标准见：《电话费报销标准》。

2. 特殊岗位员工住宅电话费报销需经主管副总裁和财务总监联合批准，财务部备案，年限额原则上不超过 600 元。

3. 电话费用仅包含电信等相关单位出具的固定电话费用，不包含各种上网费用及各类卡等其他内容。

4. 超支部分由相关人员全额自负。

第十六条 低值易耗品控制

1. 低值易耗品不具体限定单笔报销标准，严格按预算总额控制。

2. 低值易耗品由采购部统一采购，具体操作由相应的采购流程予以规范。

第十七条 修理费、运输费不具体限定单笔报销标准，严格按预算总额控制

小车班派车费，由部门总经理审批，仅限于报销往返其他城市机场、车站派车费。超出部分在部门总经理或相关领导人车贴额度内报销。

第十八条 会议费控制

1. 公司内部会议原则上必须利用公司内会议场所，并不得以各种名义发放纪念品等。

2. 大型会议如董事会、股东会、客户年会等，会前需编制会议筹备详细方案，方案金额在 10 万元以内由部门总经理、财务部总经理会签，10 万～20 万元以上由主管副总裁及财务总监会签，20 万元以上由总裁、财务总监会签。

第六章 固定费用控制

第十九条 工资及相关费用：由公司薪酬委员会制定公司薪酬政策，人力资源部核定各部门及员工的工资标准，按月向财务部提交工资汇总表。

第二十条 折旧费按月根据国家有关规定并结合公司实际情况确定折旧年限及净残值比例，折旧费控制主要通过下列方法。

1. 采用源头控制法严格控制新增非经营性固定资产。

2. 计算机购置申请由信息技术部核定标准及配置。

3. 5 万元以上固定资产采购每次均采用招标形式，确定供应商和价格等条款；对于电脑、办公用品等通用性固定资产及低耗用品，每年采用招标形式确定常年供应商。

4. 采购部在招标确定的供应商名录内统一购置固定资产。

第二十一条 租赁费控制

1. 租赁行为应综合考虑部门特点、公司经营情况、租赁价格等诸多因素，租赁费用严格控制在预算之内。

2. 经营场地租赁应优先考虑公司内经营场地资源。

3. 车辆租赁根据公司有关车辆配备标准执行，场地及设备租赁根据生产经营的实际需要确定。

第二十二条 水电费控制：各部门具体制订细化耗用标准，杜绝浪费、厉行节约。

第二十三条 保险费控制：加强安全保卫工作，降低各种风险隐患，综合考虑保险的类别、受益、保险费率等因素，合理确定投保金额，通过对比分析，尽可能选择信誉好、费率较低的保险公司进行投保。

第七章　专项费用控制

第二十四条 审计、咨询费

1. 由内部审计部统一聘请中介机构作报表审计、资产评估、专项审计。

2. 专业职能部门在预算内负责聘请法律、技术、战略、管理等专家咨询，聘请前需向财务部提供经批准的咨询方案及有关合同草案。金额10万元以内由部门总经理与财务部总经理审批，10万～20万元由主管副总裁与财务总监审批，20万元以上由总裁与财务总监审批。

第二十五条 广告、促销性费用控制：由相关职能部门根据职责统一负责广告、促销活动，并制定详细的广告、促销计划和方案。

广告宣传性费用金额20万元以内由部门总经理、财务部总经理审批，20万～50万元由主管副总裁及财务总监审批，50万元以上由总裁、财务总监审批。

促销性费用单笔金额在30万元以内由部门总经理与财务部总经理业务经理审批，30万～50万元由主管副总裁与财务总监审批，50万元以上项目由总裁与财务总监审批。

广告费凭广告业专用发票报销。

第二十六条 出国人员经费：从严控制非关键性业务出国活动，出国申请及费用计划必须经总裁批准。并不得随意延长出国期限。

临时出国人员的报销标准根据集团有关规定执行。对于需要长驻国外的，补贴标准由部门总经理审核后，报主管副总裁与财务总监联合审批。

第二十七条 培训费

1. 在销售合同中约定客户培训项目的，按合同执行。其他客户培训计划由业务相关部门提出，根据部门总经理审批后，财务部按审批权限进行审批。

2. 员工培训由公司人力资源部统一组织，培训费总额按预算总额控制。

第二十八条 装修费控制

1万元以上装修工程采用工程招标形式，其中5万元以上项目工程费由内审部或内审部聘请外部专业审计单位审计后支付，5万元以内由财务部审核实后判断是否需提请审计，完成相关程序后按实支付。

第八章　邮寄报销方式

第二十九条 为配合公司完善市场网络，提高管理效率，特规定邮寄报销制度，邮寄报销主要适用于市场平台所属的各分公司、办事处、分支机构，并经主管副总裁同意。

第三十条 邮寄报销程序

邮寄报销的程序由实施部门根据风险控制与高效原则设置，报部门总经理与财务部总经理审批。

第九章　附　　则

第三十一条 本制度中涉及的重大原则及标准由财务部负责解释，具体实施细节和实施过程中的特例，由财务部门根据总体原则作具体解释。

第三十二条 财务部每月汇总收集各业务平台反馈的制度执行意见，并进行系统评估，提出部分修改建议，报财务总监批准后修订。

第三十三条 本制度自200×年3月1日开始执行，3月1日前发生的费用仍按原费用管理制度标准执行。

附录2　××大型设备制造和安装公司销售业务核算制度设计

一、公司销售业务概况

该公司是全国领先的水处理及工程设计公司之一，主要从事高科技纯水、废水、废料和废气处理设备的开发、生产和销售，及其处理工程的设计、成套安装和调试。

（一）水净化系统设备制造和安装业务（附图 2-1）

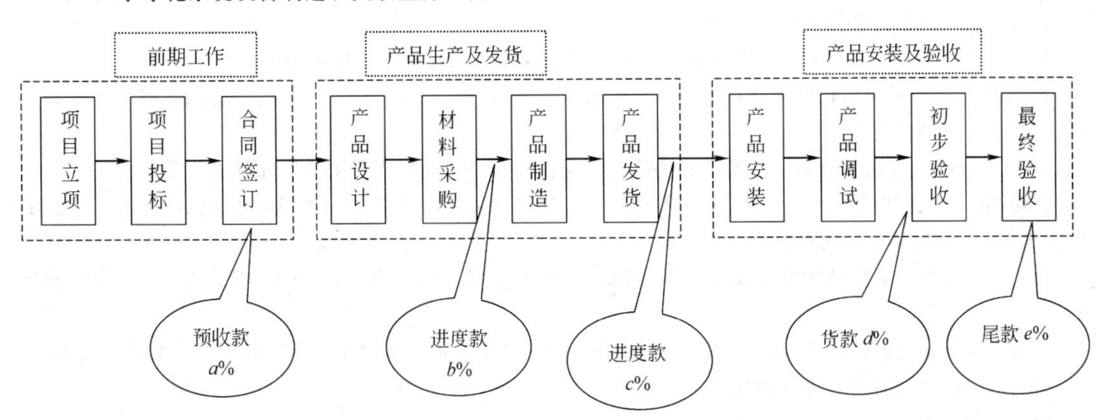

附图 2-1　水净化系统设备制造和安装简图

（二）超滤组件等配件产品销售业务（附图 2-2）

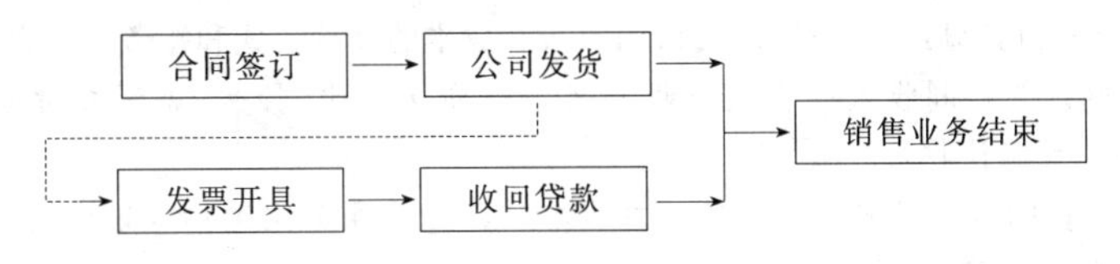

附图 2-2　产品销售业务流程

二、会计科目设置

（一）设置“工程施工（或者‘生产成本’以下同）”科目，核算实际发生的合同成本和合同毛利。实际发生的合同成本和确认的合同毛利记入本科目的借方，确认的合同亏损记入本科目的贷方，合同完成并验收后，本科目与“工程结算”科目对冲后结平。

（二）设置“工程结算”科目，核算根据合同完工进度已达到合同约定的收款条件办理结算的价款。本科目是“工程施工”科目的备抵科目，已向客户开出工程价款结算账单办理结算的款项记入本科目的贷方，合同完成并验收后，本科目与“工程施工”科目对冲后结平。

（三）设置“应收账款”科目，核算应收和实际已收的进度款，合同签订后的预收款也在本科目核算。已向客户开出工程价款结算账单办理结算的款项记入本科目的借方，合同签订后的预收款和实际收到的工程进度款记入本科目的贷方。

（四）设置“主营业务收入”科目，核算当期确认的合同收入。当期确认的合同收入记入本科目的贷方，期末将本科目的余额全部转入“本年利润”科目，结转后，本科目应无余额。

（五）设置“主营业务成本”科目，核算当期按合同确认的费用。当期按合同确认的费用记入本科目的借方，期末将本科目的余额全部转入“本年利润”科目，结转后，本科目应无余额。

（六）期末“工程施工”和“工程结算”报表列示情况。期末“在建合同工程累计已发生的成本和累计已确认的毛利（或亏损）”与“在建工程已办理结算的价款金额”应在资产负债表中以相抵后的差额列示，如果期末“工程施工”大于“工程结算”的，相抵后报表列示在“存货”项目；如果期末“工程施工”小于“工程结算”的，相抵后报表列示在“预收账款”项目。

三、销售业务收入确认方法

（一）水净化系统设备制造和安装业务收入确认方法

公司从发货开始分批确认收入，具体方法如下。

在产品部分交付的当月，按照合同总收入扣除质保金收入后的一定比例确认销售收入及相应的成本；产品全部交付并安装完成，经客户验收合格的当月，确认实现除质保金外的全部尚未确认的收入及相应的成本；产品质量保证期满，经客户最终验收确认并收到合同质保金后，确认实现合同质保金收入及相应的成本。

上述一定比例可以按照【当月发货成本/合同预计总成本×$A\%$】来确定，比例中的$A\%$由公司自行根据企业实际情况估计确定，例如，公司可以根据公司合同收款情况来确定，经公司统计设备发货完毕时一般收款额占合同总额比例为60%～80%。

相应的会计处理可以参照《企业会计准则——建造合同》相关规定，具体如下。

1. 按照合同公司应当收取货款时借记“应收账款”，贷记“工程结算”。实际收到合同款时借记“银行存款”，贷记“应收账款”。

2. 根据该确认方法公司第一次发货时确认的收入、成本的计算公式和账务处理方法如下：

公司第一次发货时确认的合同收入＝合同总收入×(1－质保金比例)×(本次发货成本/合同预计总成本)×A%(注:合同预计总成本为公司预算成本)

公司第一次发货时确认的合同成本＝合同预计总成本×(1－质保金比例)×(本次发货成本/合同预计总成本)×A%

公司第一次发货时确认的合同毛利＝第一次发货时确认的合同收入－第一次发货时确认的合同成本

公司第一次发货时的账务处理如下。

借：主营业务成本

　　工程施工——毛利

　　贷：主营业务收入

3. 根据该确认方法公司以后次数发货时确认的收入、成本的计算公式和账务处理方法如下：

公司当次发货时确认的合同收入＝合同总收入×(1－质保金比例)×(累计发货成本/合同预计总成本)×A%－以前期间累计确认收入

公司当次发货时确认的合同成本＝合同预计总成本×(1－质保金比例)×(累计发货成本/合同预计总成本)×A%－以前期间累计确认成本

公司当次发货时确认的合同毛利＝当次发货时确认的合同收入－当次发货时确认的合同成本

公司以后次数发货时的账务处理如下。

借：主营业务成本

　　工程施工——毛利

　　贷：主营业务收入

4. 公司项目通过初步验收时确认的收入、成本的计算公式和账务处理方法如下：

项目通过初步验收时确认的合同收入＝合同总收入×(1－质保金比例)－以前期间累计确认收入

项目通过初步验收时确认的合同成本＝合同总成本×(1－质保金比例)－以前期间累计确认成本

项目通过初步验收时确认的合同毛利＝项目通过初步验收时确认的合同收入－项目通过初步验收时确认的合同成本

公司项目通过初步验收时确认的账务处理方法如下。

借：主营业务成本

　　工程施工——毛利

　　贷：主营业务收入

借：工程结算

　　贷：工程施工——毛利

　　　　工程施工

5. 公司项目通过最终验收并收到质保金时确认的收入、成本的计算公式和账务处理方法如下：

项目通过最终验收并收到质保金时确认的收入＝合同总收入－以前期间累计确认收入

项目通过最终验收并收到质保金时确认的成本＝合同总成本－以前期间累计确认成本

公司项目通过最终验收并收到质保金时确认的账务处理方法如下。

借：银行存款

　　贷：主营业务收入

借：主营业务成本

　　贷：工程施工

6. 初步验收后公司售后服务业务的会计处理

对于无偿的售后服务发生的成本费用，账务处理借记“销售费用”，贷记相关科目；对于有偿的售后服务收取的服务收入借记相关科目，贷记“主营业务收入”，发生的成本费用借记“主营业务成本”，贷记相关科目。

7. 合同金额发生变更时的处理

合同金额发生变更对以前期间已经确认的收入不进行追溯调整，直接在计算变更后的收入确认中调整。

（二）超滤组件等配件产品销售业务收入确认方法

在商品所有权上的主要风险和报酬转移给买方，公司不再对该商品实施继续管理权和实际控制权，相关的收入已经收到或取得了收款的证据，并且与销售该商品有关的成本能够可靠地计量时，确认营业收入的实现。实际操作过程中公司可以在发货后对方验收确认后确认收入，账务处理借记相关科目，贷记“主营业务收入”，借记“主营业务成本”，贷记相关科目。

四、水净化系统设备成本核算

（一）项目设计阶段成本归集、分配及账务处理

项目设计成本公司账务处理时在“工程施工——设计成本”科目进行归集，并做好各工程的设计工时统计工作，期末将设计成本按各项目设计工时分配到各工程成本，该科目期末不保留余额。相应会计处理如下。

费用发生时：

借：工程施工——设计成本

　　贷：相关科目

月末费用分配时：

借：工程施工——具体项目——在建设备

　　贷：工程施工——设计成本

本阶段需要公司的设计部门每月统计各工程项目所耗用的工时，具体的表格可以参照附表 2-1 所示。

附表 2-1　设计部门每月统计各工程项目耗用工时

执行部门	项目名称	耗用工时	备注
……	……	……	……
合计	……	……	

（二）项目设备生产阶段成本归集、分配及账务处理

1. 生产领料

生产领料能够区分具体项目的在领料时直接归集至该项目下，不能区分项目的在领料时归集至“工程施工——公共项目”。相应会计处理如下。

借：工程施工——具体项目——在建设备

　　工程施工——公共项目

　　贷：相关科目

2. 除材料外的其他费用

生产发生其他费用能够区分项目的发生时直接归集至该项目下，不能区分项目的费用发生时将其归集至“工程施工——公共项目”。相应会计处理如下。

借：工程施工——具体项目——在建设备

　　工程施工——公共项目

　　贷：相关科目

3. 月末公共费用分配

月末公共费用中工资等人工费用可以按照人工工时进行分配，其余材料费用等可以按照直接材料成本金额进行分配，公共项目月末不保留余额。账务处理如下。

借：工程施工——具体项目——在建设备

　　贷：工程施工——公共项目

4. 当月某一项目设备部分完工时的会计处理

借：工程施工——具体项目——完工设备

　　贷：工程施工——具体项目——在建设备

同一项目完工设备和在建设备的分配按照各设备的约当产量进行分配计算。

5. 本阶段需要的资料

(1) 仓库每日提供材料出库单上交财务，领料能够区分项目的应该列示项目名称，不能够区分的按照

车间列示。

（2）车间月末统计各项目人工工时，具体的表格可以参照附表 2-2 所示。

附表 2-2 车间月末统计各项目人工工时

项 目 名 称	耗 用 工 时	备 注
……	……	……
合计	……	……

（3）车间分项目提供各项目制造设备组成部分的直接材料成本。具体的表格可以参照附表 2-3 所示。

附表 2-3 车间分项目提供各项目制造设备组成部分的直接材料成本

具体设备名称	完工设备数量	在建设备数量	耗 用 工 时	备 注
……	……		……	……
……		……	……	……
合计	……	……	……	……

（三）设备发出至安装现场阶段成本归集、分配及账务处理

1. 设备由供应商直接发货至工程现场的账务处理如下。

借：工程施工——具体项目——待安装设备

　　贷：相关科目

需提供相应单据：（1）采购合同和发票；（2）由公司工程人员与客户签收确认的设备收条。具体的表格可以参照附表 2-4 所示。

附表 2-4 公司工程人员与客户签收确认的设备收条

项 目 名 称	设 备 名 称	型 号	数 量	备 注
……	……	……	……	……
公司工程人员签收：			客户签收：	

2. 设备由公司自行发货的账务处理如下。

借：工程施工——具体项目——待安装设备

　　贷：工程施工——具体项目——完工设备

　　　　相关科目

该阶段需提供相应单据如下。

（1）仓库或者车间提供发货单。具体的表格可以参照附表 2-5 所示。

附表 2-5 发货单表格

项 目 名 称	设 备 名 称	型 号	数 量	备 注
……	……	……	……	……
……	……	……	……	……

（2）设备到现场后由公司工程人员与客户签收确认的设备收条。具体的表格可以参照附表 2-6 所示。

附表 2-6 公司工程人员与客户签收确认的设备收条

项 目 名 称	设 备 名 称	型 号	数 量	备 注
……	……	……	……	……
公司工程人员签收：			客户签收：	

（四）设备安装至通过初步验收阶段成本归集、分配及账务处理

1. 在安装现场发生的费用能够按照项目直接归集的进行直接归集，不能直接归集的按照项目执行工时为标准进行分配。具体会计处理如下。

借：工程施工——具体项目——待安装设备

　　贷：相关科目

2. 该阶段需要公司工程部门将项目初步验收单给财务。

（五）设备初步验收通过后的售后服务成本账务处理

对于无偿的售后服务发生的成本费用，账务处理借记“销售费用”，贷记相关科目；对于有偿的售后服务收取的服务收入借记相关科目，贷记“主营业务收入”，发生的成本费用借记“主营业务成本”，贷记相关科目。

（六）项目成本预算

当合同金额、设备配置等发生变动时，公司各部门应该将变更信息传递到公司预算部门，预算部门应及时更新预算并反映至财务部门，保证预算成本与实际成本的差异降低到最小。

参 考 文 献

[1] 徐政旦，姚焕廷，朱荣恩. 会计制度设计. 上海：上海财经大学出版社，1996.
[2] 李凤鸣. 会计制度设计. 上海：复旦大学出版社，2006.
[3] 李连华. 内部控制学. 厦门：厦门大学出版社，2007.
[4] 孙国光，陈艳利，刘英明. 会计制度设计. 大连：东北财经大学出版社，2007.
[5] 于吉永等. 内部会计控制制度设计与运行. 上海：立信会计出版社，2007.
[6] 朱荣恩. 内部控制案例. 上海：复旦大学出版社，2006.
[7] 财政部. 企业内部控制规范（征求意见稿），2007，11.
[8] 财政部会计资格评价中心. 初级会计实务. 北京：中国财政经济出版社，2007.
[9] 企业会计准则编审委员会. 企业会计准则——应用指南. 上海：立信会计出版社，2006.